观史明智

范蠡传

从奇相到商圣

林葳◎著

远方出版社

图书在版编目（CIP）数据

从奇相到商圣：范蠡传 / 林葳著. -- 呼和浩特：远方出版社，2018. 11

（“观史明智”传记丛书）

ISBN 978－7－5555－1197－7

Ⅰ. ①从… Ⅱ. ①林… Ⅲ. ①范蠡（前536年－前448年）－传记 Ⅳ. ①K827＝25

中国版本图书馆CIP数据核字（2018）第258041号

从奇相到商圣：范蠡传

CONG QIXIANG DAO SHANGSHENG FANLI ZHUAN

作　　者 林　葳
责任编辑 孟繁龙
责任校对 邱　仓
封面设计 胡椒书衣
版式设计 赵艳霞
出版发行 远方出版社
社　　址 呼和浩特市乌兰察布东路666号　邮编：010010
电　　话 （0471）2236470总编室　2236460发行部
经　　销 新华书店
印　　刷 天津雅泽印刷有限公司
开　　本 170mm×240mm　1/16
字　　数 277千
印　　张 19
版　　次 2018年11月第1版
印　　次 2019年1月第1次印刷
印　　数 1—5 000册
标准书号 ISBN 978－7－5555－1197－7
定　　价 42.00元

【序　言】

复国宰相　经商鼻祖

自古以来，名臣良将数不胜数，然善始者虽多，善终者却少之又少。春秋时期的范蠡作为一个善始善终的完美典范，两千多年来一直为后世所称道。

范蠡是中国历史上的一位奇人，他的人生之路、经商之道值得我们认真地审视和探讨。

范蠡生于楚国宛地三户，幼时家境贫寒，但他酷爱读书，年轻时就学富五车，且胸怀大志。当时楚国政治黑暗，皇亲贵族结党专权，范蠡愤世嫉俗，性情怪异，被人称为“狂人”“疯子”，幸而大夫文种慧眼识珠，邀他一同入越侍奉越王勾践。

公元前496年，吴国和越国发生了檇李之战，吴王阖闾阵亡，两国由此结下深仇大恨。公元前494年，阖闾之子夫差为报父仇，与越国在夫椒决战，越王勾践大败。国乱显忠臣，越国战败后，范蠡和文种对勾践不离不弃，劝说勾践“屈身为奴以事吴王，徐图转机”。范蠡还自愿跟随勾践赴吴国为奴。

三年后，范蠡和勾践归国，国内饥荒不断，瘟疫肆虐，民不聊生。关键时刻，范蠡展现出卓越的领导和管理才能，与大夫文种拟定了兴越灭吴九策，很快使越国恢复生机，日渐强盛起来。在越国“十年生聚，十年教训”（用十年时间发展生产，休养生息，从而达到国富民强；总结夫椒之战的失败教训，再用十年时间大力发展军事力量与储备）的过程中，范蠡以其坚韧不拔的毅力和宏远的谋略，辅佐勾践复兴濒于灭亡的越国，最终打败吴国，创造了扶危定倾的奇迹。在战后的庆功宴上，越王勾践封范蠡为上大夫、大将军。

但功成名就的范蠡始终保持着清醒的头脑，他认为，有大功于越王之下，难以久居，“飞鸟尽，良弓藏；狡兔死，走狗烹”。他深知勾践为人“长颈鸟喙”，可共患难，难同安乐，于是急流勇退，辗转经商。他改名易姓（朱公、鸱夷子皮），泛舟五湖，又入齐，努力耕作，经商治产，聚财千金。他仗义疏财，施善桑梓，其贤明能干为齐人所赏识，齐平公把他请到国都临淄，拜为右相。他仅用三年时间就将齐国治理得国富民强，呈现出欣欣向荣的景象。随后，范蠡再次选择急流勇退，向齐平公归还相印，并散尽家财，以朱公之名居于陶地。

从范蠡人生中的种种抉择，可以看出他把握“度”的智慧，无论是从政还是经商，他都保持平和、淡然的心态；他顺应天道，见机行事，官、商角色转换自如，体现了儒道互补的人生哲学。他为富有德，凭借一颗对社会、对百姓的仁爱之心，极力为民众谋福祉。

范蠡忠以治国、勇以克敌、智以保身，不愧为治国良臣、兵家奇才。而且，他把治国之术用于经商，三次置家产千万金。他善于聚财，又乐于散财，愿意帮助别人发财，聚财散财，随心所欲。财富对他来说几乎是招之即来，挥之即去，简直到了出神入化的境界。人们对这位驾驭财富得心应手的“商业英雄”顶礼膜拜，在陶地民间，朱公完成了从凡人到圣人、由圣人变神仙的演变。秦汉以后，陶朱公一直被商家奉为祖师爷——商圣、财神。

从司马迁到后世冯友兰、孙轶青等中国史学家，对范蠡都有很高的评价，有人说他“文武双全、德才兼备、忧深思远、坚韧不拔”，有人说他是“商学大师”“经营之神”“中国古代谋臣的楷模”“中国古代第一个弃官经商者”，乃至“沿海经济开发的创始人”，等等。

本书介绍了范蠡波澜壮阔、充满传奇色彩的一生，展示了他卓越的政治、军事才华，侧重讲述他弃政从商后创造巨大财富的种种奇迹，同时也破解了英雄、美女给人们留下的许多不解之谜。书中的范蠡是个完美的男人，他使春秋末年的血腥霸业多了些人性的气息和欢欣的味道。他的天赋人格越过沧桑岁月，至今依然活灵活现于我们的心中。那些蝇营狗苟的钻营小利，那些纷纷扰扰的是非争斗，他全然不放在眼里。他如此冷静，却不做自命不凡的世外高人，而是热切地参与政治，为自己效力的国家谋求最大的胜算，一旦事成便身退自隐，去过自己想要的生活。他有雄霸天下的胸襟和能力，他有为臣的隐忍和忠诚，也有为友的古道热肠，更有一个普通人的随和亲切。本书将向你展示一个真实可见的“商圣”形象。

目　录

Contents

檇李之战后，越王勾践听说吴王夫差日夜练兵，准备报复越国，他日夜焦虑，一心想先发制人。范蠡三谏勾践，反复阐述“天时不作，弗为人客；人事不起，弗为之始”的道理，主张以主应客。但勾践不听，结果在夫椒惨败。

越国战败后，勾践将要带着妻子到吴国当奴仆，他想带文种一起去。范蠡说：“四封之内，百姓之事……蠡不如种也；四封之外，敌国之制，立断之事……种亦不如蠡也。”他自请随勾践同行入吴，忠心事君。

勾践君臣在吴国忍辱负重，终于在三年后得以归国，范蠡与文种拟定了兴越灭吴九术。为了实施九术之一的“美人计”，范蠡跋山涉水，在苎萝山浣纱溪访到德才貌兼备的巾帼奇女西施，一同谱写了深明大义献身吴王、里应外合兴越灭吴的传奇篇章。

在范蠡和文种的辅佐下，越王勾践制定了“十年生聚”“十年教训”的长期战略，同时想方设法削弱吴国的实力，十年后，双方的力量对比发生了根本性的变化。在范蠡的指挥下，越国一举消灭了吴国，随后凭借武力称霸天下。

范蠡事越王勾践二十余年，苦身戮力，终于灭掉吴国，成就勾践霸业，被尊为上大夫、大将军，并享有百里封地。功成名就之际，范蠡却向勾践交了辞呈，泛舟五湖，留下一个千古之谜。

范蠡改名朱公，在五湖周边种竹养鱼、经商治产，很快就积累了雄厚的家产。由于树大招风，为了避人耳目，朱公散尽家财，在一个细雨蒙蒙的清晨，带领家人和亲随悄然离去……

范蠡改名鸱（chī）夷子皮，辗转来到齐国，将计然之策用于经商，从头开始。他深通积储之理，善于预测行情，窥其先机，对合作伙伴信任、礼让……拥有大将头脑和精于外交智慧的他很快又富甲一方。

齐平公听说鸱夷子皮富好行其德，贤明能干，聘之为右相。鸱夷子皮任齐相三年后，再次请辞，喟然叹曰："久受尊名，不祥。"又一次悄然离去。

第一章　千里访贤独怜才

1. 吴楚之争

春秋末期，诸侯争霸，中原狼烟四起。

公元前519年（周敬王元年、楚平王十年），吴王僚率公子光（即后来的吴王阖闾）和掩余等再度兴兵进攻楚国战略要地州来（今安徽凤台）。楚平王急遣令尹田臼、司马薳越，率楚、许、蔡、顿、沈、胡、陈等国联军六万余人前去救援。联军直奔州来，声势浩大，吴王僚不得不避其锋芒，撤出围困州来的主力，移军钟离（今安徽凤阳东），待机而动。

两军对峙数日，楚军中突然传出消息：督军的楚令尹田臼病亡。这一消息顿时在楚、吴两军阵营里炸开了锅。

楚军方面，司马薳越年纪尚轻，阅历浅，威望低，驾驭不了多国联军。而此时联军未战先失主帅，军心早已动摇。为了稳住阵脚，司马薳越无奈之下，决定将楚军的嫡系撤回鸡父山（今河南固始县东南），同时将附庸国的军队分成两部分，分别布置在鸡父的东北和正南，作为楚军的屏障。

对于司马薳越这个看似完美的部署，联军大都敢怒不敢言，只有陈国的一个百夫长百里良当即表示了不满："司马大人如此分亲疏，此围难解；况且两个犄角伸得太远，主帅难以及时了解军情变化，更不便了解吴军的变化，肯定会吃亏啊！"

没想到此话传到了司马薳越耳中，他当即令人把百里良抓起来。按律妄议将帅者斩，但因大战在即，于是对百里良从轻发落，鞭一百。执鞭者是楚军的一个伍长，叫范石悬。范石悬敬佩百里良的胆识和刚直，便对他手下留情，擅自减至五十鞭。

再说吴军那边，公子光认为，联军同役而不同心，今又新丧主帅，士气受挫，建议趁机进击，以奇袭取胜。吴王僚采纳了他的意见。

吴王将吴军分为三路：中路军由公子光率领，直插鸡父山，于“晦日”（七月二十九日）突然出现在楚军帐前。司马薳越的美梦被打破了：他原以为吴军若要攻打楚军嫡系，至少要先与六国联军交锋，即使能突破防线，也是筋疲力尽，到时再跟楚军主力交战，恐怕毫无胜算。如今吴军以突然袭击的战术避开屏障直接攻打楚军主力，楚军仓促之下，来不及列阵，就纷纷败退了。

右路军由吴王僚亲自率领，迎战沈、胡、陈三国军队，吴王僚以不习征战的三千名囚犯为诱兵发起进攻，主力则预先埋伏。刚交战，吴国诱兵即佯败后退。三国军队贸然追击，结果痛遭伏击。胡、沈国君及陈国大夫被俘。

左路军由吴公子掩余率领，迎战许、蔡、顿三国军队。掩余采取的是攻心战术。他释放胡、沈国战俘，使之奔向许、蔡、顿三国军队，诈称沈、胡国君被杀，使三国军队军心大乱。吴军乘势进攻不战自乱的三国军队，一举得胜。

混乱中，楚国伍长范石悬也随楚军溃退，刚跑几步，他突然想起那个挨了鞭打的百夫长，于是又折回去寻找他。在临时搭建的茅棚里，百里良满身血痕，一动不动地躺在那里。范石悬扛起百里良就跑，也不管他是死是活。范石悬身魁体壮，一口气跑出四里多，见后面并无追兵，这才长长地舒了一口气。

“发生了什么事？我们要去哪里？”百里良醒来后，从范石悬的肩上挣脱下来。

“楚军败了，逃命啊。”直到这时，范石悬才发现楚军大队人马早已踪影全无。

“兄弟还是追赶大军去吧，不要因为我而变成一个逃兵。”百里良满怀歉意地说。

“如果担心受到连累，我又何必回去寻你？我感佩兄弟的耿直，愿与你生死与共。”范石悬说话直爽憨实。

“兄弟有恩于我，本该患难与共，但你楚我陈，你西我北，不同道啊。”

百里良一句话让范石悬转过神来：是啊，两个不同国别的败兵怎么可能走到一起呢，而且，两人的家世、地位也大相径庭。

百里良是陈国富庶贵族之后，博学多才，军事才能出众，而且具有侠义心肠，能言善道，乐于结交朋友。只因陈国是楚国的附庸国，致使他英雄无用武之地。

范石悬是楚国宛县三户寨人，世代以农耕、渔猎为生，家贫人丁不旺，经常受人欺辱。范石悬从小喜好舞刀弄棒，加上身高体壮，英武逼人，终于使难堪的境遇有所改观。每逢楚国发生大的战事，范石悬便被征召参战，征战结束再重操旧业，官府酌情给点补偿或奖励。这已经是范石悬第三次出征，也算是个有资历的老兵了。

此时，夜色渐深。百里良和范石悬饥肠辘辘，找到一户农家，讨了点吃的，然后躺在草棚里，彻夜倾谈。二人谈得十分投机，相互通报年龄，正好同庚，都是二十四岁，于是结成生死兄弟。百里良稍长，为兄，范石悬为弟。

第二天清晨，二人依依惜别，百里良从怀里摸出一镒金子，塞到范石悬手里，说：“义弟此番回去，官府定然不会接济，一家老小生计堪忧，这点钱或许可解一时之急。”

范石悬推让再三未果，感激地说：“仁兄如此慷慨，救活我一家性命，来日定当报效。”

百里良说：“义弟身手不错，心地善良，我有一至交，叫辛研，人称计倪，住在晋国蔡丘濮上，乃辛氏望族，才势俱备，知其名者甚众，不妨前去投做舍人，日后必能有所作为。”

范石恳再次拜谢，与百里良分别后，日夜兼程赶回家里。时值入秋，本该秋忙，但他家的稻子被水淹了，颗粒无收。老母雍氏、妻子薛氏、儿子范伯三人，每天吃着白菜、稀饭，眼巴巴地盼着他征战归来，能得官府赏几斗粮。

范石恳忙用百里良所赠的金子换来几斗粮，并把剩下的钱全部交给妻子，然后拿起弓箭，一头扎进山林里打猎。

时间转眼即逝，到第二年初夏，范家无谷种可种，靠打猎难以长期维持生计。此时，范石恳想起了百里良的临别之言，于是告别家人北上，直奔晋国蔡丘。

正如百里良所言，辛氏家族世代显贵，计倪之名在蔡丘几乎无人不知。但不巧的是，范石恳到来之时，正是辛氏家族权力斗争最激烈的时候。计倪本无心于权位，但因博学多才，无所不通，尤善计算，影响力甚大，晋国王室感到他是最大的潜在威胁，急欲除之而后快，但几次对计倪偷施毒计都没有成功，便以武力相逼。范石恳为掩护计倪出逃，负伤落水，后被人打捞起来，大病三天后因救治不及，不幸逝世。

楚国是晋国的老对手，相互争斗已有一百多年。范石恳临终前，托计倪照料自己的家人。因此，计倪出逃的首选之地当属楚国。公元前518年（楚平王十一年）冬，计倪逃到楚国宛县范石恳的老家附近，在丹江之侧的寨湾湖搭建茅屋而居。

寨湾湖上接丹江，下连汉江，西靠层峦叠嶂的龙山，烟波浩渺。计倪闲居于此，以叉鱼狩猎为生，不时遨游于江湖山川之间。当然，其中另一隐情是为了暗中照顾范石恳的一家老小。

就在计倪闲居寨湾湖时，楚平王经鸡父一战，感觉强大的楚国像个历尽沧桑的老人，已病入膏肓，急需神医良药才能起死回生。于是，他下诏让全国有识之士献计献策，广招贤能的文臣武将。

计倪听到这一消息时已经有些迟了，但他还是向楚平王呈上了《通玄》一册。《通玄》重点阐述“得道”“失道”，阴阳转化，极而复反之理，即“道”的玄义通释，为治国的根本原理。

然而，也许是楚国谈“道”者太少了，也许楚平王只是做做样子，想要平息民怨而已，计倪的治国之策如石沉大海，杳无音信。

公元前517年（楚平王十二年）四月初七，范石恳的妻子薛氏又生一子。据说这个男孩出生时个头特别大，愣头愣脑的，十分可爱，只是从来没有哭过，直到满月那一天才第一次发表了他的“出世宣言”。

薛氏一直不知道丈夫范石恳已经不在人世，只知道寨湾湖边有个叫计倪的人一直在帮助范家，而且他还是个学识渊博的高人。孩子出生后，她托人请计倪给孩子起个名字，于是，这个男孩有了一个正式的名字——范少伯。

计倪给范少伯取名的时候，不禁想起了范家老大范伯。范伯八岁多了，懂事又勤奋，小小年纪就承担了许多家庭事务。

计倪非常感慨，于是请人在茅草房旁边扩建了两间木屋，开馆讲学。范伯成了他的第一个学生。

此时，外面的世界也风云突起。公元前516年（楚平王十三年），楚平王死，其子芈轸继位，为楚昭王。次年春，吴国再次兴师伐楚，吴公子掩余和公子烛庸率吴军主力与楚军主力相持于潜邑（今安徽霍山县东北），吴军后路被楚军切断，进退两难。就在这个时候，吴国又发生宫廷政变，公子掩余弃师奔徐国，公子烛庸奔钟吾（今江苏宿迁境内）。阖闾夺取吴国王位之后，要求徐国、钟吾分别引渡公子掩余和公子烛庸，两位公子无法，只得向楚国请求避难。楚昭王令监马尹大公迎接两位公子，把他们安置在养邑（今河南沈丘县），为两位公子筑城，并以城父和胡邑割田，扩大两位公子的封邑。吴王阖闾因徐国和钟吾放任两位公子奔楚，一举攻灭了这两个小国。

之后，志得意满的阖闾命伍子胥为行人（掌朝觐聘问外交之官），向他求教伐楚之术，伍子胥建议三分吴师，轮流骚扰楚国。

伍子胥原名伍员，出身于楚国的贵族之家，其先祖伍举曾是楚庄王时的名臣，以直谏而闻名于世；其父伍奢乃楚平王的太子太师。

伍家在楚国地位显赫，伍员的未来看似一片光明，然而，造化弄人。楚平王给太子建在秦国找了个媳妇，是秦哀公的妹妹孟嬴。迎亲的太傅费无忌是个十足的小人，见孟嬴美若天仙，就想借此讨好楚平王，唆使好色的楚平王自己娶了这个儿媳。

事后，费无忌担心太子建将来上台后找自己算账，于是千方百计地在楚平王面前谗害太子建。对于昏庸的楚平王来说，儿子的老婆都可以抢，儿子的小命在他心目中也没那么重要，很快，太子建便被楚平王派人追杀，四处流亡，最终被郑国人所杀。

城门失火，殃及池鱼。正直的伍奢在这次情色政治风波中坚定地站在了失势的太子建一边，当然不会有好果子吃，因此沦为了阶下囚。

当时伍员及其兄伍尚都不在楚都，费无忌对他们兄弟十分忌惮，深怕他们逃亡国外后向自己复仇。他想了个主意，分别给伍员和伍尚写了封信，表示他们如果回来楚都，就立即放了伍奢，企图将三人一网打尽，以绝后患。

伍尚和伍员接到信后，都知道这是一个圈套，但两人的决定却截然不同。伍尚认为不能抛下父亲不管，即使是圈套也要去钻；伍员则认为自己回不回去父亲都难免一死，如果自投罗网，将来谁来为父亲复仇，为伍家洗冤？

伍尚回到楚都郢城后，不出意料地和父亲伍奢一起被冤杀；伍员则带着仇恨和耻辱，改名伍子胥，开始了他的流亡之旅。

伍子胥历尽艰辛来到吴国，为公子光重用，并力助公子光登上王位，是为吴王阖闾。

如今阖闾召他回朝，共商国事，终于使他得到了施展才华的机会。不久，伍子胥就受命执政，位同上卿。阖闾即位三年，便与伍子胥、孙武、伯嚭（楚国左尹伯郄宛之子）伐楚，奇兵突袭夺取楚国的舒邑，轻松俘获公子掩余和公子烛庸而杀之。此后，吴军又先后三次袭扰楚境。伍子胥采取“彼出则归，彼归则扰”的策略，使楚军疲惫不堪。

面对楚国内忧外患的困境计倪再次上书，向楚昭王提出了六条建议和一个预言，即治国七术，并署名文子。但楚昭王只是个十岁左右的孩子，才能有限，因而没有采纳计倪之策。计倪只能继续留在宛地，给六七个学生讲学。

一晃又过了五年，由于范石悬离家六年未归，老母雍氏和妻子薛氏早就起了疑心。在她们的一再逼问之下，计倪终于告诉她们范石悬已死的实情。雍氏得知这一不幸的消息，气血猛升，一口气没接上便一命呜呼。一个半月后，薛氏也投湖自尽。这样一来，范伯和范少伯兄弟俩便成了孤儿。所幸范伯已年满十四岁，可以自己养活自己，再过一两年就可以娶妻成家了。

这时，少伯也正好到了启蒙的年龄，但他愣头愣脑的远不如哥哥聪明，对老师讲授的知识也毫无兴趣。相反，他对捕鱼、打猎、放牛特别热衷，一有伙伴相邀，便弃学而往。计倪心想：这孩子不是大愚，就是大智，教他的方式和内容都得改改。于是，计倪便常带几个学生在湖滨或山林之中，一边捕鱼、打猎、耕作，一边传授相关的知识。谁也不曾料到，在类似游乐的教学活动中，会培养出一个济世良才、国之栋梁。

2. 结盟抗吴

就在范少伯日渐成长之际，外强中干、风雨飘摇的楚国遭到了致命的一击。

进入春秋以来，楚国与晋国长期征战争霸中原，搞得民疲财竭，国力中衰。同时楚国内部政治黑暗，军事无能，民众怨愤，君臣离心，也给敌国创造了可乘之机。

公元前 506 年（周敬王十四年、楚昭王十年）春，晋、齐、鲁、宋、蔡、卫、陈等十八国在召陵会盟，商议伐楚。但因晋大夫荀演像楚国的囊瓦一样贪婪，使得会盟毫无结果。吴国又邀越王允常一起出兵，越王不好直接拒绝，只得虚与委蛇，议而不决。这年秋天，楚军围攻蔡国，危急中蔡昭侯派遣一位公子到吴国做人质，央求吴国讨伐楚国。同时，唐国也因愤恨于楚国的不断侵凌勒索，经蔡昭侯牵线，吴、蔡、唐三国组织了一个以吴国为主力的伐楚同盟。

鉴于楚国地广兵多，吴王阖闾决定避开楚军的正面防御，以主力向其守备薄弱的东北部实施迂回奔袭，直捣楚国腹地。同年冬，阖闾与孙武、伍子胥、伯嚭等诸将，率军乘船溯淮水而上至蔡国，弃舟登陆，取道豫章（今江西南昌）西进，以蔡、唐军队为后勤和引导，迅速越过楚国北部的大隧、直辕、冥阨（均在今河南信阳南）等边关要塞，直抵汉水东岸。楚昭王急派令尹囊瓦（即子常）及左司马沈尹戌率军至汉水西岸布防，与吴军夹汉水对峙。根据沈尹戌的建议，楚军拟由囊瓦率主力依托汉水阻击吴军；由沈尹戌北上集结方城（楚长城，今河南方城东）一带楚军，迂回至吴军侧后，焚毁淮河吴船，再还军阻塞三关，断吴归路，尔后与囊瓦对吴军实施南北夹击。

然而，沈尹戌北上后，囊瓦欲独得战功，擅自改变既定作战计划，率主力渡汉水向吴军发起进攻。吴军为免遭前后夹击，马上移师后撤。囊瓦企图速胜，紧追不舍，但在小别（今湖北汉阳附近）至大别（今大别山）之间连续三战均未获胜，使楚军的士气严重受挫。十一月十八日，吴、楚两军列阵于柏举。吴王阖闾的弟弟夫概率所部五千人突袭囊瓦军。楚军一触即溃，阵势大乱。吴军随即以孙武、伍子胥的主力投入战斗，扩大战果。孙武不愧为世所公认的军事天才，他的这支“快速反应部队”进军速度惊人，囊瓦惊慌失措，弃军逃亡郑国。楚军主力遭到重创后西逃，吴军乘胜追击至清发水（今汉水支流涢水）。吴王采用夫概之计，待楚军半渡时击之，再次大败楚军。吴军进至雍澨（今湖北京山西南），与从息（今河南息县西南）回援的沈尹戌军遭遇，发生激战。沈尹戌重伤身亡，楚军北路主力惨败溃逃。

柏举决战后第九天，楚昭王丢下母亲孟嬴和妻子，与妹妹季芈畀我及少数亲随弃都避难，逃到了随国（今湖北随州）。

对吴国来说，柏举决战取得了决定性的胜利，可以坐下与楚国谈判缔结盟约了。上将军孙武也极力主张退兵，但满怀仇恨的主帅伍子胥不肯罢休，他稍做休整，便率大军朝楚国都城郢都（今湖北江陵西北）直扑而去。

柏举决战后第十天，吴军攻破郢都。伍子胥找到杀父仇人楚平王的坟墓，撬开棺椁，只见楚平王面目如生，须髯一丝不乱，脸上似乎还残存着一丝微笑。伍子胥命令士卒将楚平王的尸体从棺木中倾覆在地上，摘掉他头顶的玄色寿冠，鞭尸三百，直到骨肉分离。而吴军士卒自吴王而下，按尊卑顺序，分别住进楚昭王的宫室和令尹、司马等官员的府第，占有了他们的妻妾。民间女子自然也难逃此劫，偌大的楚国郢都城中，尽是凄厉的哭泣声和号叫声。

就在楚国将亡的前一刻，楚大夫申包胥跑到秦国求援，对秦哀公说："吴国像大野猪、大长虫（长蛇），要把上国一个接一个地吞灭。楚国灭亡了，贵国也将不得安宁。贵国何不出兵？出了兵，至少可以分到一些土地和民众。以后敝国如果永劫不复，也将是贵国的土地和民众。贵国如果有意保存楚国，楚国将世世代代服侍贵国。"秦哀公听了不为所动，只说要商量商量。申包胥不肯告退，也不肯进食，在秦城墙外哭了七天七夜，秦哀公被申包胥的忠诚与坚毅所打动，终于答应出兵。

入郢都前打着主动仗的吴军，入郢都后却打起了被动仗。他们在楚国腹地滞留得愈长久，遇到的困难就愈严重。楚人向来有怀旧、念祖、爱国、忠君的传统，吴军入郢都后，平民不惜一切代价拼死抵抗。吴军的行为愈残暴，楚人的反抗就愈强烈，对阖闾尤为痛恨，以致有一夜阖闾不得不换了五个住处。楚人群起与吴军斗争，没有将领，就由当过兵的负责操练和指挥，口号是"各致其死，却吴兵，复楚地"。

不久，秦国派遣子蒲、子虎率兵车五百乘援救楚国。此乃虎狼之师，兵力约四万人（春秋军制，一辆战车配士卒七十五人），他们在申包胥的引领下，经商谷（今陕西商县一带）、襄阳（今湖北襄樊），南至荆门，与从随国赶来的子西、子期率领的楚军在稷地（今河南桐柏县境）会师，并很快与夫概所部开战，随后直逼吴军临时大本营郢都。夫概先行逃回吴国，并欲废阖闾自立为王。

与此同时，弱小的越国也想趁机摆脱吴国的制约，厉兵秣马，并小规模地偷袭吴军。

吴王阖闾闻讯大惊失色，在楚国再也待不住了，决定退兵。事情到了这个地步，伍子胥自然明白楚国的局势已经不可控制，只好随吴王悻悻地撤回吴国。他安慰自己说："自群雄争霸以来，人臣报君者，我也算做到了极点，也该满足了！"

吴军退走之后，历时十个多月的大战终于宣告结束。楚昭王回到了饱经蹂躏的郢都，时值深秋十月，一眼望去，但见故都残破不堪，满目疮痍，不觉潸然泪下："宗庙被毁，社稷遭难，百姓受苦，此均寡人之罪，寡人之罪呀！"年轻的昭王噩梦初醒，似乎一下子成熟了许多，他立即召集群臣，商议出了几条复国措施：

其一，论功行赏。得到重赏的有王孙由于、王孙圉、王孙贾、钟建、斗辛、斗巢、斗怀、申包胥、宋木九人。

其二，迁都。都城郢都在这场大战中遭到严重破坏，昭王决定向西迁都，称之为"上郢"（今湖北宜城）。

其三，命宛县县尹文种急召宛地文子（即几年前化名文子上治国七术的计倪）进宫。县尹文种满腹经纶，胸怀大志，精明干练，但是，他驾车跑遍治所的大村小寨，湖区山野也搜了个遍，根本没有找到文子这个人。只听说有个叫计倪的晋国人，天文、地理、军事、农事无所不知，能知人前世，预测未来，胸藏韬略，有圣人之资，但他在不久前已离开宛地，不知所踪。

其四，重建法治，修文治武。楚复国后，五官（古代五种重要官职的统称）失法，社会动荡。这时大臣蒙谷及时献上《鸡次之典》，使五官得法，百姓大治，军队重树信心，社会日趋稳定。

其五，决定与越国结盟。此乃长久之计，意欲东西牵制吴国。楚昭王派出了大夫申包胥、将军冯同、王室女芈季爰（楚平王三哥子平之女）、宛县尹文种等人赴越。

越国地处东南，属东夷之地。吴、越两国同属百越族，其文化是直接从河姆渡文化、马家浜文化、良渚文化延续下来的，衣、食、住、行、文字、语言、文化都十分相似，喜欢契臂为盟（划破手臂拜把子）、踞箕而坐。据说，越国是大禹的第六代子孙夏后帝少康的封地，少康之子无余往后传了十几代便日渐衰弱，最后沦为平民，越国百姓重新推举了一个叫无壬的人来担任国君，又传位数代。到越王允常这一代，都是无壬的后代。

公元前502年（周敬王十七年、越王允常九年）的一天，越王允常和太子勾践及几位重要大臣一起会见楚国来使。

楚国大夫申包胥一行入馆，双方见过礼后一一介绍、寒暄了一番。勾践细观来使，见芈季爰在国难当头之际，言行举止仍不失风范，端庄娴雅，仪态万方，果然不愧是大国公主；文种虽是书生打扮，但举止优雅，沉笃稳健，谈吐不凡；冯同精明利索。勾践心中不禁暗暗称赞。

申包胥作为主使，首先讲道："楚先世芈熊乃周文王之师，其子孙自当效仿祖先匡扶周室，入主中原，故自周成王封楚以来，传至楚庄王时，逐鹿中原，问鼎诸侯，显赫不可一世。然历时一百五十余年后，晋国派遣楚国的叛臣巫臣至吴国，教吴以车战步战之法，结成晋吴联盟以对付楚国，使楚国入主中原之势受挫。如今阖闾又起用孙武、伍子胥、伯嚭，先是击楚军于鸡父，再侵柏举，继而攻入楚国郢都，令楚国元气大伤，若无盟国出手相援，不要说图霸中原，恐怕复国也没有希望了！昭王久念越与楚同病相怜，又有相同的复国之愿，若两国东西呼应，则吴国不敢再恣意妄为。小臣奉昭王之命，前来与贵国媾好，以图长远大计。"

越王允常看了看身边的几位近臣，又看了看太子勾践，缓缓道："楚乃泱泱大国，不辱于与我邦结盟，此为越人之大幸，只是越国仍属附庸，受制于人，诚恐无自持之力，更难助楚一臂之力。"

文种是个明智之人，一眼便看透了越王的心思和难处，他劝导说："在王纲失坠、诸侯纷争之际，贤智之王守一隅之地并非上策，依文某拙见，唯有称霸中原，复兴中枢，敬服王命，奉扬（大周）天子，方能威服列国、一匡天下。无德之邦恃强辱弱，正因为贵国弱小，才更需要纵横结盟。”

石买作为越国的第一权臣，首先考虑的是结盟后的权力分配问题。国王允常年迈多病，在太子勾践入山学艺时，他本有继承王位之心，不料勾践提前出山，打乱了他的计划，现在若与楚国结盟，恐怕自己现有的权力地位都难以保住。因此，他轻蔑地笑了笑，说道：“据我所知，文大人在楚国只是一个小小县尹，如何能替昭王代言？”

季爰公主知道石买意在借文种的官职轻视楚国来使。她看了石买一眼，对允常说：“大王，我知道太宰大人是贵国的肱股之臣，但不知太宰大人是否可替大王代言？楚使申大夫位居行人，交邦之事自然是要代表王兄之意，大王是不是觉得楚使人微言轻呢？”

越王允常早听出他们话中的意味，连忙说道：“两国交好计议已久，石大人一向谨慎，并非小瞧来使，请公主不要误会。”

太子勾践早就不满石买跋扈专权，故意不去理会他的话。而文种之言正合他的心意。他默默地听着，一双鹰目大放光彩，向文种行礼问道：“敢问先生如何才能让弱小之邦拥有更多的盟友？小国如何图霸中原？”

文种笑了笑，说：“此非一时之功。不过，依文某之见，此次吴军攻破楚都，纵然楚国日后有望复国强盛，锐气也已大减，无望再次入主中原，代之而起的必是吴国。阖闾此人英武善战，起用了不少外邦能臣大将；但是，他不能持高远之节，实属目光短浅之人，不足以谋大事。君臣又都骄奢淫逸，仇恨满胸，杀伐太重，也必将重蹈死地。吴越虽说同风共俗，但越国却遵守盟约，从未侵犯过邻邦。国君开明，朝纲整饬，诸臣胸怀美德，百姓懂得各守本分，眼下国力虽不及吴国，但只要楚越结盟同抗强吴，霸业创立非越莫属！”

勾践身为太子，虽不曾主政，却是雄心勃勃，意气方遒；但他转念一想，越国与楚国可谓天壤之别，楚国尚且抵挡不住吴国，小小越国又能奈之何？他想到这里，轻叹一声道："文先生应该知道，越国临海而居，地广人稀，纵有逐鹿中原、匡扶周室之志，惜无贤臣辅佐，亦是枉然。"

这时，季爰公主浅浅一笑道："楚国使者除了申包胥大夫之外，宛县尹、冯将军，还有小女子都可以留在贵国，助大王一臂之力。"

越王允常见太子勾践满腹狐疑，解释道："我儿有所不知，楚王已照会于孤，只需申大夫回去复命即可，其他几位，孤必定酌情授官以待。孤已年迈体衰，这几位贤士将是孤遗命之臣。"

勾践闻言大喜过望。至此，楚越结盟，一拍即合。

石买碍于楚越结盟乃既定国策，现在反对已没有意义，再说太子勾践也不给他说话的机会，只能暂时保持沉默。

随后，越王允常诏命文种、冯同为大夫，全力辅佐太子勾践习政。至于季爰则没有官职，因为她在与勾践的交往中，很快超出了一般盟友的关系，于是年年底成为太子妃。

3. 求得贤士

文种担任越国大夫后，意外地发现，当年突然失踪的文子，竟然在越国与自己同朝为官，任掌史大夫（太史），并已改名为计然。

原来，在楚昭王下令文种寻访宛地文子前，计倪以自己在楚国的所见所闻及十几年的经历，断定强大的楚国已经难以再现当年楚庄王称霸中原的辉煌，因此，他在两次上书楚王无果后，于公元前504年（楚昭王十二年）悄悄离开了楚国。

不过，如果不是计然向越王上一策书简署名文子，文种也不会知道此人就是曾在楚国几次上书楚王的人。文种对计然敬慕已久，当即拜他为老师。

而太子勾践得了一批贤士相助后，不仅信心倍增，还对自己的未来进行了重新规划。他原本只想如何治理好越国，让越国尽快富强起来，不再受强国欺凌。但自从文种等人来后，他的野心开始膨胀了：将来不仅要超越吴国，还要做诸侯霸主。勾践从小心机就重，喜欢豢养死士、玩弄计谋、结交各方面的人才。他常问计于若成、计然、文种、冯同，讨论强国之道。

如同过去一样，计然依然对官位不感兴趣，他将自己研究多年的学问，一部分传授给了文种；另外，在太子追问得紧迫时，也会献出几条计策来。他早已闻到了腥风血雨的味道，预感到越国不久将发生战争，但越国缺少有实战经验的将才，为此，他推荐了自己的好友陈国的将军百里良。就在百里良来到越国不久，计然再一次神秘失踪，他家的仆役说："太史大人去拜会老聃了。"

勾践天性贪婪，对人才也是如此，多多益善。他豢养了近千名死士，结交了一批侠客，又让文种在越国全境搜罗人才。文种觉得越国身怀绝技者不少，但缺少高屋建瓴、统筹谋划者；能算一时之机、一事之计者也有，但缺少主宰五年十年之趋势者。他思考了好一会儿，才对勾践说："越国本属荒僻之壤，本能之人甚多，智能之人则少，现在越国急需的是大智大慧之人。"

"什么是大智大慧之人？先生所说的大智大慧之人又该从何而来?"勾践的鹰眼光芒乍现，文种心里明白，勾践并非求贤若渴，而是急于建功立业。

面对勾践的问题，文种实在有些为难，他一时也说不出哪里有大智大慧之人。情急之中，他突然想起计然曾经说过楚国宛地有几个学生，多有所长，其中有堪大用之才。于是，他向勾践回道："楚地有才，下臣可去暗中查访，太子殿下以为如何?"

"甚好！只是往返周折，此事务必从速。"南方的楚国和北方的晋国各自称霸一方上百年，这两国的人才最让勾践心动。

随后，文种派出小吏前往楚国宛县打探。一个多月后，小吏回来禀报说："宛地并无奇能异人，只有一个叫范少伯的，天生异禀，有'圣人气'，但他时痴时醒，是个狂人。"

这是怎么回事呢？话说计倪离开时，范伯已成家两年，而范少伯虽小小年纪，却也学有所成。他对兵法、兵器悟性极高，一点即通，远远超出了他的父亲；对天象、农耕、计算、畜牧也有独到的见解，并开始运用到实践中。

计倪临走时，特意给范少伯留下竹简十二册，并叮嘱道："凡事可行则行，事当行则行，知足不辱，知止不殆。切记：修为在己，立一志专一志，才能成一志。"

这些话对于一个未满十四岁的孩子来说似乎深奥了些，范少伯并没有因为老师的离去而伤心难过，反而更加发奋用功。他依然与年长的同伴一起捕鱼打猎，与小伙伴嬉戏玩耍于湖畔田间，有时也拉开架势，发动一场"战争"，每一次战斗都打得对方落花流水。

在乡民眼里，范少伯与同龄的伙伴相比，几乎毫无过人之处。只有一点人们看得很清楚：这孩子时常有些"痴"，言行古怪，不合时俗。他有一支铜笛，是计倪为他熔铸雕刻的。他常常会在清晨人们还沉醉于梦乡的时候吹响它。有时，他一袭青衣，黑巾束发，放牛归来，便倒骑在牛背上，吹起悠扬的曲子。牛走到哪里去，他也无心管它。他还有一把竹剑，经常剑不离身，只是从来没有人见他练过剑。他已经习惯做一个山野之人。

文种听了范少伯的情况后，笑道："据我所知，士有贤俊之后，必有佯狂之讥；内怀独见之明，外有不智之毁。这是一般人所不懂的。"

范少伯之举，只有眼光独到的文种才能看破。其时，楚国政坛为贵族豪门所把持，范少伯作为一个乡村穷小子，既无钱行贿买官，又无达官显贵举荐。因此，尽管他满腹经纶，要想进入政界施展抱负，可以说毫无希望。在怀才不遇前途无望的情况下，他也就"不求闻达于诸侯，苟全性命于乱世"，披发佯狂，笑傲俗世，乐得扮演一个嬉皮士角色。倘若有真心求才者，必能礼贤下士，不然，像楚国君王那样只是做做样子，恐怕难有出头之日。

文种由范少伯想到自己，不由得感慨万分。想当初，自己不到二十岁的时候，也曾立志建业树勋，光耀祖宗，希望参与政事，辅佐君王，不是也因为锋芒毕露，为时所讥，为人所诟，最终错失良机吗？转眼已至而立之年，幸好得到越王赏识，才有了施展拳脚的机会。所谓千军易得，一将难求，因用一人而立国者，不乏其人。文种决定亲自去拜访范少伯。

从越国到楚国，千里迢迢，文种带着几个仆役紧赶快行二十余日才到楚国宛地。这里曾是文种的治所，他对这里的一村一寨都非常熟悉。他们跨过一条弯曲的小溪，见路口有两棵百年银杏树，西边便是三户寨。

文种在村头下了车，径直走向范家。他今天特意打扮了一番：头上高高地挽起发髻，用头巾小心地系好；上身穿一件华丽的长袍，下身一条绸缎长裤，脚上一双薄底快靴。他还将自己每天用来练习武艺的青铜长剑，悬挂在腰间。他来到范家门口，只见范少伯住的破院子大门紧闭。

听说越国大夫亲自来拜访一个“疯子”，乡民们纷纷赶来观看。这时，文种突然看见院栏下的一个破草洞里有一个头发散乱、满面灰尘的人，爬在洞口“汪汪汪”地学狗叫，还不时朝文种嘲弄似的挤挤眼。周围的孩子一下子全乐了，齐声叫喊起来：“范疯子，学狗叫，汪汪汪，真好笑!”几个仆役顿时慌了，赶紧上前想把破洞挡住，怕文种感到难堪。文种却微笑着说：“不要挡，我要拜访的正是这位后生。”他看不清范少伯的脸，于是走过去对着狗洞毕恭毕敬地拜了一拜。范少伯却把头一扭，看也不看一眼。文种示意随从们不要吭声，沿原路回去了。

第二天，文种又来了，仍然衣冠整齐，言辞谦逊。范少伯穿着一身麻衣，一脸污垢，倒骑在牛背上，吹着他的铜笛，毫不理会来客，逍遥而去。文种听那曲调，激越高亢，充满着天地灵韵，沛然大气，显然不是一个“痴”人所为。范少伯的兄嫂觉得过意不去，忙出来向文种道歉。文种尴尬地笑了笑，再次悻悻而去。

第三天，范少伯忽然对他的兄嫂说：“今天有客人来，请借我一套衣服、帽子，我准备见客。”

范少伯穿上干净的衣服，梳洗得整整齐齐。果然，他刚收拾好，文种又来了。此时的范少伯仪表堂堂，一见文种，赶紧迎上前去，跪拜行礼。文种回拜后，仔细打量范少伯，只见他神态潇洒，面目英俊，双眼炯炯有神。范少伯拉着文种的手进了屋，两人亲切交谈，纵论天下大事，“终日而语，疾陈霸王之道，志合意同”，十分投机。范少伯以其“君子之容”、天纵奇才的风度彻底征服了文种，被引为莫逆之交。

范少伯结交文种后，毅然决定离开楚国，随文种入越。这一年是公元前 497 年（楚昭王十九年），范少伯二十岁。

文种和范少伯一行经过近一个月的舟车劳顿，于夏秋之交在桐汭（郎溪附近）上岸，骑马东行，于次日在楚、吴、越三国交界处进入越境。刚刚踏上越国的土地，范少伯便翻身下马，对文种说：“我有一件要事待办，请子禽兄（文种字子禽）先行一步。”

文种十分疑惑，问道：“少伯你从未到过此地，不知有何要事？”

范少伯没有答话，只是从身上取下那把格外宽大的竹剑，把它埋在一棵粗壮的大叶榉树下，自言自语道：“既然已经决定辅佐越王，这把剑，也就用不上了。”

文种更感疑惑，问道：“只是一把竹剑何须埋它？”

“剑乃杀戮之物。负剑而见越王，必助其杀气，有违于王道。”范少伯一脸严肃地说。他埋好剑后在树上做了个记号，又拜了拜，甚感惋惜地叹了一口气。

文种见状，颔首而笑。

范少伯接着说道：“我现在改名范蠡，蠡者，圣虫也，但也是很不起眼的小虫子。请子禽兄回禀越王，说范蠡明年春上准到，效命于越。”

文种已经明白了范少伯的用意——他想看看越国现在是什么样子（考察民情），还想看看越王有没有诚意。“好，我从今以后就叫你范蠡贤弟，并禀报越王。”

两人心有灵犀，就此暂别。

4. 私访越地

范蠡与文种分手后，信马由缰，沿一条溪河往上走，只见两岸青山如画，碧水泛流，不觉心旷神怡，为江南水乡优美的景色所陶醉，不觉信口吟道：

物华天宝兮民勤劳，
人间天堂兮江南好，
君王好名兮黎民苦，
连年征战兮背插刀！

范蠡一路南行，看到越国境内多为水域和丘陵，人们住在湖港河汊间，开辟出一片片的田垄，以耕种为生。茶林、桑林连绵不断，条条小溪弯曲迂回，从河湖分流而出，汇成溪河。溪水清澈见底，低下头去可以清楚地看到水中倒映的面孔；掬一捧噙在嘴里，是那么的甘甜可口，入口生津。越国人喜欢渔猎，以捕鱼或追逐飞禽走兽作为家中肉食的来源，因而民风也颇为强悍。这种风俗与楚国宛地多有相似之处。

范蠡印象最深的，还是安居乐业的农人们那悠扬动听的歌声。田头里，江船上，无论男女，都放开洪亮的嗓子唱个不停。那清脆圆润的越语，如一线云丝在天上飘荡，范蠡不禁听得入了迷，在溪河边驻足不前。

这时，迎面走过来一个推着独轮车的老者，须发微白，但身体硬朗，显得精神矍铄。范蠡下马迎上前去，恭敬直立，欠身道："老丈您好！请问此地是何所在？"

老者答道："这河名叫苕溪，往北不远就是吴国的太湖，往东几十里地是槜李，往南百余里可入浙江（钱塘江）和禹杭城。"

范蠡拱手谢道："多谢老丈指点！"他勒住马侧身让老人过去，然后沿苕溪南行。老人望着范蠡的背影，叹道："这个外乡人年纪轻轻，却如此有礼貌，真是少见！"

范蠡走了一程，心想，何不先去槜李看看？于是返身向东而行。路上有挑担者、推车者、携儿带女者，都和他同一方向前进。范蠡细细打听，方知槜李西北面有个白马邑（吴越边境集市），今天是白马邑的大墟日。当地的习惯是逢三（即每月初三、十三、二十三）是小墟，逢五（即每月初五、十五、二十五）是大墟。当天是七月十五日，赶上大墟，所以路上的行人络绎不绝。

白马邑有近三百户人家，是越国少有的大村庄。东南西北四条笔直的大路，构成了白马邑的井字集市。大墟日可谓热闹非凡，不仅越人来集市交易，吴人也越过小河来交易。

范蠡牵着马，一边走一边与赶墟的乡民聊了起来。

"老哥，"范蠡向一个比自己年长的汉子打招呼，"这次赶墟做何营生呢？"

"我们这一带以养畜为业，牛、马、羊、猪都养，我家今春小羊生得特别多，青草、青苗都被吃光了，现在拿它们换点别的东西。"那位老哥有点腼腆地说。

"都能换些什么东西呢？"范蠡饶有兴致地问道。

老哥说："换上浦的盐，太湖的鱼蚌，吴兴的绢、米之类。"

"吴兴离此地甚远，那里的人也来这里赶墟吗？"

"有人来。我们有时也去吴兴，就是禹杭那边也会去。"

"那老哥为何不用船运呢？这里的水路四通八达。"

"先生有所不知，我们的活路都是分工很细的，用船要找专门的船家，买鱼须找专门的渔家，若要换牲口就得找我们，以物易物很方便，双方都可以得到自己需要的东西。如果先换成钱币，再买东西就比较费事。找船家来运，他若不需要牲畜，就得付钱币。我们一般都没有多余的积蓄。"

"原来如此。"范蠡又与一位三十出头的妇人打招呼，"大嫂，担鱼赶墟啊?”在楚国，这绝对是男人干的活儿。

他这一问，妇人的脸红了。“没法子，一家老的老，小的小，得活命啊。”原来，她家的男人是专门捕鱼的，前年跟吴国打仗死了，留下一家老小，她不得不学会捕鱼、卖鱼。

另一老妇也叹道：“这些年吴越尚武之风盛行，壮年男人都要出征，没有几个能活着回来，能干体力活的男人越来越少了。四个妇人就有一个是寡妇，难哪!”

范蠡一路走，一路看，一路问，一路感伤。这是了解民风民情民心的最佳方式。一个国家，民心的向背决定着国家的兴衰。每当饿殍遍地，白骨弃于途，怨声载于道的时候，一个国家的灭亡、一个朝代的衰败，也就为期不远了。

在白马墟上，范蠡还了解到了吴越两国物产的差异，吴国所产稻米、水果远多于越国，还产有小麦、大豆、荞麦等粗粮，蚕丝（品种有帛、丝、罗、縠、纱等）也胜于越国的苎麻，人口繁衍发展比越国快。越国的制盐、畜养、制酒、玉石、陶瓷加工等则优于吴国。两国的货币稍有差别：越国使用戈币（青铜质）和贝币，吴国使用刀币（黄铜或金质）。金质刀币约为青铜、黄铜币值的十一倍。

范蠡在白马邑逗留了大半天，再沿来路返回，西行至苕溪南下。

溪河两边的槐林、杉木郁郁葱葱，沿着低矮的山坡丘陵，时而有小溪曲折蜿蜒，潺潺地流经村庄。一路上，他放眼路旁阡陌纵横的田野，注目迤逦连绵的山林，倾听水流鸟鸣……

天不知不觉地暗了下来，范蠡就近找了一户农家歇脚。农家主人姓徐名竺，四十出头，是远近闻名的造船匠。他经常潜入吴国，到太湖水域捕鱼，熟悉往来吴越的水路，平时也常将湖蟹、鳗鲡、白条鱼、河鲤等经水道送到越地，然后再到集市上换些稻米、粟米回来。

范蠡一听对方是个造船匠，便想拜师学艺。徐竺不答应，但还是给他讲了一些船只知识：船有扬帆航行的，有摇橹划桨的；有楠竹扎成的，有杉木钉成的；有两三层的楼船，有一层舲船（有窗户的小船），也有平板小艟。船又是捕鱼的工具，渔家不可不备；楼船一般是打仗用的；而舲船则是代步用的。徐竺为吴国造过许多船只，但打起仗来，他还得站在越国一边。当着生人的面，他很谨慎，不太愿意谈论造船之事，只闲扯一些捕鱼的方法。他对重要鱼类如黄鱼、黄花鱼、鲤鱼、鳕鱼、青鱼、草鱼、白鲢、花鲢等鱼类的产卵和觅食、洄游行程及喜温喜寒等习性均了如指掌，还能针对鱼类不同的洄游习性，用不同方法不同渔具捕获，可说是一流高手。范蠡听得津津有味，十分佩服。

渔家的晚餐自然离不开鱼，烧鲤鱼是主菜，还有咸泥螺、咸蟹、腌鱼等。鱼入菜的做法也让范蠡大开眼界，因而牢牢记住了这位船匠的名字。次日，他再三道谢，不舍而去。

范蠡沿东苕溪南行，流连数日，由于溪流越来越窄，突然向右拐到山里去了，他便打马，直奔富春江边。这一带是越国的中心地域，天目山已远去，一片金黄色的庄稼地呈现在眼前，犹如一片金色的海洋。

过了富春江，范蠡情不自禁地一边吟唱一边吹笛，信马由缰，好不惬意。突然，他的坐骑两腿陷入泥中，想拔又拔不出来，一下子将他掀落下来。马在淤泥中拼命挣扎，但反而越陷越深。范蠡来不及救助，这匹枣红马就被淤泥淹没了。

此地为三江口，浦阳江江面虽宽不及五十丈，但淤泥为底，深不可测。它是诸暨的母亲河，穿城而过，汇入钱塘江，终于东海。

一场虚惊过后，范蠡不得不打消继续南行的念头，沿浦阳江的一条小支流步行而上。这便是若耶溪（今平水江）。此时薄薄的白雾笼罩着整个小村庄，小河边的垂柳娴静而妖娆地低垂着。桂花蕊中滚动着晶莹的水珠，像姑娘朦胧的媚眼。

范蠡不觉走入一片桂花林，茫茫然迷失了方向。这时，远远地传来细碎的脚步声，一个袅袅婷婷的女子分花拂柳而来，朝浣纱溪边走去。她的身段比垂柳还要柔美，她的眼波比露珠还要晶莹。

范蠡跟到溪边，见是位十岁左右的婀娜少女，便轻声说道：“打扰姑娘了。”

少女转身回头，范蠡顿如强光耀眼般产生了短时间的眩晕。少女见他一副呆样，抿嘴一笑，笑靥如花，异常动人。

范蠡回过神来，施了一礼道："在下是外地人，迷路于此，还望姑娘指点迷津。"

少女见他一副文绉绉的样子，微微一笑道："先生想去哪里？"

范蠡一怔，只好说："在下迷恋山水，不幸在此迷路，请姑娘指点回都城的路。"

"往西北行至会稽山麓便是若耶溪，然后顺流而下便可进城。"少女回道。

"哎呀！"少女一声惊呼，原来，说话时少女的纱顺水飘走了。看着少女皱眉的样子，范蠡毫不犹豫地跳进水中。当他全身湿淋淋地把纱递给少女时，少女用大大的眼睛深深地看了他一眼，又抿嘴笑了笑："多谢先生了！"

范蠡原本想要走访农家，便借机说道："我的衣服湿了，不知可否到你家去拜访令尊？"

当时的越族并没有太多的男女大防，少女觉得眼前这人说话文绉绉的，真是好笑。她看了范蠡一眼，答道："无妨，家父是个好客之人。"

范蠡听了欣然前往。"姑娘如何称呼？"他又问了一句。

"我叫施夷光。"少女的声音仿佛从远远的空中飘过来，林里的桂花纷纷飘落。

浣纱溪从苎萝山蜿蜒西流，环抱曲折，沿溪而行，杨柳芦苇，流水小桥，间有人家。

范蠡跟着施夷光先穿过一片小树林，又跨过一条小溪，然后走进一大片的桑树地。桑树并不高大，但十分茂密，树枝横七竖八地交错着，一根根桑树枝斜着伸了出来，遮蔽了行道。

她的家位于桑树地边的苎萝村。苎萝有东西二村，施夷光家在西村，故村民就叫她西施。村头便是苎萝山，山不高而峻，树不密而秀，一条若耶溪把村子一分为二，溪水蜿蜒曲折，清澈见底，急中有缓，潺潺有致，淙淙有声，似林鸟呢喃，如情人私语。

苎萝山虽然只是像丘陵一样的小山，但是野兽却很多。在这片原始的山地上，依山而居的越族男人“随陵陆而耕种，或逐禽鹿而给食”；女人则养蚕种麻，劓丝浣纱。苎萝村民风淳朴，过路行人到村民家中歇脚果腹，是极为寻常之事。

施夷光的父亲年约四十，是个开朗豪爽的猎人。施父见来客年轻俊朗，谈吐不凡，礼数周全，虽是文雅之士，却有英武之风，便与他谈狩猎之法。范蠡曾以狩猎为生，自然对“猎经”很感兴趣。他们先就辨迹寻踪、围猎蹲守、春发冬藏之理探讨一番，然后又谈到东夷土著猎人的绝招。

东夷猎人有一种弩药，狩猎时将其涂抹在箭头上，以射杀较为凶残的猎物。这种药由十种以上的药物组成，多半是具有毒素成分的草本或昆虫。神秘的是，材料备齐后在铸成弩药之前，还要找七个人演绎一场铸药秘诀：一人扮演老虎，在密林中学虎叫，其中一人喊：“老虎来啦，快来打虎！”喊完，另外六人开始奋力地在自己的碓里舂药。

最后，范蠡与施父由狩猎谈及人类争战。“越国连年征战，民不聊生，我们村里的男丁都被拉去充军了，战争不停止，越国百姓何以安居乐业？”施父叹道。

施夷光泡了一杯茶，端给范蠡。范蠡见她举止娴雅，谈吐不俗，又有天仙之貌，暗自想：从相术来看，此女若是男儿身，必成国之栋梁、社稷奇才！可惜啊可惜！

范蠡定了定神，对施父说道：“如今天下纷扰，黎民倒悬，国与国之间兵戎相见，民众怨声载道，各个诸侯国都想称霸于天下，吴国如果不是想当霸主，也不会花太多的精力来主动攻打越国。越国作为一个小国，并不好战，只是不甘臣服于吴国而反抗罢了，牺牲士卒也是在所难免的。救国之难，并不在于男丁多寡，而在于上应天意、下顺民心。同心忧国，即便是女儿之身，也可胜过百十男丁。”

范蠡这一番话，令施夷光眼前豁然开朗。少女的玲珑之心变成了一片荡漾的湖泊，泛起层层涟漪，将她引入到另外一个奇妙的世界。谁也未曾料想，一次平常的邂逅竟暗藏天意，在冥冥中拉开了亡一国兴一国的历史序幕。

第二章　短兵相接再三谏

1. 殿前论“道”

范蠡在施家停留一日，因为失去了坐骑，他取消继续南行的计划，准备提前去觐见越王。

此时，大夫文种几年来辅佐太子习政的表现令越王允常感到非常满意，因而对他信任有加，现在听太子勾践说文种推荐了一个楚国奇才，急欲一睹真容。因此，越王挑了个吉日，以太子为主考官，在淮阳宫召开了一次小小的“招聘”会。

范蠡初见越王，既不行大礼，也不客套，仅口称一句“草民万幸，拜见越王”，便开门见山地讲“道”。他说：

“万物生于大地，大地无所不包、无所不容，它总摄万物，是一个整体。禽兽、庄稼等始终不能离开大地，而万物不论美恶，大地都一视同仁，使之生长，同样人类也依赖大地得以生养。但是，万物生长又各有定时，不到一定的时机，就不可能勉强生长，人的变化也一样，不到最后的转折点，也是不可能勉强成功的。因此，应该顺乎自然以处当世，等到机会到来的时候，就可以把不利于自己的局面扭转过来。此为‘天道’。

“一个国家的盛衰与天时地利的变化一样，随着阴阳二气的变化而不断发展，阳盛者可由弱变强，阴盛者则由强变弱。别看现在吴国强大，越国弱小，同样有办法使吴国变弱，越国变强。此为阴阳之道，道家之道也。天上人间，所有事物都包含阴阳两个方面，阴阳协调则人事兴，阴阳失调则人事衰，此理可以治国、立业、强身，无所不包。昔者轩辕黄帝创立道学，老庄继之，唐尧、虞舜、夏禹、周文王、周武王、姜尚等均是道家人物，孟尝君、孙子、鬼谷子也是道家人物，孔子出身道家，由道入学，创立儒家，故道与儒一源，分流入海，文韬武略，皆以道家为师也。此为‘王道’。”

范蠡讲了半天，众人听得一头雾水，只有勾践闻言大惊，说道：“华夏文化，中原鼎盛，越处江南，蔽目失听，请先生教我王道。”

范蠡细看勾践的相貌，也不禁大为惊讶。只见勾践长着又粗又浓密的眉毛，一双鹰眼一般的三角眼，高而呈钩状的鼻子，戴着用红羽毛织成的王冠。神态看似呆滞，然而目光里偶尔闪过一抹精芒，显见此人城府深沉，并非等闲俗子。范蠡定了定神，从容答道：“王道不能大材小用，用好了可以称王称霸，用不好则自取灭亡。曾经的徐偃王、宋襄公打算以施行仁义的方法来笼络人心，借此称王称霸，但最终身死人笑。这是为什么呢？这是因为他们使用的对象与追求的目标不相符合。所以，只有具备雄霸天下的资本而不急功近利的人，我才能跟他谈论王道。”

勾践问：“越国打算施行王道，应该从何处入手？”

范蠡说：“王道治国，以人为本，人是社稷之基，以食物为重。常言道，民以食为天，民饥寒无法生存则必然反叛，社稷动荡，国无根基而衰亡就在眼前。治理国家在清政、创业、繁物、兴文化时，重在用人，先富民而后强国。民富则兵强，民贫则兵弱，故富民以强国乃立国的必然之道！”

勾践问：“如何富国？”

范蠡答道：“以农为本，不忘工商，靠山吃山，靠水吃水。农民忙时种田，兼营副业；闲时还可做买卖、做手艺；先民富，后国富，民小富则国大富，国富则兵强马壮，可御八方来敌，保一邦平安。”

越王允常听到这里，觉得范蠡所言空无一物，于是问道：“强吴在北，咄咄逼人，如何应对？”

范蠡答道：“先强大自己，注重防守，逐渐积蓄国力，静观其变；然后乘虚而入，避其锋芒，攻其虚弱，则胜券在握，大王不必担忧！”

越王又问：“几年可获成功？”此时他已染顽疾，时日无多了。

范蠡见越王如此焦急，料定他对什么是天道、什么是王道根本没听进去，于是说：“大王，王道乃正道中唯一费时最短的方法，约百年而已。百年内，虽可臣服天下，但不如帝道显赫。”听到要用一百多年的时间，越王的心里又嘀咕起来，说：“一百多年也不短了，不过，既然是费时最短之道，你就再给孤讲讲吧！”

于是，范蠡又滔滔不绝地讲起了“治辩之极”“强国之本”。越王越听越没兴致，索性打起呼噜来了。

一觉醒来，越王对文种发了一通脾气，说：“仅以王道，孤认为不足以强越。当今之势，各国代周之心日趋明显。值此诸国争天下之际，没有坚革利兵则每战必败；没有高地深池的国家早就灭亡了；没有严令繁刑，人民早就抛下他们的君主了。按王道之法，越国早就亡于吴国了。”

石买见范蠡可能受到越王的赏识，心生嫉妒，便向允常进谗道：“卖弄风情的女人不讲贞节，自我夸耀的人没有信用，这个从楚国找上门来的年轻人，绝不是什么贤才。他如果真是和氏璧，早就被人抢走了；如果真是稀世之才，人家会不畏道路险阻去请，又何必自己跑到我们越国来？显然是只会自吹自擂而没有真才实学的浮夸之人，请大王明察！”

他话还没说完，范蠡心里就明白了几分，觉得自己来得还不是时候，于是就对文种说：“子禽兄，我们走！”

说完，他不管文种走不走，便辞别越王先出去了。他出去的时候，文种说：“《易经》有言，有卓越才能的人，必然背负世俗的冷眼；有大智慧的人，必遭一般人议论责备。成就大功的人不拘泥于俗人的浅见，谈论大道理的人不迎合众人的说辞。”并再三强调范蠡有姜子牙、管仲之才，请越王三思。

越王允常一听，赶紧下令把范蠡追回来。文种出去追上范蠡，范蠡心想，越王虽然不懂得什么是“道”，但求贤还是真心的，那就将就将就辅佐他吧！他考虑片刻，说：“我知道该说什么了，下一次，我跟越王讲讲霸道。”

文种说：“不管是霸道还是王道，你只说用这样的方法治理越国要多少年?”

范蠡说：“以越王和太子的胆略及越国的现状，二十年之内越国一定能强大起来，顺利的话，十年之内可以崛起。”

文种认为这个方法倒还不错，肯定能讨越王喜欢，尤其能讨太子喜欢。两天后，文种又去见越王，说范蠡有十年便让越国强大起来的霸道。越王一听，精神马上振奋起来，说：“他有什么办法？快请!”

范蠡再次来见越王。太子勾践双眼炯炯有神，迫不及待地问道：“请先生给我讲讲霸道!”

范蠡说：“大王，快速强国的策略可用霸道。国富民强是霸道的基础，国强则可用武力令邻国臣服，邻国臣服则年年进贡，得进贡则民众富，民众富则知道守礼法，民众知道守礼法则畏服君权，于是，君王令民众战则民众乐于战、勇于战，勇战之国则必霸……”

范蠡一连讲了三天两夜，越王越听越起劲。最后，越王说：“听君一席话，胜读十年书。贤卿实在是国师的不二人选。”他特意将太宰石买叫来，嘱咐道：“军国大事，可与范贤卿共商。”随后又传众大臣相见，拜范蠡为咨事大夫，授治军（资事相当于国师，治军相当于参谋总长）之职。

越王命筑大夫府，赏赐美女，范蠡婉言谢绝道：“下臣不过一介草民，寸功未建，不敢骄奢太过，且待下臣考察民情，知道民风方可掌理军政大事，不知道民风就像盲人骑马，下臣可不敢这样做，会耽误国家大事。”

越王说：“要想知道民情，可由下官上报，何必亲自跑一趟?”

范蠡说："耳听为虚，眼见为实。查实利弊方可对症下药，此乃下臣的职责所在。"

越王说："贤卿果然是个有大智慧的人，非常好！"

待范蠡从淮阳宫出来，太子勾践紧跟上来，恳求道："先生既传授霸道，必可传授霸王之器。求先生成全！"

范蠡知道，王者之器首属鼎，而太子尚武，武者之器只有剑。他沉吟半晌，说道："臣下将为太子打造王者之剑。"

范蠡既已受命，便恪尽职守望，他分析天下大势，参合天时地利，顿觉时不我待，次日便带两名军士直奔吴兴，去取他埋在大榉叶树下的竹剑。这把竹剑其实是一块夹在竹片之中形体如剑的玄铁。取出竹剑之后，他纵跨国境七百里，赶往南方的湛卢山。

湛卢山位于越国最南端，广袤数十里，山峦叠嶂，有湛云峰、玉女峰、剑峰三峰鼎立，形似笔架，时有云雾凝聚，晦明无定。

铸剑大师欧冶子便居于湛卢山中。当年，欧冶子和干将在吴国千里庐虚铸成三把宝剑，一把叫龙渊，一把叫泰阿，一把叫工布，都献给了楚昭王。而欧冶子因铸成龙渊剑而天下闻名，龙渊剑后来改称龙泉剑，欧冶子也因此被称为龙泉鼻祖。

此次范蠡受命来请欧冶子铸王者之剑，心中早有不祥的预感，剑乃杀戮之物，与王道相违，然时势所迫，他不得不顺势而为。

范蠡找到这位铸剑异人欧冶子时，只见七十有余的他仍精神矍铄英武不凡，四方阔脸，额圆鼻高，身材魁梧高大，一见之下，不由令人顿生敬佩之心。范蠡当即取下身上的竹佩剑，上前行拜礼，诚恳地对欧冶子说："在下乃越国大夫范蠡，久闻欧师傅有铸剑奇术，铸出的宝剑锐不可当，斩铜剁铁，有如削泥去土，在下万分佩服，今日得见真容，只感相逢恨晚。"范蠡行礼后起身，接着说："在下带玄铁一柄，请师傅铸为王者之剑。"

欧冶子深居湛卢山中数十年，一心铸剑，不问世事，未曾听说范蠡之名，但他料想来者一定是识剑之人。他请范蠡到舍中小坐，沏上香茗，仔细看了看范蠡带来的玄铁，沉默片刻后，说："本人铸剑已有数十载，曾为越、吴、楚三国君主铸过许多宝剑，吴国的干将、莫邪与我乃是至交。先生想得一把宝剑，并不是什么难事，但要我将这块铁铸成王者之剑，恐怕不可能。"

范蠡听了不由得大惑不解，说："师傅所言何意?"

欧冶子说："所谓王者之剑，以贤良之士为脊，以才辩之士为镡，以豪杰之士为夹，以勇猛之士为锋，百姓为背，仓廪为锷。此剑一出，行王道，伐无道，如雷霆之怒，声震四方，四封之内无不宾服，成就霸者之名。至于常人之剑，激于一时之怒，徒逞一时之快，动辄白刃相格，流血无妄，不足为论。"

范蠡万万没有想到欧冶子对于王者之剑竟有如此高明的见解，感到万分佩服。他忙向欧冶子行师礼，说："师傅所言令在下茅塞顿开，原以为用剑与王道相违，今日才得知剑道与王道可以融汇。"

欧冶子笑道："先生非凡人，不必行此大礼。其实我根本不懂什么是剑道什么是王道，只因先生这块玄铁乃至坚之物，以现今的铸造术，根本不可能将它熔化而铸，只能在高温下将它打磨成型，故此搪塞。再说，既为王者之剑，也就用不着锋芒毕露。"

范蠡深明欧冶子话意，他神色一敛，说道："师傅乃天下剑圣，如何打造，全由师傅定夺。"说完，再拜而去。

2. 吴越激战

范蠡入越初期，可以说深得越王允常的赏识，"常与言尽日"。这引起了心胸狭窄的大夫石买等辈的忌恨。为了平衡越国内部新旧两派势力的矛盾，淡化而不激化，允常渐渐有意无意地疏远了范蠡。

面对越国朝廷内部保守势力的敌视与排斥，范蠡当然不会愚蠢地跟这帮人针锋相对。他选择了"退而不言"，暂时韬光养晦，等待时机的来临。

公元前496年（越王勾践元年）早春二月，越王允常在挨过最后一个寒冷的冬天后，撒手西去，太子勾践继位。越国沉浸在国丧的悲痛之中。

越王允常去世的消息，很快便传到了吴国。

话说吴国自柏举之战后进入了鼎盛时期，吴王阖闾觉得自己为吴国打拼了大半辈子，也该享享清福了，于是派太子夫差长期驻守江淮之地，以防备北方。他自己则在吴国大造宫室，首先在王宫附近的安阳里修造了一座射台，在平昌里兴建了华池，在长乐里盖起了南城宫，又在平缓的姑苏山上筑了一座高台，取名姑苏台（今苏州灵岩山）。

吴国都城原本就富有而美丽，经过此番改造，都城及周边更显繁华。姑苏是个少见的大城，临山近湖，水网交错，放眼望去，犹如一座浮动在银波之上的仙城。高大的城楼从四周环护，城西有胥门，城南有蛇门，城北有平门，远望俨然一派中兴气象。

阖闾于秋冬季节在姑苏城内处理政事，到了夏天则到那些宫台池榭去避暑游玩。他经常早晨在纽山吃完饭后就出发，或在姑苏山踏青，或在鸥陂射箭，或在游台跑马，或在乐石城拥姬弹琴，或在长洲苑纵犬射猎，真是快乐胜过神仙。

阖闾在休息享乐，同样，吴国也在休养生息，而这一休整将近十年之久。

这些年来，志得意满的阖闾，未免变得有些自负毛躁，得知允常去世，他静极思动，想起当年越国曾在自己背后捅过一刀，真是可恶又可恨，便想趁此机会攻打越国，教训勾践这个小毛孩一顿。

将近十年不动刀兵，阖闾和吴国勇士的手都有点痒了。大将军孙武虽已隐居不仕，但由这个军事奇才训练出来的士卒，都是耐不住寂寞的斗士，即使过着安定平和的生活，也需一点鲜血的刺激。

吴王阖闾在朝议中提出对越作战方略后，执政大夫伍子胥表示反对，他说："越国虽然曾经偷袭过我们，但他们的国君刚死，士人百姓都很悲痛，所谓哀兵必胜，我们这个时候去攻打他们，恐怕占不到什么便宜，应该过段时间再打他们，有的是机会。”在他看来，吴国打越国就像大人打小孩，什么时候不高兴了，就可以揍它一顿，何必选择一个对吴国声名不利的时间去打呢。

阖闾不听，觉得吴国军队把强大的楚国都打趴下了，可谓天下无敌，还怕谁？他决定御驾亲征。

公元前496年（吴王阖闾十九年，越王勾践元年）四月，阖闾留下伍子胥看守吴都姑苏，自己带着三万五千人的精锐之师，气势汹汹地朝越国而去。

吴王兴师伐越的消息传到越国后，新王勾践心里有些慌乱，毕竟战事来得太突然，没有丝毫准备。情急之下，勾践只得将国葬草草了事，急召大臣们商议用兵之事。

太宰石买提议将越国可以作战的军队分为两部分，一部在浙江（钱塘江）南岸阻敌，另一部在会稽都城附近防守。石买年纪五十开外，身高体壮，看起来精神抖擞，他神情倨傲，冷冷地看了一眼勾践，昂首挺胸地坐在大殿最靠前的位置之上。

石买的提案遭到了大司马诸稽郢的反对，因为越国能集结的作战部队满打满算不过两万八千人（其中还有一部分不能作战），若再分成两部，以不足吴军一半的兵力去抵抗，且不说装备和经验不及吴军，仅人数上便处于劣势。

大臣们都觉得诸稽郢言之有理，但议来议去仍然没有一个可行的御敌方案。

大臣们议论期间，范蠡始终沉默不语。这主要是因为：首先，他资历最浅；其次，战事突发，比他预料的时间要早很多，还没来得及将他的强军之策推行下去就要应战；第三，越国实力不足，要想打赢这场敌强我弱的战争，需要精心谋划，否则毫无胜算。但在他沉默的时候，勾践早把目光投向了他，眼神中充满期待。

范蠡不再退避，慷慨陈词：“用兵之术，首重力气，力者即军队实力，气者即士气。力不足则气来补。国家有丧，不许兴兵，吴废礼制，已失信义，越正可以此唤起民心，同仇敌忾！若能化悲痛为力量，未必不能与强吴一搏，只要大王能给将士长这口气。”

勾践一向雄心勃勃，急于建功，做鼓动工作是他的拿手好戏。此战摆明了是吴国恃强凌弱，越军的士气甚至国人的士气都不难调动，但具体如何用好这口气呢？他让范蠡先谈谈具体的迎敌方案。

范蠡接着说道：“吴王举精兵三万余人分三路并进，因吴水师有限，步卒必经过松江（吴江）由东边往南攻，我军也可一分为三进行迎击。第一线不是在浙江南，而是在国境最北端。”

范蠡话音刚落，众人惊诧之声已起。石买的两分越军尚不可行，而三分越军又是从何谈起？

面对众人质疑的目光，范蠡继续讲解他的方案：“臣得闻吴军左军先锋，是吴国王子累将军统帅，此人善于阵战，但脾气暴躁，易于被激怒，因此可以派三千人为诱军，促使他快速追击，与吴中军拉开距离；而吴王的右军，战斗能力并不强，属于辎重和后勤兵马，应该会在太湖东南岸登陆，因此我们可以用五千人的水军加以袭扰，这样一来，这支右军的威胁将大大减少，同时也会削弱吴中军的援助力量。我军攻击的重点是吴王亲率的中军主力约一万五千人。这是一支由孙氏军事理论建立起来的正规军，阵容整肃，布阵严谨，若能将它搅乱，我军便有可乘之机。”

范蠡滔滔不绝地讲述战术方针，听得一些不懂军事的大臣一愣一愣的，越王勾践倒是听出点味儿了，他留下太宰石买，大夫若成、冯同、范蠡及大司马诸稽郢，又召来将军灵姑浮、百里良，一起商讨细节。

按计划，越军把主力两万士卒及死士一千余人悄悄部署在越吴边界南仅二十里地的白马邑南面丘陵地带。年轻的勾践为了鼓舞士气，想出了一个很不寻常的主意。他将数百个死刑囚犯召集起来，问道：“你们愿意像英雄一样到战场上去作战，牺牲后让家属得到烈属优抚，还是愿意作为罪犯被送到刑场上杀头，死后让家人蒙受耻辱？”这批死刑囚犯当然愿意选择上阵作战，于是齐声高喊道：“我们愿意做英雄，为国献身！”这样一来，敢死队的人数就达到两千余人。

初夏的一天黄昏，细雨绵绵，凉风习习。身穿越甲的勾践，威风凛凛地站在战车上，手持王者之剑遥指着吴王喊道：“阖闾老匹夫，今天这里就是你的葬身之地。”

勾践骂完阖闾后，高声喊道：“越国的勇士们，为了越国的存亡，为了父母姐妹不受欺辱，你们愿意献身吗？”

“愿意！愿意！”勾践周围的数千士兵手举兵器，齐声呐喊道。

战事的进展几乎跟预料的一样，吴国王子累将军的左军将三千越军当成主力，一路狂追猛打，很快追过了石门湾（今嘉兴境内）。吴国的右军则被越国的五千水军拖住，一时半会还上不了岸。吴王的中军以攻击阵形前进，士气高昂，所向披靡。这时，越军主力部队仍潜伏不动，只以三四千人分成若干小队向吴军冲击，结果一次次被吴军分割在七八个严实的阵垒中，全部剿杀。一天的战事很快就结束了，越军损失千余人。吴王阖闾好不得意，跨马挥鞭，说：“孤三日内饮马浙江！”

次日，双方继续交战。吴王的中军仍锐不可当，很快杀至白马邑南面的檇李（嘉兴境内），严阵以待。阴霾的天空撕开了几个口子，太阳从洞口中开辟出金黄色的巨大通道，直直地投射到地面上。配甲的士卒们腰带吴钩（弯刀），手持的青铜长戟反射着太阳的光芒，扩散出阵阵金黄色的光彩，犹如一片即将要收割的麦田。

这时，吴军阵后传来一阵呐喊声，一股人马由背后汹涌杀出。阖闾还以为是二三千人的漏网之鱼，因而没有在意，只令弓箭手做好准备。忽然，越军队伍中走出三排各三百人左右，身穿白衣，披头散发，手持短剑的人，他们脚步坚定、神情肃穆地看着吴军，在快要进入吴军弓弩射程内时，整齐地停下脚步，齐声喊道：“越国必胜，越国必胜！”“为了越国强盛，为了捍卫疆土，生命何足惜，死亦何所惧！”

阖闾笑道：“区区一千死士，也想冲破我一万五千人的中军大阵，真是做梦！”

没想到这近千名死士喊完，纷纷自戕，只见剑光闪处，鲜血飞溅，人头虽已落地，身体却屹立不倒。三个横队都做着同样的动作……吴军虽然杀敌无数，但从来没有见过如此惨烈的景象，一个个都呆若木鸡。

而越军见到这悲壮的一幕，却个个怒火中烧，热血沸腾，此时他们对吴国的仇恨之心可说达到了极限。

正在吴军士卒议论纷纷、争相看热闹的时候，忽闻一阵鼓声惊天动地，“杀啊——”顿时尘土四起，旌旗猎猎，越军铺天盖地涌了过来，犹如乌云遮住了天空。灵姑浮、百里良、胥犴各自率领一支精锐，如狼似虎地从潜伏处杀奔过来。越王勾践也驱动后备大军，会合诸稽郢，一并杀至。

吴军阵脚大乱，弓箭手都手脚发软，瞬间被淹没在人海里。双方共三万五千人的一场近身搏杀，场景十分壮观！阖闾毫无心理准备，一时来不及指挥布阵，只好匆忙下令：“快撤！”

吴军本应该向北撤，但由于越军是由北边向南冲击，慌乱之中，阖闾也分不清方向，率部向南逃去。

越国猛将灵姑浮在乱军之中，发现吴王阖闾准备逃跑，立即拍马追了上来。护卫吴王的大将专毅见状，连忙调转马头，折身而回，手提长剑前来迎战。灵姑浮飞骑腾空而来，借着战马的冲力，将手中长戈直刺而出，正中阖闾的大脚趾，阖闾脚上顿时鲜血直流。灵姑浮自然不会放过这个掳杀阖闾的大好机会，他飞奔上前又是一戈，幸亏吴将专毅孔武有力，挡住了灵姑浮的第二次攻击，掩护阖闾转身向北撤往距槜李十余里的陉地（今名鲍泾，在海宁市双山乡）。

战斗开始后的第三个黄昏来临了，一群嗅觉灵敏的乌鸦来到战场上，它们的鸣叫声给这里增添了无尽的死亡气息。入夜时分从海面吹来的海风，把槜李南北正在盛开的银杏花，卷得漫天飞舞，纷纷扬扬，给这片充满血腥的战场蒙上了一层诡异的色彩。

望着满地的吴越士卒尸体，越王勾践悬着的心终于放了下来。战场上的越军士气高昂，一声接一声喊道：“越王！越王！越王！”

灵姑浮走上前去问道：“大王，要不要乘胜追击？”

范蠡说："将军恐怕没有时间追吴王了，王子累的左军还在后面呢，你得去会会他。"

此时吴王阖闾已逃到陉地，安顿下来之后，他心头突然闪现出一种从未有过的孤独感，当他仰头望着无尽的苍穹时，突然大笑起来，此时此刻的他，感觉到了英雄迟暮。

阖闾遥望着吴都姑苏，知道自己今生再也无望回去了，伤感之余，他想起了自己辉煌的一生，征战无数，全身上下竟无半点伤痕。这是他第一次受伤，而这点伤竟会要了自己的命，自己的归宿竟然如此惨淡。

"父王，父王！"他突然听到有人喊叫自己，但来的并不是他期待的王子累，而是夫差和公孙雄率领的一支王宫卫队。

"孤在这里！"阖闾的声音依然洪亮，即使用一只脚，他也同样站得笔直，充满霸主的气概。

"夫差，有你兄弟累的消息吗？"阖闾喘息着问道。

一位将军上前答道："禀大王，王子累将军因率军冒进，中了越军的诡计，被引到水泽之中，遭到越军偷袭，已经战死沙场。"

"什么……"阖闾听到这个消息，顿时急火攻心，一口鲜血喷涌而出。连续几次吐血后，阖闾已经是奄奄一息，他神情肃穆，双手紧紧抓住夫差的手臂，硬撑着说道："你会忘记越国的杀父之仇吗？"

夫差大声说："决不敢忘！"

阖闾支撑着站起来，一把推开夫差，双手搭在女墙之上，整个身躯笔直地傲立在高坡上，带着无限的遗憾离开了人世。

3. 再三进谏

槜李之战险胜吴国，令越国的文武大臣对范蠡刮目相看，越王勾践决定封他为掌兵大夫。

范蠡说："大王你要跟吴国争霸，待在山沟子里当山大王是没有用的，我们只有往山下的平原走，依山靠水，尽得地利之后，才能与吴国一决高下。但是，目前还是要以险地为城。”于是，越王依文种、范蠡之计，在都城北的开阔地带，利用八个弧丘，建成一座周长三四里的城邑，设陆门四处，水门两处，称“勾践小城”。

槜李之战，使吴国与越国结下了比钱塘江还长、比太湖水还深的血仇，两国都重新调整了自己的大政方针，加快了富国强兵的步伐。

吴王阖闾死后，由其次子夫差（长子波已早亡）继位。夫差是个大孝子，为了给父亲营造墓穴，竟然发动成千上万的吴国民工，在破楚门外七里处的海涌山上，取土堆丘，又在丘上修建起长宽各六十步的剑池，池水深达一丈五尺（防止盗墓），终年不干，清澈见底，味道甘甜，可以汲饮。据说此墓修成三日之后，坟丘上出现了一只吊睛白毛的大老虎，所以人们又将阖闾墓称为虎丘。

夫差在登基大典结束后，率领吴国百官，在安阳宫大殿举行了即位后的第一次朝议。

夫差满脸威严，身穿紫袍，头戴王冠，腰系玉带，右配宝剑，昂首立于王座之前，俯视殿中群臣，浑身上下充满了王者霸气。他大声说道：

“孤在此立誓，不灭越国，绝不踏入后宫半步。殿中立二十卫士，每日早中晚提醒孤，勿忘国耻，扫灭越国！”

夫差安排了一个人站在王宫门口，每当他出入时，那人就高喝道：“夫差，你忘了越国的杀父之仇吗？”夫差立即回答：“决不敢忘，三年中必报此仇！”

群臣对于夫差的积极作为纷纷点头嘉许，十分满意。

接着，夫差又颁布诏令：

“奉王令，加封伍子胥为相父，辅掌政事。加封伯嚭为太宰。加封公孙雄为大将军。加封专毅、熊胜为上将军！”

群议之后，夫差留下伍子胥等人，对他说：“相国，孤要重组一支三万人的水军，依你看应该交由谁负责训练呢？”夫差即位后的第一次朝议采取的一系列举动，除了显露他的野心外，也显示出他壮大吴国的决心。

“大王，此时重新组建如此庞大的水军，恐怕国库难于支撑。”伍子胥觉得此举操之过急，只得硬着头皮表示反对。

夫差见自己提出的第一个宏伟计划遭到反对，心中大为不悦，他不客气地质问伍子胥：“相国大人，这次我们败于越国，很大的原因就是越国水军强大，他们以舟船运输士兵，使我们难以侦察到他们的情况，以致中了埋伏。重新组建一支水军，难道不是吴国灭越的关键吗？灭越，其实只是吴国未来三年的计划，因为吴国的出路，应该是北上图霸，而不是偏安于东南，只有图霸中原，才能建立吴国的辉煌大业。而北上的关键，依然离不开水军，不管是南下越国，还是北上齐鲁，吴国都需要涉江渡水，如果没有强大的水军，能过江涉水吗？”

伍子胥并不在意夫差的指责，他对阖闾的死感到十分自责，如果当初自己没有跟阖闾闹意见，就不会留在吴都，而是与阖闾一同出征，那样，阖闾也许就不会战败身亡了。伍子胥是个有仇必报、有恩必还的人。当年他身负血海深仇，只身逃到吴国，要不是阖闾仗义收留他，又帮助他报仇，他早就变成孤魂野鬼了。所以，他一定要为阖闾报仇雪恨；而对于夫差，伍子胥则有着一种类似于父子般的深厚情感，夫差是他看着长大，也是他一手扶上王位的。他对夫差的丧父之痛和满腔仇恨感同身受。所以，他尽管不情愿，还是答应帮夫差训练水军。他披发明志，日夜练兵于太湖之上，并在姑苏山下建立“射棚”，训授水军射箭之法。

而夫差每日则必临早朝，朝会之后又日夜住在水军营地，与士卒同甘共苦，大有发奋图强之心。

与此同时，越王勾践也在紧锣密鼓地备战。一天，勾践传召范蠡入见，范蠡估计勾践一定是突发奇想，又有了什么新主意。他匆匆赶往淮阳宫谒见勾践。原来，勾践念念不忘伐吴大计，他说：“此前我军大胜吴国，阖闾次子夫差刚刚即位不久，年幼无知。孙武已经归隐，伍子胥又老昏无用，孤打算趁此良机，一鼓作气，灭掉吴国，使其作为越的附庸。不知先生以为如何？”

范蠡很干脆地回答："现在兴兵，时机还不成熟。"

勾践又说："孤也有此虑，倾力伐吴又恐战而不胜，自取其殃。现在越国周围，草深林密，不知道什么地方就有吴国布置的陷阱或设下的埋伏。越城西边是浦阳江，北面是浩浩浙江，东边又是茫茫大海，天连水，水连天，波涛浚流，沉而复起，时而惊涛骇浪，声若雷霆，舟沉楫摧。越国几十年图谋，伐吴大举，不是不做，而是不能做。现在虽有八百里封地，小邑已就，五谷已收，还是不敢轻举妄动，唯恐有失。如何才能尽快地把现有的条件转化成伐吴的优势呢？"

范蠡回道："兴兵之前，必须有足够的积累，包括粮食、钱财、布帛、兵器等。士卒打仗，不可一日无粮，饿着肚子打仗，进不能攻，退不能守，不战自败。所以，粮食是重中之重，小有丰收是远远不够的。"

勾践听了忙说："愿闻积蓄之方！"

范蠡道："征战靠的是人，人之要在于谷。人生几十年，总是把积蓄储备粮食放在第一位，这并不奇怪，正所谓民以食为天。储备是为了保证饥馑之年的不时之需。年轻力壮之时，要想到年老之时、生病之时，这叫有备无患。人无远虑，必有近忧。就一个国家而言，积蓄之道，唯在劝农桑，落税赋，歉有所补，丰有所藏，或水或旱，精心经营，不失所当。仓库充足，黎民不慌。战争一旦拉开帷幕，战场无域，时间无常，粮食须臾不可或缺，粮足者胜，持久者为强。此言当否，还请大王深思。"

勾践又问："天地之变，有无规律可循？"

范蠡细心解释说："天地间的万事万物，都是有规律可循的。岁星（即木星）运行十二年为一个周期，三年移动到酉宫即是岁星在金，则是丰收的年头；三年移动到子宫即是岁星在水，则必然洪流泛滥；三年移动到卯宫即是岁星在木，则必然风调雨顺；三年移动到午宫即是岁星在火，则必然干旱无收。所以，一旦分散多了便要想着收集，实在富足了也要适当分享。关键是能预测它、判断它、适应它，克服饥荒之后便能体会丰收的年头更加难得，洪水来了则多备车马，干旱久了则多造舟船，这是顺应天道循环的大道理。一般来说，每隔六年有一个丰收年，每隔六年有一个富足年，每隔十二年有一个饥荒的年头。古代的圣人都明白这个道理，总是防患于未然。所以，商汤的时候，一直大旱了七年，人们也不用忍饥挨饿。大禹的时候，洪水泛滥了九年，人们也不会流离失所。是什么原因呢？这是因为当时的君主不但通晓自然法则，又能把人才的作用发挥到极致，所以国家富裕、人民强大，即使去千里之外打仗也没有疲惫的感觉。英明的君王不必每件事都亲自去做，而是要选择适当的人才加以鼓励和褒奖，再根据自己的经验加以指导就够了。治理国家和管理家庭差不多，家庭中有聪慧明白的父母，就像国家有英明的君主一样。假如父母能够知道天道循环的法则，明白为人处世的道理，又能各司职守、各尽其才，这样就能家庭富足而不衰败；倘若父母不知道自然法则，又不能信任有才能的后辈，后辈的意见丝毫不能听从，只是一意孤行，最终闹得家无宁日，父不慈子不孝，兄不友弟不恭，这样的家庭肯定会衰败。”

勾践连连点头称赞道：“你讲得很有道理。想不到你年纪轻轻，竟有如此渊博的知识。”

范蠡接着说：“积蓄之方，首重辨阴阳。从寅时到未时是为阳也，太阴在阳，岁德在阴，这是一年一度最好的时候。圣人往往在此时动而应之，制其收发，当以太阴在阴而发，而在阴将尽的时候，出卖六畜财物，宜收五谷，以应阳之至也。在阳将尽的时候，买进粮食、田宅、牛马，积货财，聚棺木，以应阴之至也。顺天应时，则收益十倍，次之则五倍。逆天背时，则相反。”

范蠡这一席话，使勾践顿有胜读十年书之慨。他仔细考虑了一番，觉得范蠡之言和计然之说如出一辙，于是暂时打消了伐吴的念头。

不久，勾践听说吴王夫差日夜练兵，准备报复越国，他不想坐以待毙，于是也从越军中挑选了一批人才，分门别类进行训练。他改任冯同为左司马、上将军，训练两万五千名带甲步卒；封灵姑浮为右司马、上将军，负责改善越军装备；封胥犴为上将军，训练一万名车驾弓弩手；

封百里良为上将军，训练一万两千名水军。越国的主要工作就是积储备战，其余所有事情都围绕这一中心展开。

勾践一向性急，槜李之战周年后，他突然心血来潮，又动了伐吴的念头，于是召集范蠡、文种等重臣，忧心忡忡地对他们说："我时常梦到吴王阖闾找我索命，他的儿子夫差举着长剑横眉竖目向我斩来，率着大军入侵我国。我深感不安，梦中屡次出现梦魇，这是不祥之兆。我想，坐等只会让夫差有更充足的备战时间，不如先发制人兴兵伐吴。不知诸位意下如何？辅政大夫能否先谈谈？"

"大王万万不可草率行事！"文种见勾践问到自己，只好奏道，"吴王虽然新丧，然而带甲之兵超过五万，尚有新建水军三万，况且孙子兵法世所共睹。吴军之败，非败在军力不如，而败在人心之乱。我军不过乘一时之威，以逸待劳，才能够侥幸取胜。倘若远涉吴境，与吴军正面交战。吴军出战虽不能完胜，但守却万无一失。我以疲劳之师，而被迫持久相抗，只怕不等胜利，整个国家的财力也就耗空了。臣以为，当今之计，大王应安抚国内，休养生息，加紧练兵，外与楚、齐修好，才是正道；又如何能再用兵征伐，先行出战？那样做只会有害无益啊！"

勾践铁青着脸说："孤不伐吴，吴迟早也会来伐越。不如趁其不备，先发制人，或许还有一线胜机。若坐等吴国兵强马壮，到时越国岂有还手之力？"

范蠡闻言奏道："臣曾听师言，兵器即凶器，征伐是逆德的行为，主动发起战争是下下之策。吴国本来比越国强大许多，眼下已两年未动干戈，其准备工作肯定足以伐越。上次我们的对手是吴王阖闾，现在换成他的儿子夫差向越国挑衅。兵法上说知己知彼百战百胜，我们从未与夫差交过手，不知其实力如何，先发制人只会使我们损失更大，不如静观其变以待机，一旦窥测到敌军出动，我们再动兵未迟。"

范蠡反复阐述了"天时不作，弗为人客；人事不起，弗为之始"的必要性，主张持久防御，避敌锋芒，防止出现过早决战的不利局面，指出"彼来从我，固守勿与"，做到以静制动，以逸待劳，以屈求伸，以主应客。

文种也赞成范蠡的意见，他说："大王应知越国国力始终不如吴国，现在夫差一心想报父仇，肯定是不杀大王不足以泄其恨；越国与其硬拼，只有吃败仗的份。所以，如果吴国入侵，我们应该想办法像上次那样以智取胜，以人气取胜，这才是上上之策。"

勾践闻言，只得再次打消伐吴的念头，气冲冲地走了。

公元前 493 年（越王勾践四年），在老越王允常的忌日，过去一向受到允常宠信的太宰石买借纪念仪式重提伐吴一事。石买知道，勾践并不信任自己，自从允常死后，他的权力被楚国来的几个外臣所削弱，而他也没有什么才能可以与楚人比肩，只有帮勾践完成伐吴大计，才是首功一件。他对勾践说："老臣近来天天睡不着觉，一直为大王担忧伐吴之事。已经三年多了，大王却还沉得住气，没有一点动作。吴国可是跑到前面了，如果再拖下去，吴国什么都准备好了，我们越国哪里还有机会。"

石买的话正说中了勾践的心事，这几年他一直想拉到一个支持者，这下机会来了。他想了想，说："孤何尝不想早了心愿，只可惜时机还不成熟。文种、范蠡、诸稽郢等人又一再劝谏，孤实在是有所顾忌。"

石买闻言心中大喜，趁机说道："吴越两国都重用楚人，要是哪天他们联起手来，还不是想帮哪国就帮哪国，谁能掌控得了？楚国人最奸诈了，真到关键时刻，还得靠我们这些越国人！"

勾践一双鹰眼紧紧盯住石买，正色道："太宰大人不可妄言！"他嘴上这么说，心里也觉得石买之言并非没有道理，从而坚定了伐吴的决心，并马上令众臣群议。

这一次范蠡还是极力反对："天道充盈而不溢出，强盛而不骄悍，辛劳而不待其功。圣人随时而行，这是善于把握时机。天时不到，人事不应，则隐忍不发。现在君主不盈而溢，不盛而骄，不劳而矜其功，实在是逆于天而不和人。"

勾践坚持道："吴国经槜李一战，早已是兵疲将寡，不足为惧！况我国也厉兵秣马三年，正好趁此机会一举灭掉吴国。”

范蠡说：“古之善用兵者，因天地之常，与之俱行。后则用阴，先则用阳；近则用柔，远则用刚。因情用兵方为致胜之道。吴王夫差因其父为越国所杀，既耻辱又愤恨，三年来矢志复仇，秣马厉兵，同仇敌忾，其志愤，其力齐，兵精将勇，实力雄厚。我们若出击硬拼，肯定不敌。明智之举只能是以逸待劳，坚固城防，尤其不要跟他们进行大规模决战！”

勾践看着范蠡，面有愠色：“孤已经决定了，不要再说了。”

文种不甘心，仍继续劝谏：“阖闾虽死，但还有老谋深算的伍子胥在，何况吴国兵强马壮，国力雄厚，大王万万不可轻敌！”

勾践见文种把出兵伐吴说得必败无疑，顿时大发雷霆，当场将他赶出朝堂。

文种见勾践屡谏不听，心生一计，回到府中设起灵堂，挂起白幡，为越国吊丧，并学“寡妇三哭”，边哭边喊：“越国亡矣！”欲以此举使勾践醒悟。

文种为越国吊丧的消息迅速在都城传开了，石买指使皋如等人向勾践进谗，说文种本是楚人，对越国不忠，他这么干意在动摇军心，灭我军威。勾践闻报大怒，挥剑要砍杀文种。文种只得躲到勾践的夫人季爰公主那儿去。

经过这番周折，勾践决心趁吴国尚未准备充分之际，先发制人，令石买、诸稽郢征集越国所有兵力准备攻打吴国。

4. 一败涂地

越国蠢蠢欲动的同时，吴国也在紧锣密鼓地准备着开战。

话说吴国自槜李战败后，夫差立志报仇雪恨，并以三年为期。为了早日实现这一目标，相国伍子胥不亲妻子，饥不饱食，寒不重衣，一心想着灭掉越国，替阖闾报仇。在伍子胥的辅助下，夫差行“立城郭，设守备，实仓禀，治兵库”的强国之道，仅在吴越边界就筑有管城、晏城、萱城、何城四座，另筑有烽火台。如今三年期已满，吴国七八万经过严格训练的大军，时刻准备与越军进行一场生死决战。夫差正愁没有合适的时机，没想到越国竟想先发制人，贸然出击，这正中他的下怀。

公元前493年（吴王夫差三年，越王勾践四年）初夏，越国的三万名步卒（灵姑浮为将）、一万两千名水军（百里良为将）、一万车驾弓弩手（胥犴为将）誓师后，皆从都城外的固陵门出发，由水陆两路向北挺进。石买、诸稽郢、文种、范蠡随军辅佐勾践，参与军机。

勾践起戈船六百余艘，每艘船上有士卒四十八人；使楼船五艘，除主要将帅外，每艘船上有士卒八百人。越国水路大军直趋太湖，只见浩渺的湖面上一艘船也没有。勾践命令继续往水面搜索，隐约间，湖中两座大山凸现，远远望去山岛树木葱茏、怪石兀立，这便是太湖中两座奇秀的山，名叫夫椒山。

清晨，寒风吹过太湖烟波浩渺的水面，弥漫的雾色中，隐约可见夫椒山顶立着一队队全副武装的吴国武士。

范蠡凝目远望，发觉有些不对头，忙问道：“前方有何敌情?”

范蠡回道：“大王，您看这海鸟突然一齐惊飞，说明山的背后定有隐蔽者在行动。”

“我们的行动如此神速，难道……”石买话还没有说完，只见夫椒山那边突然战鼓齐鸣，山弯中集结待命的吴国舟师全体出动，配有多种兵器的一百艘“大翼”战舰驶了出来，每只舰上均有百余士卒。“大翼”的左侧是数百只“小翼”，右侧是数百只“突冒”，后面还有数十只楼船和桥船，中间则是吴王夫差的“盛皇”号楼船。

勾践抬眼望去，只见对方万舰齐发，刀枪林立，旌旗飘飞，太湖变成了一片旗海。

吴国的大军终于来啦！勾践拔出宝剑，大声喊道：“快，准备战斗！”

作为总指挥，石买的脸上掠过一丝难以察觉的惧色，他从来没有经历过如此规模的战役，所幸勾践就在他的在旁边，依仗龙威，他还不至于惊慌失措。他传令百里良的八千水军迎战，两千水军护驾，还有两千水军作为预备队。

越军舟师所用的兵器颇有特点。其中的钩拒和钩镰，根据水战中两船靠近时的特殊用途而设计，其柄为竹制，长一丈五，顶端有弯曲的铁刃。两船靠近时，可以将敌船推开不让靠近，也可以将敌船钩住拉拢，防止其逃跑。但武器再好，也唱不了主角，水战的主要装备是战船。

勾践、石买哪里知道，吴国的战船是专门为对付越军而建造的。这次伍子胥为配合新舟师的作战方案，依照陆军车战编制，结合吴、越二国水战的特点，布下的了这个水阵。除水军外，吴军各舰上都配有双栖步卒（相当于海军陆战队），舰只则分为“大翼”、“小翼”、“突冒”、楼船、桥船等种，大致相当于陆军的重车、轻车、冲车、行楼车、轻足骠骑。

激战开始了，伍子胥的旗舰“复仇”号冲在最前面，吴王夫差带着百余艘“大翼”紧跟其后，侧翼的伯嚭、公孙雄则率领数十艘桥船迂回包抄。初战双方旗鼓相当。因为舰船过于密集拥挤，什么类型的舰船都无法发挥自身的优势。于是，双方的水兵冲上对方的甲板格斗争船，而水兵的搏斗能力毕竟不如带甲步卒，不断有士兵惨叫着掉进碧浪翻天的太湖。一时哭爹喊娘声四起，双方士卒都被溺死无数。

这场恶战从早晨一直持续到黄昏，处于胶着状态，突然，湖面风云巨变，狂风肆虐，波涛汹涌，一道道闪电撕裂了天空。

风向对吴军极为不利，大船都被刮到附近的小山边，小船则被吹沉水底，太湖湖面上尽是破船碎片和士卒的尸体。吴军只得鸣鼓收兵。

次日开战，吴军总指挥伍子胥调整部署，将投入战斗的舰船减少一半，每只舰上再配置三分之一的步卒，大小舰船连成一片，以发挥陆战队的优势。

越军疾飞的戈船猝不及防，陷入“大翼”“小翼”“突冒”的连环阵中，来不及掉头，说时迟那时快，吴军步卒万箭齐发，越军戈船大多被撞破，无数士卒纷纷落水或中箭身亡。

勾践远远见此情景，不由大惊失色，忙向石买问计。石买心想，既然吴军可以配备陆战队，越军同样可以配带甲步卒上船。因此，他急命灵姑浮带两万名步卒由楼船输送，投入战斗。

范蠡见势不妙，赶紧向勾践建议说："敌舰大，又连成一片，互相呼应，我方战舰即使配上步卒，也难以靠近敌阵，只会被动挨打。不如让步卒集中到东苕溪和石门湾两处（均为吴水军入越的必经之地）布阵以待，再派胥犴的车驾弓弩手到大小舰船上参战，这样就可以用弓弩远距离攻击敌人。"

石买不听，勾践也轻蔑地哼了一声，下令让石买、灵姑浮率步卒迅速投入战斗。

接到信号后，灵姑浮、石买的两艘楼船和三百余艘配有步卒的戈船，径直朝夫椒山方向驶去。夫差在"盛皇"大舟上见越军的楼船向前逼近，忙命大将军专毅列阵迎击。

石买求胜心切，急命灵姑浮直扑"盛皇"号攻击夫差。灵姑浮的楼船冒着箭雨，倾力而进，好不容易靠近了"盛皇"号。灵姑浮率死士冲了上去，与专毅交手，往来数个回合，灵姑浮寻到一个机会，一戟刺中专毅，戟从专毅后背入前胸出，专毅挣扎了几下，像木头一样重重地倒在甲板上。

夫差一见，面色大变，喊道："快援救孤！"

这时，天色已晚。越军的戈船一窝蜂似的涌了过来，吴军的主战舰、各将帅的指挥舰也赶紧回援，将越军舰队团团围住。

伍子胥见状又惊又喜，忙大声传令："全体弓箭手预备，放火箭！"

顿时万弩齐发，石买的楼船还未与吴军船舰接触，就已起火，戈船大都变成了火蛾。夜空中划过无数道耀眼的火光，风助火势，越军舰队陷入火海之中，映照得天空亮如白昼，仿佛把整个太湖都烧得沸腾了。

灵姑浮跳上自己的楼船，正想下令撤退，回头一看石买的楼船早已不见踪影，他稍一迟疑，只见两个吴甲武士飞追而上，挥刀砍来。灵姑浮躲过了一刀，却被另一刀砍中，“扑通”一声掉下水去。紧接着，他的楼船也着火倾覆了，船上的士卒与灵姑浮一起，永远被埋葬在了太湖水中。

石买原想一举干掉夫差，抢个头功，没想到越军这么快就败了，而且败得如此莫名其妙，他简直不敢相信自己的眼睛。正在他愣神的工夫，无数吴军战船已经冲到他的旗舰面前，杀气漫天而来。

所幸灵姑浮冲击“盛皇”号的时候，石买做了一个自以为正确无比的决定，逃命！他传令百里良率所有能参战的舰船阻击吴军，掩护勾践撤退。

于是勾践率几千人连夜逃离太湖，由水路回撤。第二天，吴军又追了上来。一路上，勾践被夫差死死“咬”住不放。为了给越王争取时间，百里良在石门湾死守，与吴军拼到最后一刻，最终全军覆没，他本人也英勇战死。

经过两天两夜的逃遁，勾践以最快的速度返抵会稽山麓，此时死里逃生的越军仅剩五千余人。会稽山位于越国中心地域，本山仅高三百多米，最高峰不过一千七百米，山上杂草丛生，密林遍布，是理想的据守之所。范蠡令千余甲士在会稽山下的固陵坚守。几万吴军穷追不舍地跟随于后，把会稽山重重包围起来，围得水泄不通，鸟儿也插翅难飞一心想置勾践于死地。

面对这种情形，勾践悔恨交加地对范蠡说：“都怪孤没听你的劝告，以致落到这般境地，越国就要毁在孤的手里了，孤怎么对得起列祖列宗啊！你说，接下来如何是好?”

范蠡并不觉得越国会亡国，认为还有一线存活的机会，他说：“事已至此，大王不必自责。我军溃败并非天意，乃是大王轻敌所造成。素来只有生死由天定，而社稷安危则由人定。现在越国兵败如山倒，大势已去，恐怕难以保全整个越国了。但是，咱们性命没有丢，这是天意。只要大王重新振作起来，越国便还有希望！最重要的是要想出一个保全越国的长久之策。”

勾践虽然口头作了检讨，但仍心有不甘，想要翻本！

此时越军中已经怨言满天飞，大家都觉得总指挥官石买临阵退缩，必须为夫椒之战的失败负主要责任，于是纷纷向勾践进言："石买这个人实在可恶！他和每个人都结怨，只知道贪求名利，贪生怕死，一个劲地瞎指挥，根本没有长远的眼光，是个典型的小人。大王绝对不可再任用他，否则对国家对我们这些苟且活着的士卒将十分不利。"

这时，石买在越军中已经失去了往日的威信，很多将领都不听他指挥。石买很生气，一连斩杀了几个不听话的将士，妄图用严刑峻法来挽回自己的颜面，重振军心。

结果可想而知，没过几天，许多士卒就崩溃了，有的当了逃兵，有的投降了吴军。越军群情激奋，闹哄哄地要哗变，他们冲进越王勾践的行营，来了个兵谏！

"不杀石买，不足以平军愤。大王，动手吧！"范蠡站在帐下，面色平静而语气坚定地说道。

帐外也传来士兵们山呼海啸般的呐喊："杀石买，杀石买！"

勾践长叹了一口气，无力地瘫倒在座椅上。他考虑良久，又重新恢复了镇定，大步迈到帐外，面对越国五千甲士，大声道："石买误国殃民，滥杀无辜，罪不容赦。来人啊，把他押上来处死！"

石买早就被哗变的士兵绑了，推到勾践的面前。

"大王，我对越国有功，罪不该死呀！"石买一头乱发，满脸惶恐，歇斯底里地喊道。

勾践一挥手："砍了吧！"

几个士兵早已按捺不住，冲上来乱剑齐下，将石买几乎砍成肉酱。

越军欢声雷动。一场突发的兵变，其中暗藏玄机，只留待后人评说。

第三章　国亡辱身识忠良

1. 忍辱负重

处死石买可谓大快人心，但这并没有改变越军的处境，他们仍然需要面对兵败被围的事实。

江南的夏天，恰逢雨季。滂沱的大雨已经下了几天几夜。三江水骤涨，海水进逼倒灌，山洪暴发，通往会稽山的大小道路被洪水冲没，山水激流而下，海潮溯流而上，将会稽山围成了一个孤岛。洪水之外又有吴军围困，喘息在会稽山顶端的越兵又冷又饿，此时他们宁可战死，也不愿倦缩在山洞里等死。

越国将士在山顶的蜗居处叫越王峥，又名城山，主峰海拔三百五十四米，位于钱塘江南岸。当初越军就是从城山脚下的固陵军港出发去攻打吴国的，没想到转了半圈，他们又被吴军打了回来。好在有险可守，吴军十天半月还攻不上来。

不过，吴军主帅伍子胥一点也不着急，他让两万多名水军围而不攻，只扼守水道和木鱼池，一是防止越军从水上逃走，二是不让他们取到干净的井水。实际上，城山是个风水宝地，山上的甘泉四季不竭，清甜可口，仅喝泉水就可以支撑月余。伍子胥无奈，只好跟越军继续耗下去。

勾践见吴军毫无撤退之意，心里十分焦急，但又一筹莫展，竟向随他逃到山上的残余将士、避难百姓发出号召：

“父老兄弟、与孤同姓之人，仍能战斗的官兵，有能为孤出谋划策、设计退敌者，孤将与他同掌国政。”

文种深知这样做无异于临渴掘井、腹饥种粮，忙上前劝道：“大王，商人夏天购进皮货，冬天购进葛布；天旱时购进舟船，水涝时购进车马，这都是为了提前储备货物，以等市场需要时出售。作为国君，太平之时就要广蓄谋臣战将，以备战时所用。好比蓑衣，平时置备，看似无用，一到雨天，可就派上了用场。大王现在才来寻求谋臣，岂不是太晚了吗?”

假如是在战败之前，文种的这话肯定会让勾践勃然大怒，但此时的他已经怒不起来了。自从石买被杀后，文种便接替了石买的位置，成为执政大夫，只是如今国家将亡，根本无政可执。

勾践一肚子火，但他毕竟理亏，只好说：“既已无可挽回，眼下该怎么办呢?”他召集几位重臣商议退敌之策。

文种说：“臣倒有一计，既然不愿亡国，不如向吴军投降。大王应当卑躬屈膝，告之夫差愿年年岁岁臣服于吴国，并备以厚礼，献给吴王，以求和解。如果吴王不同意和解，那么大王只有入吴为奴，忍辱负重，苟且偷生，暂时免去死罪。留着青山在，不怕没柴烧，等待时机，以图东山再起。”

范蠡既着急又痛心，但一时也想不出更好的办法，只好对勾践说：“大王，文种大夫说得在理。臣听说懂得盈而不溢这个道理的人，上天会帮助他；能扶正倾危使国家安定的人，人民会拥护他；行事节制的人，大地会厚待他。依我看，这三条大王都具备了，想必上天是不会让越国就这样灭亡的。大王何不用谦卑的语言和厚重的礼品去打动夫差，如果他还不答应，那就把自己当货物一样献给他。只要大王能活下去，就会有重振越国的那一天。”

文种和范蠡同出一门，讲的道理自然都一样。勾践半晌没有吭声，显然不认为这是个好主意。他看上去很疲惫，显得有些焦躁不安，英俊的脸庞因消瘦而显得轮廓分明，一双鹰目在烛光下让人更觉冷峻阴森。

他见其他人都不言语，只好下令改日再议此事。

次日，范蠡来到勾践临时居住的山洞前，正好遇见两名武士押着文种要出去，不由得大吃一惊，赶紧先拦下武士。他进去一看，只见勾践满身血迹，胳膊上扎着绷带，绷带处不断有鲜血渗出来，脸上一副怒不可遏的样子。

“押出去，砍了！”勾践见范蠡进来，声音闷闷地说。

“大王，这是为何？”

“问他！”勾践眉头耸起，怒指文种。

范蠡瞄了文种一眼，心里明白了几分。他说：“想必是文大夫救主心切，哪句话说得不妥得罪了大王。危难之际，还望大王宽宏大量，给他一个将功抵罪的机会。”

“危难之际？正因为现在是危难之际，孤才不能宽恕他。”

“臣敢问为何？”

“为何？你知道他给孤出的是什么主意？他竟然……竟然建议孤亲自去向夫差乞降！”

“大王，这其实是臣的意思，文大夫只是替臣说的。”

勾践两眼逼视范蠡：“你再说一遍！”

“大王，臣以为，事到如今，我们只剩一条路可走，那就是暂时乞降于吴，过了眼前这一关再说。”范蠡的语气一如既往地平静。

勾践挥剑扑向范蠡，被文种冲上来死死拦住。文种跪在地上，求勾践息怒。

勾践一脚踹翻文种，剑锋直抵范蠡心口。但范蠡仍面不改色。

勾践缓缓收剑，说：“你是先王托孤之臣，我不杀你，你走吧，下山降吴去吧。凭你范蠡的名声，夫差一定会重用你、赏识你的。还有谁要降，也跟他走吧。想走的都走吧！哪怕只剩孤一个人，也要跟夫差战斗到底。夫差他不是我的对手！不是！”他怒气冲冲地走了出去。

文种与范蠡商议了一番，决定让范蠡再去劝谏勾践。勾践向来缺少耐心，冲动之下什么事情都做得出来。

过了一会儿，范蠡来到另一岩洞内，只见勾践的夫人季爰公主搂着十来岁的世子鼫与缩在角落里瑟瑟发抖，地上躺卧着两名宫女的尸体。勾践踏过宫女的尸体，逼向夫人。

季爰悲声道："大王，臣妾死不足惜，可世子还是个孩子……"

勾践斥道："就算我放过他，夫差会放过他吗？他是世子，当与国共存亡，这是他的命！"

勾践伸手去夺世子，季爰拼死抵抗，泣求道："大王请先杀臣妾吧。"

勾践割下襟带，递给季爰："既然你不忍心，那就先走吧。"

鼫与死死拽住母亲的衣裙，哀泣不已："母后！母后！"

季爰喊道："孩子，母后先走了，你要听父王的话……"

鼫与低泣着，不顾一切地说："母后，不要！让父王先杀孩儿吧。"

鼫与夺过襟带，反身搂住母后，将自己的后身暴露给勾践："父王，孩儿甘愿为国一死，请父王动手吧。"

母子俩紧紧地搂抱在一起，全身不停地颤抖着。勾践缓缓举剑，闭上眼睛，奋力挥剑而下。

这时，范蠡一个箭步冲了上来，死死抓住勾践的手腕，急切地说："万万不可，大王！"

勾践骂道："又是你这竖子！"

范蠡也不示弱："大王，王者之剑，岂能如此滥用？"他向王后使了个眼色，让她带世子先行躲避。季爰愣了一下，随即拽着鼫与跑出岩洞。

勾践愤恨地说："他们躲得了孤家一剑，能躲得过吴人的剑吗？难道你要他们受尽夫差的侮辱再死？天要亡越，谁能躲得过命运？"

范蠡松开勾践的手，劝道："既已战败，侮辱在所难免，但是死是生，还掌握在大王自己手上。"

勾践说："事已至此，生路何在？"

范蠡立即回道："王者之道，忍辱即能生。全看大王的决心、忍心有多大，能忍则无敌。”

勾践说：“你虽为楚人，但你忘了你是来辅佐孤富国强民、成就霸业的。现在你居然叫孤忍辱偷生！”

他挥剑朝范蠡砍来，范蠡没有躲避，但剑只砍到石头上，溅起一股火花。

范蠡说道：“大王忍辱不是为了自己偷生，而是为了越国的重生。臣现在想的只是大王，正如大王只应该想着自己的国家。”

勾践嘲笑道：“这就是你送给孤的王者之剑吗？连个人也杀不死！”

“大王，王者之剑不是用来杀人的。它是一把没有开锋的剑，是指挥千军万马的剑，是显示王权与王者之气的剑，是用来供奉宗庙、安定社稷，上决浮云、下绝地纪的剑。”范蠡目光如剑，与越王对峙着。

勾践缓缓收回宝剑，说：“孤若不死，能保越国不灭吗？”

范蠡肯定地说：“大王在，越国便在。从前商汤被桀囚在夏台，文王被纣囚在羑里，晋文公重耳亡命翟国，齐桓公小白逃到莒国，不是最终都成就了霸业？臣来到越国，就是为了帮助大王成就霸业。”

勾践问道：“孤若是降了，能保夫差不对孤先辱后杀吗？”

范蠡回答：“臣不知。”

勾践问道：“列祖列宗面前，孤该如何交代？”

范蠡回答：“臣不知。”

勾践问道：“越国倘若侥幸不灭，何时才有复兴之日？”

范蠡回答：“臣也不知。”

勾践问道：“作为掌兵大夫，你到底知道什么？”

范蠡回答：“承蒙大王厚爱，掌兵大夫一职臣愧不敢当。臣本一介布衣，是大王让臣拥有了今天这个地位，臣理应为大王尽臣子的本分。”

“你的本分应该是带兵去打败吴国，但你却每每劝孤向手下败将投降，为何？你说，你说啊！”

范蠡不疾不徐地回道：“臣知道，臣来越国是助大王谋取霸业的，所以臣要做的，就是时时提醒大王要像霸主一样去思考行事。”

“如今还妄谈什么霸业!”勾践语气中充满了无奈，“孤现在只想做个寻常百姓，保全妻儿平安，你能给孤吗?”

范蠡郑重地说：“可惜大王不是寻常百姓，王命是上天和先祖赋予的，谁也替代不了您。大王若一战而死，虽然痛苦，但却不难。大王宁为玉碎，不为瓦全，也堪称英雄了。但不知大王想过没有，您死了之后，天下从此就没有越国了，大王英灵升天，又将何以面对列祖列宗?大禹王千年不绝的祭享，又该由谁接继?臣不能保证大王不受侮辱，但臣能与大王共赴苦难，誓死保卫大王平安，这样才能打败吴国，成就霸业，一雪国耻!”

“打败他?一雪国耻?可你却要孤现在去跪倒在他面前，求他给孤一条生路。堂堂越国之主，孤如此做了，还有何颜面活在世上?还有何颜面再见孤的子民?”

“阴极必阳，屈得越紧伸得越强，而这正是霸王之道。”

勾践听了沉默不语，眼中的怒火渐渐化为冷峻。范蠡知道事情有了转机，躬身而退。

过了两天，勾践主动来找范蠡，对他说：“孤思考良久，觉得没有人能说服吴王，你看派谁去见吴王比较合适?”

范蠡说：“大王，文种大人能屈能伸，能言善道，乃真丈夫也。派他去，您看如何?”

于是，勾践派文种出城去向吴王求和。文种来到夫差面前，跪地而行，叩头而拜，说：“亡国之臣勾践派遣陪臣文种斗胆请求大王，越国本来就是给吴国纳贡的属国，大王用鞭子驱使它就可以了，根本不值得您屈尊亲自前来征讨。勾践愿献上越国所有的宝器，他自己愿做您的臣民，王妃愿做您的侍妾。”

夫差一听这话，心里十分受用，正想答应下来，一旁的伍子胥却大吃一惊，他原计划杀掉勾践后彻底占领越国的领土，今见夫差掉以轻心，想给越国留一线生机，立即劝谏说：“大王，万万不可赦免勾践。吴越两代结仇，两国不能共存于天下，现在正是诛灭越国的最佳时机，这是上天把越国赐于吴国，您马上就可以拥有整个越国了，还怕得不到越国宝器吗？您千万不能答应他！”

夫差挥挥手道：“相国过虑了，越国已名存实亡，不足为惧。就算有一天勾践想要复仇雪耻，率军伐吴，也照样会成为我的手下败将。”

伍子胥见夫差不听劝谏，下令将先王木主供于座案，行礼后退到另一侧站好。其他臣僚一律随吴王垂首肃立。

伍子胥高声宣示：“夫差，你忘了勾践的杀父之仇了吗？”

夫差应道：“夫差不敢忘。”

经过这番折腾，夫差冷冷地盯了文种片刻，威严地说：“文种，回去告诉勾践，吴国不接受他的乞降，让他提头来见孤吧。还有，他要是再不知羞耻地派人来求饶，孤家必定杀无赦！”

文种回去将夫差的话转告勾践，勾践听了万念俱灰，拍着桌子怒道：“好你个伍子胥，孤什么时候招惹你了，非要置孤于死地不可！哼，我勾践虽然战败，但也是个铁骨铮铮的汉子，吴国不答应就算了，孤大不了杀掉妻儿，一把火烧光所有的房屋财宝，带着上五千甲兵和吴国拼个鱼死网破！”

文种忙劝阻道：“大王千万不要意气用事，如今虽然有个伍子胥百般阻挠我们求和，但事情并非完全没有转机……”

勾践又露出了期待的眼神：“大夫有何妙计，快快请讲！”

文种答道：“吴国的太宰伯嚭贪财好色，夫差又很信任他。我们可以用宝器和美女贿赂他，让他去跟伍子胥唱对台戏，帮我们说服夫差，说不定会有意想不到的好结果。”

伯嚭也是楚国人，乃楚国左尹伯郄宛之子。他因父亲受到费无忌和鄢将师的陷害，被楚国令尹（相国）囊瓦所杀，并诛连全族，他走投无路之下，只得逃到吴国，靠着伍子胥的引荐而投靠吴王阖闾，后因在伐楚之战中立有大功而逐步提升为太宰。伯嚭很善于夸夸其谈，卖弄自己的学识见闻，并靠着这一点平步青云，讨得了夫差的欢心，从而在很多重大问题上左右夫差的决策。不过，伯嚭虽然博闻强记、熟悉历史，却缺乏战略眼光且毫无远见，又贪财好色。

勾践听文种这么一说，立刻同意了他的提议，下令选了八位美女和珠宝一起暗中送给伯嚭。伯嚭作为先王阖闾的托孤大臣，如今把年少的夫差玩弄于股掌之中，对财宝的贪求和美女的垂涎，随着权力的膨胀也逐渐不满足起来。当文种将一大批金光闪闪的宝器堆在他面前，再把八位花枝招展的美女唤上堂来，伯嚭的眼中顿时溢满了痴迷、淫邪的喜色。但他也知道不能让越国求和的使者看出自己的贪婪，因此，他假装正经地说道："你什么意思？收买我吗？等到我们把你们彻底消灭了之后，你们越国所有的东西不就都是我们的了？你用这点微薄的礼品，就想把我给打发了？也未免太小瞧我了。"

文种看穿了伯嚭的心思，直截了当地说："看来，太宰大人不太想接受我们的礼物啊。那这些礼物，我就拿回去啦。不过，您也别小瞧我们只有五千人，这五千人还能决一死战！更有甚者，即使越国彻底战败，我们也会把全国所有的女子都杀掉，把所有的财产都送到楚国，让楚国为我们报仇雪恨。而你们吴国，什么都甭想得到！退一步讲之，即使越国的财产没能送到楚国而尽归吴国，那也都是吴王夫差的，有您多少钱？您好好想想吧！话说回来，您要是能接受我们求和的请求，那就完全不一样了。表面上，越国是归顺于吴国，而实际上，越国不是归顺于吴王夫差，而是归顺于您，越国以后进贡的东西全都先给您，您挑剩下的再给吴王夫差。您何乐而不为呢？"

伯嚭觉得文种所言有理，便把宝物和美女照单全收，然后带着文种去见夫差。

文种见到夫差后，长跪不起，说："罪臣再次请求大王赦免越王的罪过。越王愿献出他所有的宝器，成为吴国的臣民。如果不幸得不到赦免，越王只好杀了妻妾子女，毁了宝器，带领士兵与大王拼死一战，这样做对吴国也没有什么好处吧？"

夫差说："勾践不是有了王者之剑吗？孤的宝剑长戈都曾断在他的剑下，如此不可一世的勾践，怎么会真心乞降？只怕这是他的缓兵之计吧?”

文种说：“大王，罪臣受勾践重托，绝不敢对大王有半点欺瞒。”

夫差仍十分怀疑：“以勾践之血性，他会认输？孤才不信。”

文种说：“罪臣受命而来，不敢有半句妄言。大王，勾践确实认输了，输得心服口服，死心塌地。”

伯嚭也在一旁适时说道：“越国既然已经顺服称臣，不如赦免了他们，这样做也符合吴国的利益。”

夫差又动心了，准备答应赦免越国。

伍子胥听说文种又来游说夫差，赶紧前来劝谏：“大王，从前有过氏先灭了斟灌氏（今河南清丰东南），又攻打斟寻（今河南巩义西南），灭了夏后帝相。帝相的妃子后缗怀孕在身，逃到了有仍国，在那里生下了少康。少康长大后做了有仍国的牧正。有过氏听说帝相还有儿子少康，就派人到有仍杀少康。少康逃到有虞国，有虞氏感念夏朝的恩德，把两个女儿嫁给少康，并把纶邑封给少康，使他拥有田地十里，民众一旅。后来，他召集夏人的后裔，重建夏朝的体制，逐渐强大起来，并用计谋打败了有过氏，重新恢复了夏朝的统治。如今吴国不如有过氏强大，而勾践却远远超过了少康，并且还有文种、范蠡这些善于使计的谋臣，如果不趁这个机会除掉勾践，灭掉越国，将来必成祸害。况且勾践为人坚忍，能吃苦，如果这次放过他，将来您一定会后悔的。”

夫差看了看伯嚭，伯嚭说：“大王，相国说的也有道理。不过，既然勾践愿意称臣，何不将他带回吴国，文种、范蠡也一并带回，到时大王想怎样处置他们都行。这样既能得到越国的宝器财物，又不用跟越国人拼命，岂不一举两得?”

夫差也觉得这样做比较妥当，于是答应文种，只要越国献上所有的宝器和财物，勾践及夫人、文种、范蠡等大夫到吴国为质，便答应赦免越国，罢兵回吴。

文种回道：“大王的要求并不过分，小臣觉得越王会同意的，只是这样一来，越国无人主政，必生内乱。大王能否同意我们中间留下一人主持国政，以后也好向吴国纳贡。”

夫差本来就心骄气傲，丝毫不把勾践放在眼里，现在又听了伯嚭这些冠冕堂皇的大道理，当即同意勾践求和，撤走了围困会稽山的大军。

2. 假意为奴

就这样，经过文种的一再忍辱乞求，越国在覆亡的最后时刻终于抓住了一线生机。勾践内心百感交集，没想到自己身为一国之君，竟然沦落到如此境地。范蠡安慰他说：“大丈夫能屈能伸，只要大王保住性命，越国终会有翻身的那一天。”

勾践忍不住双目垂泪：“说得轻巧，孤和一班大臣皆为吴囚，命悬于吴人之手，能不能生还尚是未知之数，想要翻身，谈何容易！”他本想让范蠡留下来料理国政，范蠡却说：“论带兵打仗，文大夫不如臣；若论治理国家、安抚百姓，臣不如文大夫。臣又比文大夫年轻，还是让臣陪您到吴国为质吧。”

公元前493年（吴王夫差三年，越王勾践四年）某日黎明，乌云盖野，一线阳光照着江里停舶的吴国战舰船只。在越国会稽郊外，不时传来叫嚷声、哀哭声。火光烧红了半边天——吴军正在放火，把来不及掠走的稻谷烧在田里。

钱塘江畔，越王勾践身穿素服，长发披肩，正在大禹庙里辞别越国列祖列宗。沉重的钟声、磬声一阵阵地响着。吴国甲士守在门前，他们是太宰伯嚭率领的吴军，等勾践祭拜完毕，便押解他去吴国。同行的还有勾践的夫人季爰，以及范蠡、诸稽郢等大夫。

庙内庄严肃穆，沉重的气氛压得越国君臣喘不气来；庙外却是热闹非凡，成群结队的吴国士卒正兴高采烈地搬运着越国的宝器。他们是胜利者、征服者，喜悦理所当然。

固陵码头上，停泊着几十艘大大小小的船只，满载从越国各地搜刮来的金银珠宝。另外几艘大船上装的是献给吴王夫差和太宰伯嚭的几十名越国美女，她们有的失神忧思，有的垂泪长叹，马上就要离开故乡和亲人了，她们不禁心如刀绞。

勾践一行数日后抵达吴都姑苏城，被侍从领入吴国王宫中。勾践蓬头垢面，衣衫褴褛，看到夫差就行跪拜礼，叩头谢恩，自称下臣，低声说道："东海罪臣勾践，上愧皇天，下负厚土，上次误伤了吴国的先王，今番又得罪了大王。幸得大王仁厚，赦免下臣的罪过，只裁决为役臣，承蒙厚恩，得以保全性命，今勾践愿为吴国的奴仆，做牛做马，终生服侍，任您驱使，除此之外，别无他求。愿大王恩准，勾践感恩戴德，叩头谢恩!"

勾践的言辞几乎引起了所有人的同情。看到勾践为保全性命而放弃君王的尊严，夫差差点忘了此人就是他自己杀父仇人。作为君王，手握着臣民的生杀大权，夫差算得上是一代仁慈厚道的君王了。

不过，一旁的伍子胥却听不下去了，只见他目光如电、声若雷霆，怒道："臣闻飞鸟在青云上面，还打算挽弓而射落，何况闲游于池塘水泽，聚集在大殿和庭院这么近的地方呢？之前勾践躲在会稽山上，我们治不了他。而今进了我们的厨房灶披之中，一个屠夫就能把他煮了。面对送上门的美餐，大王千万不可轻易放过啊!"

夫差悄声对伍子胥说："孤听说诛杀投降的人，将会祸及三代。孤并非因为喜欢勾践而不杀他，而是害怕上天追究罪过呀!"

一旁的伯嚭见到勾践狼狈的模样似有不忍，马上上前对夫差说："大王真是亘古未有的圣君呀！勾践不过是网中之鱼，能掀得起什么风浪？反之，如果杀了他，他的百姓蛮性难服，我们将永无宁日。他自愿为奴，完全遵从大王的意愿行事，这比杀他更有意义。希望大王能答应越王的请求，派给他差事。"

伍子胥气得面如土色，心里骂着伯嚭：你这个小人，枉我与你称兄道弟，真是瞎了眼了！先主临终的时候，嘱托老臣，要使吴国立于永远不败之地，就得时时警醒夫差。他又对夫差说："刃悬在头上，要知道危险；路走迷了，要知道回头！奸佞者的盲语不可信，误国的计谋不可听。话已至此，老臣向大王告罪。”说完，他狠狠瞪了伯嚭一眼，头也不回地拂袖而去。

伯嚭奸笑一声，对夫差说：“也难怪伍相国当着大王的面都敢发这样大的脾气。他常对人说，大王从前能够立为太子，完全是他一个人的功劳。”

“确实是伍相国助孤做太子的！这事谁都知道，要你在此啰唆什么！”夫差觉得内心有团烈火快要将自己烧炸了，心里也骂道：“伍子胥，你立了我为太子，难道你的话我就必须言听计从，做你的傀儡吗？你是天神吗？为什么你要时时刻刻像一片乌云似的笼罩在我的头上？成天把先主挂在嘴边，别忘了，现在孤才是你真正的主子。专横而昏聩的老东西啊，总有一天我要让你知道，孤才是吴国历史上最伟大的君王！你伍子胥虽然是个英雄，但也不过是个臣子，就算有怨言，也该埋在心中暗中谋划，怎可在此大庭广众之下驳孤的面子呢？”

此时的夫差，正在为他的霸业作初步的铺垫，他在打败越国俘虏勾践的同时又率军北上，攻打弱小的陈国，攻下了三座城池。为了实现自己的称霸野心，他打算暂时留着勾践一条贱命。看到勾践给自己当奴仆，苟且偷生，生不如死，被践踏被蹂躏，夫差感觉比杀了他报父仇还要开心。

夫差安排的第一件事就是让勾践等人长跪在阖闾的陵前谢罪。夫差告祭阖闾：“父王，儿臣终于为您报仇了，以后让他们日夜为您守灵。您想让他们干什么请告诉儿臣，儿臣一定照办。”

夫差规定勾践他们每日都要在阖闾墓前跪拜，打扫墓地；又让人在陵墓旁建了几间石屋，给勾践夫妇居住，范蠡则住在石屋附近的茅棚里，由公孙雄派兵把守监督。从此之后，勾践君臣三人的奴仆生涯正式开始，勾践铡草喂马，其妻拾柴做饭，范蠡打扫担水。夫差凡有出行，必让勾践为他在前牵马引路，引得吴人尽来围观、嘲笑。勾践夫妇和范蠡蓬头垢面，衣衫褴褛，恭顺服帖，毫无怨言。

当时，吴越两国皆以禹王为始祖，百姓每年都有祭奠禹王的活动。

离阖闾墓不远处也有一座禹王殿，是姑苏城内百姓祭祀之所。到了每年祭奠大禹王的日子，勾践想起每年必做祭拜仪式，便和夫人偷偷来到禹王殿。他挤开人群，伏地跪在禹王塑像面前，喃喃自语道："禹王爷，不孝二十世孙勾践泣祭，后辈不肖，致使祖上开创的基业毁于一旦，落得个三万壮士仅剩五千，自己入吴为奴、妻子为妾的可悲下场……"

就在勾践祈祷赎罪之时，忽然，一群吴兵冲进禹王殿，嚷道："擅自逃离，该罚！"两个士卒不由分说地架起勾践，将他推到一位老者面前。勾践挣扎着抬头一看，这位老者不是别人，正是伍子胥。

"伍……伍……伍相国，您这是做什么？"

"做什么，你们夫妻不是甘愿为奴伺候吴王吗？我会成全你们，来人呀，将越夫人带进来。"

"大王……"随着一阵尖叫声，季爰跌跌撞撞地进入禹王殿。

"夫人……"勾践扶住季爰，向伍子胥发出了狼一般的号叫。

伍子胥目光炯炯有神，扫视着勾践夫妇，他仔细审视季爰后，不由得哈哈大笑起来，笑声震得停在禹王殿屋檐的鸟儿扑楞楞惊起高飞。伍子胥笑过之后，对季爰厉声说道："芈季爰，原来是你，公主别来无恙啊！"

季爰并不惊讶，淡淡地说："伍相国，托您的福我还活着，您是不是感到意外？"

伍子胥握着宝剑踱了几步，顿足道："不！活着是肯定的，只是没想到会在这里见到你。你与我本该同病相怜，没想到你竟去帮越国！"

季爰的父亲子平是楚平王的三兄，后来在王权之争中，被楚平王设计诛杀，故伍子胥有同病相怜一说。

季爰接口道："哼！我与你虽同病，但不值得相怜。楚国是你的衣食父母，纵然平王有天大的罪过，找平王报仇就是了。你怎能引狼入室，助纣为虐，残害父老乡亲？两国交兵，与百姓何干，与女人何干，你身为楚臣，为何要大开杀戒，唆使吴国君臣奸淫楚女？你伍员能亡楚灭越，季爰我也能救楚兴越。越国何罪之有，你要如此赶尽杀绝？对于你这种道貌岸然的无耻之徒，楚越臣民恨不得食肉寝皮！”

伍子胥目眦尽裂，厉声喝道：“放肆！你一介女流，若能安分守己，真心事吴，还可苟延残喘，而你竟不自量力要救楚兴越，真是可笑！你的贱命就掌握在老夫手中，死到临头，还敢嘴硬！”

“妄想！谁会与无耻匹夫同流合污？”季爰骂道。

伍子胥喝道：“贱人，如此不识抬举，还要寝老夫之皮，食老夫之肉，老夫今日就将你活活烧死，看你又能奈何？来人呀，在大门口堆上干柴，老夫要活活烧死这贱人！”

几个士卒正要动手，勾践忙护着季爰，对伍子胥说道：“伍相国英名盖世，何必与区区一介女流论短长？勾践已经臣服，归附大王即是归附相国。倘若伍相国杀我妻子，这种举动是不智也是不义啊！”

伍子胥冷笑道：“勾践，你表面谦恭，内藏豺狼之心，别人可能看不出来，老夫却是洞若观火。现在吴王受人蛊惑准你投降，但你当知，将在外，君命有所不受，老夫今日便要斩草除根！先杀你，然后再杀你全家。”说罢，他拔剑向勾践刺去。

勾践见势不妙，本能地伸手到腰间拔剑，结果剑却不在。这时，一个人影冲了过来，一只如同铁箍般的大手抓住了伍子胥的手腕，只听“哎哟”一声，伍子胥手中之剑掉落在地。

“相国大人，请恕罪臣范蠡救主心切，多有冒犯！”

伍子胥愣了一会儿，问道：“你就是大名鼎鼎的楚人范蠡？”

范蠡单膝跪地，说道：“不敢，罪臣乃越国大夫，虽为相国手下败将，但若相国要加害越王，罪臣必以性命相拼，三步之内将伏尸数具！”

伍子胥不怒反笑道：“我早听说你有经天纬地之才，没想到还有如此英雄气概，果然名不虚传。你并非老夫手下败将。”他又指着勾践说，“这个狂妄无知、刚愎自大的家伙才是老夫的手下败将。老夫佩服你的才干胜似孙武，可惜咱们没有在战场上一较高低的机会了。”

范蠡目光内敛，不动声色地说：“相国大人，您不必太失望，肯定会有这么一天的。”

伍子胥轻蔑地看着勾践说："你问问这个贪生怕死的窝囊废，会有这一天吗?"说完大笑而去。

勾践惊出了一身冷汗，面对伍子胥的侮辱，他心里很不是滋味，本想对范蠡发一通闷气，但转而一想，刚才要不是范蠡拦住那一剑，说不定自己的脑袋已经落地了。勾践心里恨道："越国最大的敌人应该是伍子胥，有朝一日，定要将他碎尸万段。"

然而，眼下唯一的选择便是忍耐。这以后，勾践夫妇，男的剁切草料喂养马匹、担水、除粪，女的则打扫、做饭——任劳任怨，脸上丝毫没有恼怒怨恨的表情。吴王每次驾车出游的时候，勾践不用吩咐，便乐颠颠地牵着马走在前面为他开路，任由吴国百姓在一旁指指点点：

"这就是被我们大王打败的那个越王勾践了，瞧瞧，什么越王啊，生来就是当奴才的相!"

"是啊是啊，长得像个鸟一样!"

"听说勾践为了活命，把夫人都送给大王睡了，嘻嘻……"

"真的吗？他怎么那么贱哪!"

"勾践勾践，如果他不够贱，又怎么会叫勾践呢?"

勾践听了一声不吭，更不敢回嘴。有苦说不出，那才是真苦啊。

有一天，天还没有亮，勾践和范蠡提着风灯一前一后来到马厩，将风灯挂在栏栅两边，然后用马槽里的水洗脸。他们来此已将近三个月，学会了养马。

"范先生，这样的生活实在是苦了你。"勾践洗完脸转身对范蠡说。

"大王更苦，没有人逼我，臣是自愿的。"

"唉，一国之君沦落为奴，还要连累一国臣民，恐怕孤是亘古第一人了。"勾践惭愧而无奈地说。

看押囚犯的士卒头目叫王孙蛰，天色大亮后，他打着哈欠从远处走来，站在马厩木栅门前大声喊道：

"勾践，磨磨蹭蹭的干什么，还不快把马拉出来蹓跶蹓跶。那匹枣花马快去喂饱，大王要用它拉你老婆进宫呢。"

勾践一听，心头“咯噔”了一下，但行动并不迟疑。过了一会儿，夫差果然过来查视，看见勾践的夫人季爰正在打扫墓地，姿态优雅从容，尽显大家之风。夫差早就对她动了心，便对勾践说：“你不是说把公主献给孤为妾吗，那今日本王就带走了。”

勾践闻言大吃一惊，一时不知如何作答，季爰听见后连忙过来跪下哀求，夫差见状更感快意。

勾践幽幽地对季爰说：“夫为奴，妻为妾，这是意料之中的事情，你这一走不知何时能回来。”

季爰听出了弦外之音，安慰勾践道：“季爰是你的妻子，妾心不会朝三暮四，不是活着回来，就是尸身被抬回来。”她是誓死不为吴王妾的。

勾践听了好一阵心酸。夫差见他们还在磨蹭，便让人将季爰强行拉上车。

勾践眼睁睁地看着夫差带着季爰扬长而去，季爰的哀哭声让他心如刀绞，痛彻心扉。

范蠡和其他人都只能离他远远的，装作什么也没看见。过了一会儿，勾践走过来绝望地问范蠡：“难道我就这样死在这里吗？”

范蠡伤感而无奈，只得重复同样的话劝他道：“大王，从前商汤被桀囚在夏台，文王被纣囚在羑里，晋文公重耳亡命翟国，齐桓公小白逃到莒国，不是最终都成就了霸业？由此看来，大王被困在这里又何尝是坏事呢？愿大王效仿先贤，苦心砺志，否极泰来！”

勾践听了心中稍感安慰，决心继续忍耐下去——凡成大事者，皆能忍常人之所不能忍，从古到今，莫不如是。

勾践依然和往常一样在石室旁养马。季爰经常被枣花马于中午送进宫去，到晚上再由枣花马送回来。这事时刻提醒勾践，自己的夫人在别人手里，千万不可轻举妄动。无数个夜晚，午夜梦回，勾践便一个人面对冰冷的石墙，默默地哭泣。

他恨死了这匹枣花马，恨不能宰了它。没想到，勾践心里这么想着，枣花马还真的生病了，不吃草料也不喝水。王孙蛰把勾践叫去大骂了一通："勾践，你真是狗胆包天，枣花马是大王心爱的坐骑，比你尊贵多了。我问你，它到底吃哪一样草吃坏了？"

勾践不答，只是怒目而视。

王孙蛰令人把勾践鞭打一顿，关进另一间石屋，一个月不许他与夫人待在一起。不过凡事皆有利弊，从此夫差不再每日接季爰进宫了，勾践因此安心不少。

不久，夫差突然心血来潮，想要骑马散心，他一想到枣花马没了，心里很不痛快，又把勾践骂了一顿。勾践牵来另一匹良马，趴伏在地上，以身体作上马石之用。夫差这才转怒为喜，一脚踏上勾践的脊背，翻身上马，一夹马肚，朝山下奔去。

勾践手执马鞭，紧随夫差后面一路狂奔。

一个时辰后，勾践回来就累得趴下了。季爰远远望见勾践那狼狈的样子，忍不住流下了辛酸的眼泪。

这一晚，江南下了入冬以来的第一场雪。纷纷扬扬的雪花给吴国披上了薄薄的素衫。外面天寒地冻，看押的吴兵都龟缩在木屋里烤火，勾践凝神静听，似乎能听到雪花飘落的声音。

"大王，快来看，好大的雪花！"马厩里的勾践听见季爰低声呼叫。这天勾践的屋门没被锁住，他走过来，拉住夫人的手说："是啊，瑞雪兆丰年，不知越国怎样了？"

范蠡还在给马喂草料，见勾践出来，立即迎过来，说道："大王身处这般境地，还一直惦记着越国，足见大王壮志没有消沉，如此，越国就更有希望了。加上有文大夫主持国政，大王还有什么不放心呢。"

"是啊，孤不幸中的大幸的是国内有文种大夫，身边则有先生您。"这半年多来，范蠡对勾践夫妇十分恭谨，每当勾践激动或悲观时便耐心宽慰，勾践内心十分感激。从见到范蠡的第一天起，他始终称这个比自己小十多岁的臣子为先生，实属少见。

范蠡说："大王，你我君臣名分已定，大王不必客气。其实，臣与文大夫都是您的奴仆，臣没有尽到本分。”

勾践一脸愧色地说：“今日勾践已成阶下之囚，尔等是楚人，倘若舍孤而去，孤也不会怨恨的。”

季爰闻言道：“这里没有楚人，只有越人，他是大王的臣仆，我是大王的臣妾，一切都是为了越国的富强和大王的霸业。”

勾践苦笑道：“说得好！只是不知这样的日子还要熬多久，实在是苦了你们……”说罢，他竟落下泪来。

范蠡道：“希望源于信念。不过我们也得想个办法减短苦难的进程。”

“先生是不是有了什么妙计？”勾践迫不及待地问道。

“暂时还没有，不过，臣一定会找到时机的。”范蠡坚定地说。

三人这番交心，不仅增添了他们战胜苦难的力量，更坚定了他们迎接美好未来的信心。

3. 忠心事君

这一夜，勾践君臣交心明志，吴国这边，伍子胥的内心也很不平静。

此时，凛冽的寒风在屋外的树枝间号叫，丝毫没有停歇的意思。伍子胥紧闭所有门窗，但烛光仍然摇曳着，似乎随时都有熄灭的可能。他穿了缯袍，铜炭盆里也燃烧着红红的炭火，但身上仍感觉冷嗖嗖的，那是骨子里的寒意。老了，毕竟是老了，当年血气方刚，体壮如牛，何曾怕过滴水成冰的天气？如今，冬天令人悲哀，落木萧萧，他看到了生命的脆弱。一场大雪过后，许多昔日欢逐嬉闹的鸟雀都死于饥饿和寒冷，人生只不过是梦幻泡影。

“心之忧矣，自诒伊戚。”不知为何，伍子胥脑海中突然蹦出《诗经·小雅》中的这两句诗来。没错，眼下这种局面，全都是因为吴王夫差近佞臣，远谏臣，近小人，远贤人，对越王勾践这样的心腹大患视若无睹，并且妄自尊大，欲与齐、晋两国争夺霸主地位。怪只怪自己当初看走了眼，一念之差，留下无穷后患。

伍子胥如此忧心，夫差却对勾践夫妇及范蠡等人卑躬屈膝的表现十分满意，加上伯嚭不断收到越国送来的财宝、美女后，又贿赂了大将军公孙雄，他们经常在夫差面前说勾践的好话，这样一来，吴军对勾践、范蠡的看管也就越来越松了。范蠡有时被夫差、伯嚭叫去闲谈，甚至一起饮酒，纵论天下大势。夫差对范蠡的才能十分赏识，似有拉拢收买之意。但每谈及此，范蠡便只顾饮酒而言他，谈美女、谈山水、谈剑道，有意把话题岔开。夫差也不勉强，反而给了他更多的自由。

如此一来，范蠡与留在越国的文种有了联络的机会，两边可以互通情报，勾践心里也有了些底。当然，这一切都得悄悄进行，神不知鬼不觉。

江南的冬天很快就过去了，一晃便到了柳丝绽黄、桃李含苞的季节。

一天，范蠡正在湖边采挖莲藕，一个穿着淡紫色裙衫的女孩跑过来，悄声叫道："范大夫，先生让我给你送信简来。"

范蠡一看，是一个十四五岁的小姑娘，身材颀长，稚嫩的脸上透露出一种妩媚，双眸如同林中深潭那漆黑的水面，照得见人影。他觉得这个女孩似曾相识，却又一时想不起来在哪里见过。他洗手上到岸来，接过信一看，方知文种的意思是让这个女孩名义上做他的仆从，暗中则负责传递情报。范蠡详问之下，才知她是老将军百里良的女儿，名叫百里婉玉。他在百里良家中见过她一两次，只因她是个半大的孩子，所以没有太注意她。她曾拜文种为师，故称文种为先生。

范蠡沉吟半晌，觉得很是为难。自己身为人质，怎么能有仆从呢？夫差虽然给了他不少自由，但毕竟还是奴仆。他想去求伯嚭，但伯嚭是个天生的好色之徒，这岂不是把羊往虎口送吗？那怎么对得起死去的老将军。他想了想对百里婉玉说："你的年纪尚不足以承担如此重任，还是回去吧，我会想办法联络文大夫的。"

百里婉玉听了，很不高兴地说："范大夫是小瞧民女吧。我已经十五岁了，这次我是自己请命而来，我与吴国有杀父之仇，为了越国，理应尽点微薄之力。再说，民女很敬佩范大夫的为人和智慧，相信范大夫能够保护我、帮助我。父亲生前曾对我说，倘若他战死疆场，就让我来投奔范大夫。这事文先生是知道的。”

范蠡无奈，只得说：“既然如此，待我想想法子再作决定。”他想来想去，觉得只有伍子胥那里最为安全。伍子胥虽然性格怪癖，但耿实正直，爱惜英雄。如果自己主动低下身段，不怕伍子胥不答应，而且百里婉玉在伍府还可以探听到更多的情报。

范蠡主意一定，便领着百里婉玉去见伍子胥。伍子胥听说她是从楚国逃难出来的范蠡的外甥女，小小年纪就与楚国结仇，有心投吴，当即答应留她在府中做自己夫人的侍仆。他根本没想到这是越国派来的女间谍。

百里婉玉不费吹灰之力，就进入了吴国相府，除了范蠡善谋外，自然也少不了她自己的聪明机智，她在回答伍子胥问题的时候，面不改色心不跳，对答如流。而且，她的一张巧嘴很讨相国夫人喜欢，有意将她留在自己身边。她很快便与相府中上上下下的人都熟悉了。

就这样，范蠡通过百里婉玉等人组成的情报网陆续把情报送回越国，文种在国内知道越王的情况后，一边派人收集奇珍异宝，网罗美女，每逢节日便派人送贡品给夫差，同时也送礼物给伯嚭，又将吴国上下人等都打点好了，唯独不敢送礼给伍子胥；一边在国内安抚百姓，鼓励他们开荒耕种，养鱼煮盐，发展经济。

两年来，勾践夫妇在吴国受尽苦难，难能可贵的是，无论如何艰难，范蠡对勾践始终不离不弃。

夫差很赏识范蠡的才能，当他打算进军中原时，便想再次招范蠡入事吴国。于是，他命范蠡进宫见驾。

勾践听到这个消息后，心里掠过一阵阴影：夫差野心勃勃，一心想成就霸业，这次一定是劝范蠡离开自己，为吴国效劳，这可是位济世英才呀……他心事重重，默默踯躅着。季爰看出了丈夫的忧虑，走上去悄声说："放心吧，范大夫会回来的。"

勾践的忧虑并非没有道理。吴国自孙武离去后，再也没有出现过能与之比肩的军事天才，要想征伐中原各国，只靠伍子胥是办不到的。何况现在，伍子胥与吴王越来越不合拍，这从百里婉玉的情报中可以得到佐证。夫差正欲寻求一位像孙武那样既懂战略，又能行军布阵的军事人才，而范蠡无疑是最佳人选。

果然，夫差一见到范蠡就说："勾践现在给我当奴仆，你何必还跟着他？你若抛弃勾践归顺我，我就免除你的苦役，同样让你官至掌兵大夫。"

范蠡马上跪下回道："感谢大王的美意！但'亡国之臣，不敢语政；败军之将，不敢言勇'，我身为败国之臣，岂敢再望富贵？还是让我跟着旧主为您服役吧。"

"哈哈……范大夫，快快请起！"夫差在偏殿的御阶前见范蠡如此恭敬，就如春风拂面，双手去扶。

范蠡虽然衣衫褴褛，垂首称臣，但两眼炯炯有神，气宇轩昂，身为奴仆却尊严不挫，落魄而不失志气："大王，罪臣寡君得罪上国，是臣不能辅君为善。臣今既已为奴，不敢再奢望有大夫的称谓了。"说罢伏在阶下，不肯起来。

"这……相国你看……"夫差显得有些尴尬，侧头看着伍子胥。

伍子胥对伏在阶下的范蠡说："小老弟，你我同为楚人，同乡之谊总归是有的，喏喏喏，看在老夫薄面上，起来说话。"

范蠡说："你我各为其主，相国何言乡谊二字。"

伍子胥笑道："小老弟，良禽择木而栖，贤臣择主而事。越王无道，以致亡国，君臣皆沦为奴仆，囚于石室。以你的才干，拜相封侯，出将入帅，易如反掌！何必死守旧主，不如弃暗投明，效忠吴王，他日定能功成名就。"

夫差点头微笑道："相国之言甚善，孤听说贞妇不嫁破亡之家，名贤不官灭绝之国，只要你弃越归吴，孤便封你为大将军，与相国、太宰共列朝班，将来封妻荫子、前途无量。"

范蠡回道："从前，越王不听从大王号令，与大王兵戎相见，多有得罪。幸蒙大王洪恩，君臣得以保全性命已为万幸，今为奴为仆，理所应当。我甘愿为大王干些粗笨的活，绝不敢羞辱吴国的王廷。"

"你可要想清楚了，曾经有一份富贵摆在你的面前，你没有珍惜，以后可不要追悔莫及！"夫差申明道。

"臣想得很清楚。"

范蠡深知，夫差一方面确实欣赏自己，另一方面也是想利用自己来打击勾践，如果自己现在离勾践而去，不仅会使勾践受到沉重的打击，也会使越国的复国大业停滞不前。

夫差见范蠡如此忠心不二，连声叹道："范蠡大夫真不愧是忠义之人，其主虽无德，却有此大贤之人追随左右，贫贱不易心，困厄不移志，佩服佩服！"

伍子胥谏道："忠义固然可敬，但对越忠义之人将是吴国最危险的敌人。大王若不能令范蠡移志，不如趁早杀了他，否则后患无穷。"

夫差见伍子胥生硬的语调像下命令似的，一肚子的不高兴："相国要孤无缘无故杀掉一个忠义之士，岂不是陷孤于不义？"

伍子胥叹了口气，心想：将来如吴亡，必与此人有关。既然大王舍不得杀范蠡，要想让范蠡回心转意，不如先杀了勾践，到时看他如何忠义。于是，伍子胥又对夫差说："大王现已被勾践、范蠡二人所蛊惑，完全忘了当日勾践的杀父之仇。臣听说怀有虎狼之心的人，必然用美丽的言辞来迷惑人心，目的是为了保护自己，对于豺狼是不能谈廉义和情意的。如今大王好听虚荣奉承之言，未考虑长远的祸患，摒弃忠臣的良言，听信奸佞小人之言；不杀不共戴天的杀父仇人，将来必留灾难于后日，养虎为患，只会引火烧身，希望大王不要放松警惕。范蠡是忠义之士不可杀，但勾践可杀。杀了勾践，还怕范蠡不投吴吗？"

夫差听了伍子胥的指责，心中很不痛快，他一向敬重伍子胥，此时也不得不为自己辩护，说："此事相国已经说过好多回了，孤都听腻了。孤打败了越国，越国已虚其府库，尽献财物，不念旧仇，俯首称臣。如果按你说的做，杀了勾践，必会激起越人的反叛，孤正图谋争霸中原，为何要自找麻烦，显得孤如此不明智，岂不辜负了皇天对孤的期待?”

善于谄媚的伯嚭也趁机说道：“从前齐桓公将燕君所走过的齐国土地赠予燕君，而获得美名；宋襄公在泓水作战，等楚军渡河完毕，列好阵势才发起进攻；最后齐桓公功成而名就，宋襄公军队虽亡而仁德长存。如今大王赦免勾践的死罪，其功德高过五霸，名声更超越古人。”

伍子胥听了，心头燃起一股无名火，他见夫差如此执迷不悟，心中更是痛惜，他仍不屈地争辩道：“臣听说，老虎压低身子，正是准备有所反击；狐狸弯曲身躯，则是为了求其所需。越王如此老谋深算，虚其府库表示他的忠诚，其实是在处心积虑地欺骗大王。臣不想有负先王所托，一旦等到他日社稷成为荒地，宗庙成为废墟，到时候悔之晚矣!”

夫差已经听不下去了，他根本不把伍子胥的话放在心上，生气地说：“眼下报仇事小，称霸事大。孤饶勾践一命，他也只是一个活死人，孤绝对不相信他还能够咸鱼翻身。相国不必再说了，孤又不是三岁小孩，哪有那么好骗！此事相国不必再干涉，孤自有主张。”

杀勾践收买范蠡本是上上之策，伍子胥与夫差的目标是一致的，但他没想到夫差存妇人之仁，一心想要保住王者的面子，担心恶名流传，因而把君臣关系弄得越来越僵。

4. 勾践尝粪

夫差见无法说动范蠡为自己效命，只得暂时作罢。而且经过这件事，夫差被深深地感动了，对勾践动了恻隐之心。而在政治当中掺入个人感情，注定夫差的下场是悲惨的。

江南之夏，烟笼碧水，草木欣荣。吴王夫差闲来无事，便带着宠臣伯嚭登游姑苏台。二人登台远眺，遥遥望见碧波万顷的太湖，在纤云四卷、银河渐隐的时光中，悄然苏醒。另外一边，姑苏城内的早市刚刚开张，熙熙攘攘，人潮涌动，一派繁华昌盛的景象。

夫差志得意满，兴致勃发，忍不住高声吟道：

大刀弯弓擎皇天，
跨马扬鞭拥江山。
车如流水马如龙，
三吴繁景尽眼看。
……

伯嚭忙大拍马屁地迎合道："正是正是，大王虎踞三吴，鹰扬一世，天子之下第一，诸侯之上无双……"

夫差对伯嚭的奉承很是受用，心里美滋滋地向西南远眺，突然看到了与周围景色极不协调的一幕，眉头不由一皱。

只见姑苏台下，一个破烂的马厩边，先王墓旁的几间石屋与周围的风景很不相谐。勾践君臣三人衣衫破烂、蓬头垢面，范蠡喂马，勾践夫妇似在生火煮食。夫差见勾践、范蠡虽然受制于人，处于危厄之中，但依然保持君臣的礼节，内心很受触动。他回头对伯嚭说："勾践大小也是一个越王，范蠡不过一介布衣。他们两人虽在穷困之地，却不失君臣之礼。孤很感慨！"

伯嚭趁机进谏，说勾践可怜可叹，劝夫差说："大王，您一向是圣人心肠，不如就此放了他们，勾践有感于大王的厚恩，一定会重重地报答您。再说，吴国要北伐，让勾践回去征召士卒、粮草资助我军，不是一件好事吗？"

夫差说："那你让文种多送些来不就行了吗？"

伯嚭说："我已跟文种说过好几次了，但他总说越国无君，民心不稳，产不出更多的粮食，国内还经常闹饥荒呢。"

"你的意思是让孤马上放勾践回去？"夫差皱着眉头问道。

"如果我们让勾践回去，规定他每年至少进贡粮食万石、布千匹，做不到就惩罚他，同时禁止他建立军队。这样他既无能力反抗，又能为吴国多做事情，总比闲在这里要强。而且，到时他若完不成任务，大王想怎么罚他都可以。”伯嚭一边观察夫差的脸色，一边小心翼翼地说。

夫差有所心动，说道：“太宰言之有理，那就选个好日子放勾践回去吧！”

伍子胥听说吴王有放走勾践之意，不由大吃一惊，急忙入宫进谏。他言辞激烈地说：“以往夏桀囚禁了叛臣商汤而未诛，商纣王囚禁了叛臣周文王而未杀，结果夏桀被商汤流放，商纣被文王杀死。倘今囚禁越王而不诛，必然重蹈夏、商覆辙。”

伯嚭反驳说：“纣、桀都是有名的暴君，怎能将之与仁义的大王相提并论?”

夫差此时也有些犹豫，想了想说：“相国说得对，那就不放吧，但不放又怎么办呢?”

伍子胥回答了一个字：“杀！”

夫差沉默了，杀是不可能的，但赦免勾践之事也暂时搁置了下来。

勾践得知事情又陷入僵局，心急如焚，忙与范蠡商议对策。

有一天，夫差外出去狩猎，带着勾践和几名士兵来到姑苏城外的锡山一带。夫差骑着一匹黑骢马，在山上射中了一头麋鹿，正兴高采烈之际，马突然走到了山路崩塌的地方，因不小心踩中猎人设下的陷阱，马受惊前腿向后蹶起来。夫差坐在马上，无法控制住马的咆哮，眼看就要被摔下山崖，这时，只见勾践不顾一切地冲上前去，用尽力气抓住马的辔头，把马拉转回头，黑骢马终于停止了嘶叫。夫差终于幸免于难，他虚惊一场回到吴宫，叫人把猎获的鹿烤熟了，割下一条大腿来，并赐一壶上等好酒送与勾践。他对王后说：“今日锡山狩猎，孤差点被马摔下山崖，幸而有勾践拼命相救，否则非死即伤。”

王后说：“大王不听相国之言没错，所幸没有杀掉勾践，遇到这种生死攸关的时刻，只有勾践那样的奴隶，感恩于大王的不杀之恩，才会舍身救大王！”

夫差这才想起来，勾践在救他的时候好像伤得不轻，于是他又传来太医，命他前往石室给勾践医治。太医给勾践诊治后说，还好只是皮外伤，敷了草药后，歇个两三天就没事了。

季爰、范蠡两人坐在石室中，听勾践讲述当时那惊心动魄的场景，又吃了夫差所赐的鹿肉，喝了美酒。勾践想到自己用性命换取了夫差的信任，心中十分快慰。范蠡也很开心，他嚼着鹿肉，感叹道："离开越国已经两年多了，一直过着暗无天日的日子，今天尝到如此美味，看来老天爷开始怜悯大王了，让您有这种表现忠诚的机会，打动夫差的心，相信归期一定不远了！"

勾践沉默不语，范蠡见状，又说："大王，看起来只差最后一把火了。但从卦象来讲，还是吉凶参半。"

勾践心里也明白，自己一日不返回越国，就朝不保夕。他在苦苦地等待，企盼机会的出现。

有一天，勾践得到通知说吴王有事召见，便提心吊胆地来到城里等候。谁知一连等候了两天，也没见到夫差。勾践回到石屋后，心里忐忑不安，他让范蠡分析原因。范蠡又暗中派人给伯嚭送去大量礼物，打探消息。过了半个月，范蠡兴高采烈地对勾践说："恭喜大王，您等待的机会终于来了。"伯嚭无意中透露，原来，夫差听了伍子胥的劝告，打算在征伐齐国之前，召见勾践在宫中杀掉他，借口都已经找好了：让越国出兵两万人，这是一件根本无法做到的事情。没想到夫差忽然卧病不起，因此计划未能实施。

夫差这一病就是三个月。为什么有病呢？他很迷信，心想："不对，征伐前我应该大赦天下，包括勾践在内。我起了坏心，所以才病了。"身染寒疾的夫差，认为"禳灾宜作福事"，勾践因而暂免一死。

这年入秋以来，范蠡每天都在关注夫差的病情，想方设法给勾践找机会。不久，范蠡估计夫差病情即将痊愈，遂向勾践献计，让他去探视夫差，以求获得好感。

勾践明白范蠡的意思，但又不知该如何做，他说："你只管说我该怎么做，才能让吴王赦免我们。”

范蠡抬头望着头顶的苍穹，浅蓝色的天空，白色的浮云，这是吴国祥瑞的征兆，看来能太平很久。他想了一下，对勾践说：“吴王很快就会好起来，最多不过十天，只是需要大王您忍辱负重。大王可以向伯嚭请求去问候吴王的病情，见到他时，顺便取他的粪便尝一尝，观察一下他的气色，然后下拜祝贺，说他很快就会痊愈，把病愈的日期讲给他听，等您的话得到证实后，吴王又怎么会不感激大王的一片忠诚呢！”

勾践听了心中十分不悦，但他转念一想，又觉得有理，是生是死全看说得准不准了。他担心地对范蠡说：“我之所以求全不死，全依赖于先生的谋略啊！不知吴王痊愈于何日，望先生告知！”

范蠡说：“请在午前入宫见吴王，告诉他到了己巳日那一天，身体肯定会康复如初。大王这样说就可以了。”

勾践的请求经伯嚭从中周旋，终于在第二天上午得到了恩准，夫差在内宫召见了勾践。更巧的是，勾践刚跪拜下去，夫差忽然起身，撩开锦被，说：“快，快拿便桶来！”

宫人忙将一只带盖的樟木便桶移近前来，扶夫差坐下，夫差刚坐定，粪便泄下。

时间算得真准啊，范先生真神人也！勾践心里叹道。机会来了，没有赌本，只能以尊严相博。他请求夫差让他品尝粪便，以探查病情。夫差十分诧异，只见勾践当着夫差和众人的面，将手探入桶内，仔细查看了粪便的颜色，又取出一些放在口里品尝了一下，随即下跪向夫差道贺，说大王之病五日之内将痊愈。夫差问他何以这样肯定，勾践回答说：“我曾经学过医，当年的老师说过：‘夫粪者，谷味也，顺时气则生，逆时气则死。’今天囚臣勾践尝了尝大王的大便，发现味道又苦又酸，正应了春夏发生之气，所以能推断。”夫差感慨地说：“勾践真是个仁义的人，就算是儿子事奉老子，也做不到尝大便来诊断病情啊！”

没几天，夫差果真病愈，极为高兴，他感叹勾践对自己的忠心，决定在文台设宴款待勾践君臣，吴国群臣也被邀请赴宴。

消息传到勾践耳中，他简直乐坏了，看来范蠡所言不差，很快就可以恢复越王的身份了。

这天，勾践和范蠡到场的时候，吴国的大臣将士都客气地称呼勾践为越王；唯有伍子胥心中极为不满，一见到范蠡和勾践就不屑地哼了一声，一言不发地疾步离开了。

伯嚭趁机说："今日入席者全为仁义之君，不仁者逃。相国系刚勇之人，大概是自觉惭愧，无脸入席吧。"夫差点头称是。席间，勾践、范蠡频频举杯，祝贺夫差病愈。夫差大喜，大醉而归。

第二天，伍子胥一大早就匆匆闯进宫来，叫起宿醉未醒的吴王夫差，直言不讳地说："昨天大王以客礼对待仇人，这是不对的！勾践这个人阴险得很，表面上对您温顺恭敬、甜言蜜语，实际上一肚子坏水，是个虎狼之徒。豺狼的话怎可相信，猛虎的情怎可当真。现在大王您放着我这个忠臣的话不听，而去听那些小人的谄谀之语，非要执诂于妇人之仁，而放过那沥血之仇。今勾践入臣于吴，是其阴谋太深，故意做出服帖的样子欺惑大王，尝大王溲溺是俘获大王仁心。臣不敢独自逃命，辜负先王的宠信，一旦社稷成为废墟，宗庙被踏平，后悔就来不及了。"伍子胥凄凉的声音在空旷的宫室中不断回响着，孤独的身影显得格外落寞。

夫差无动于衷，冷冷地对伍子胥说："相国勿复再言，孤意已决。"

伍子胥知事不可挽回，号啕大哭而退。过了几天，夫差再次设宴赦免勾践，并亲自送他们到城门外。吴国大臣都来送行，只有伍子胥未到。时为公元前490年（吴王夫差六年，越王勾践七年）春。

勾践三人再次跪拜于地，夫差乃引勾践上车，范蠡扬鞭驾车而去。夫差看着他们消失的背影，不由长吁了一口气。勾践在吴国当奴仆，就像他心上的一个疙瘩，现在心病已除，他决定开始北伐。

范蠡驾着马车很快便出了姑苏城，不出半个时辰就来到了渡口边，他远远看见吴国公孙雄将军带领的船只在前面守候，于是回过头对勾践说："大王，我们到了渡口，马上要走水路了！"

勾践推开布帘，只见波澜壮阔的太湖近在眼前，一只豪华的客艇停泊在岸边，公孙雄立于船头，正耐心等候他们君臣三人。勾践的脸上终于绽开了舒心的笑容。突然，周围的的芦苇丛中跳出了许多穿着黑衣，蒙着面纱的剑客，手持利剑朝他们一齐杀来。勾践吓得三魂不见七魄，知道今天想要活命必定很难，幸好有范蠡在场，他拔剑出鞘对准剑客，那二十名杀手们把他们团团围住，没有留出一丝空隙，可谓插翅难飞。勾践惊魂未定，咬牙切齿地对范蠡说："没想到夫差是个出尔反尔的小人，他装模作样放我回国，暗中却派人埋伏于此地刺杀我们。"

范蠡仔细观察一番，发现这些剑客全都杀气腾腾，使出的剑法凶狠犀利，看来不像是吴王派来的人。他知道，一心置他们于死地的人必定是伍子胥，于是对勾践说："大王，吴王如果想要杀我们，我们早就死了，又何必用如此奸诈的方式，这些刺客全是伍子胥派来的。大王，现在能救我们的人只有公孙雄将军，他肯定不知道会有人在此行刺，如果他愿意出手相助，我们定能逃过此劫。"

勾践为难地说："可公孙雄将军也不一定听命于你我，我们跟他没有任何交情，他如何肯帮我们?"

话未说完，范蠡已经与那帮剑客对打起来，由于寡不敌众，数招过后他渐感体力不支。勾践身无长物，只好带着季爰拼命地躲闪。这时，公孙雄见有人行刺勾践君臣，赶紧下了船，带领全部兵士前来支援。经过一番生死搏斗，双方都死伤众多。双方正打得难解难分之际，只见离岸数百米处驶来一条大船，站立在船头的人正是文种。原来，文种得知勾践即将返回越国，前日清早就带领越兵前来迎接。船一靠岸，范蠡立刻冲文种大叫一声："文大夫来得正好，快帮我们驱逐这帮刺客!"

文种带着数十名越兵冲上去与黑衣刺客厮杀起来，形势一下子扭转过来了，刺客们死的死伤的伤，眼见形势对己方不利，为首的头领一挥手，带着仅存的八九人狼狈而逃。公孙雄将军大喝一声准备前去追杀，范蠡说："将军不必追了，这是相国伍子胥派来的。吴王赦免我们的死罪，没想到伍相国始终想赶尽杀绝，范蠡今日得以全身而退，全仰仗公孙将军舍命相救。"

公孙雄本是受命前来送勾践君臣返回越国的，如今见到文种已驾船前来迎接，于是说："范大夫，现在看来不必我护送你们回去了，有文大夫前来迎接，我可以放心了，就此一别，后会有期！"

范蠡躬身作了一揖，对公孙雄说："范蠡代表越国百姓感谢公孙将军大恩，他日来到越国，必是越国的座上贵宾！"

公孙雄尴尬地一笑，执剑于胸前，恭谨地说："在下实在惭愧，我们各为其主，不一定如范大夫所言能成为好朋友。"

一天后，越王勾践终于来到三津渡口，他仰天长叹："唉！孤遭此大难，谁想到还能生渡此津啊！"不管怎样，受尽屈辱的日子终于过去了，而这也将鞭策他发奋图强，日后一雪前耻。

第四章　奇谋报国誓雪仇

1. 强国九术

吴王夫差虽然大发慈悲把勾践放了回去，但他还是留了一手。为了防止勾践再次萌生野心，他留给越国的地盘只有区区百里方圆，不到它原来疆域的十分之一：西起周宗（今绍兴凉帽尖），东至炭渎（今上虞县曹娥江），南造于山（今会稽山），北薄于海（今杭州湾），总人口不过十几万。

勾践怀着羞愧的心情，回到了越国都城——诸暨，他首先想到的便是祭祀禹王。一路上，越国百姓皆山呼“越王”，为勾践回国道贺。勾践见有那么多的老百姓来迎接自己，不由得心头一热，两行热泪滚滚而下——现在自己一无所有，只有民心可用了。

祭祀完毕，勾践恭敬地对范蠡说：“孤不能继承先王的遗志，修德自守，而逃亡兵败于会稽山上，乞讨求和，受辱被耻，被囚于吴国三年之久。今番归国，封以百里之地，孤想重尊先王之意，把都城迁于会稽山中，那里是宜于摆脱吴国的地方。”

范蠡说：“大王要立邦建都，摆脱吴国的控制，理应把国都立于平坦易行之域，据四通八达之地，不然如何成就霸业？不过眼下立城，仍只能凭险而据。”

勾践听取范蠡的意见，并把这件事交由他全权办理。范蠡便在原建的“勾践小城”外修筑大城。大城周长二十里七十二步，设有陆门三个，水门三个，这个大城就是后来的绍兴城。因为这个城的城墙是范蠡亲自督造的，所以后人又称它为“蠡城”。为了不使吴国怀疑越国在备战，大城的西北隅没有筑城墙，以示臣服于吴，不敢壅塞吴国来越的通道。在大城西面的卧龙山顶，范蠡建造了一座很高的楼台，取名为“飞翼楼”。其实是一个瞭望塔，站于塔上，可以瞭望很远的疆域和河流（后改名为“望海亭”）。这样一来，越国便有了巩固的城墙，并设置了抗敌的防御设施。之后，范蠡又在越国的边域筑城，并暗中屯兵于此，建立了一道防线。这道防线就是原来越军攻打吴国时的大军出发地点——依山傍水，地势险要，可以坚守的固陵港。

一切准备就绪后，范蠡奏报勾践道：“臣之筑城，上应天，下合地，已显出昆仑之象。”勾践随即告庙临朝，迁都会稽新城。

勾践自归越以来，度日如年，屡召群臣议事，对群臣所献计谋无不认真考虑，凡可以付诸实施的都一一照办。然而，勾践细察群臣之色，并没有露出和他一样急于报仇雪恨的神态。这一点使他颇不满意，于是又召大臣专门商议强国伐吴之事。

群臣到齐后，勾践说：“孤获辱受耻，上愧周王，下惭晋楚，幸蒙群臣献高计良谋，使孤得以归国修政，富民养士。但这两年来，孤没有听到一句报仇雪耻之言，这是为什么？”

群臣默然，无言以对。

老臣若成首先打破沉默，凝重地说：“发布君王的命令，彰昭君王的仁德，教导国中上下有难同当、国家兴旺匹夫有责，殚精竭虑理好千头万绪，使百姓懂得各守本分。这是臣的事。”

舌庸庄严地说：“接受使命，结交诸侯，使国家政令畅通，对诸侯国的使者送往如仪。出国不辱使命，入国忠于职守。这是臣的事。”他因受石买一党的牵连，一度被降职，不久才官复原职。

皓进谦恭地说：“推行仁义，遵守信用，把是非处理好，把疑难断清；君有过失，臣子规劝，直言忠告，不屈不挠；执法如山，保持公平，对亲戚不偏袒，对外人不徇私；同心同德，上下平等，在下不违命令，行动都听从君王。这是臣的事。”

冯同、诸暨郢一同奏道：“观望敌情，摆设战阵，身先士卒，亲冒矢石，只图前进，不知后退，击败来犯之敌，威振诸侯各国。这是臣的事。”

皋如躬身说道：“施以仁德，慰抚百姓。身临忧苦的境地，悼念亡人，慰问病者，救死扶伤；积蓄陈粮，储备新谷；力求节俭，富国强民，为君主培育人才。这是臣的事。”

勾践听罢很不高兴，仰天叹道：“主忧臣辱，主辱臣死。孤亲自体验奴役的苦难，亲自忍受囚徒的耻辱。归越之后，任贤使能，只为伐吴。今日征询群臣，却三缄其口，或敷衍搪塞，不知何意？难道说起来容易做起来难吗？”

群臣依然面面相觑而无人进一句有用之言。范蠡因为曾陪勾践事吴三年，同甘共苦，有真情实感，所以勾践首先请教范蠡：“过去在吴国为奴，多亏范先生之计，才使孤免于斧钺加身。今天有何计策，能使越国尽快报仇雪耻呢？”

范蠡移步出班，上奏道：“大王！并非大夫们说起来容易做起来难，而是大王不愿意让他们做。”

勾践闻言十分愕然，问道：“此话从何讲起呢？”

范蠡接着说道：“官位财币金赏，这些是大王所轻视的；拿着武器冒着生命危险冲锋陷阵、赴汤蹈火，这些是群臣所重视的。今日大王吝惜自己所轻视的钱财，而要求臣子们付出他们所重视的生命，岂不是很不妥当吗？”

勾践默然无语，面有赧色。他让群臣退朝，单独向范蠡问道：“孤如何才能得群臣之心？”

范蠡坦然地回答道：“明君尊重仁义之人，才是治理社稷的门道。群臣百姓则是君王的根本。君王是否得道，国家能否够兴旺，关键在于大王是否能明选左右，任贤使能。在古代，太公乃蟠溪之畔的饥饿之人，西伯任用他而得以王天下；管仲是鲁国逃亡的囚徒，又有贪财的不好名声，齐桓公得到他而能称霸诸侯。古代圣人曾说：‘失士者亡，得士者昌。’愿大王审视左右，任人是否得当？”

勾践觉得范蠡之言不无道理，但又觉得自己在任贤使能上没有什么疏漏之处，于是问道：“孤使贤任能，各殊其事，各司其职，每阐发一点新主张，孤便纳之不拒；然而，今天群臣都匿声隐形，默然不语，或套话连篇，这到底是怎么回事呢？”

范蠡觉得勾践急于求成的心情是可以理解的。君王、群臣乃至百姓，谁不希望马上打败吴国而报仇雪恨呢！然而，欲速则不达，操之过急很可能适得其反。所以，范蠡进一步对勾践说：“选贤任能，有各种办法进行考察：让他到偏离朝堂很远的地方去，以检验他的忠诚；偷偷地告诉他秘密，可以知道他是否守信用；让他与别人讨论事情，可以看出他的智慧；让他喝醉酒，可以知道他酒后的行为；指派他做事，可以看出他的才能；以财色来诱惑他，可以知道他的德行。用这五种办法考察，这个大臣到底有几斤几两，是上智还是下愚，是草包还是英雄，是酒囊饭袋还是智勇双全，就能鉴别得一清二楚。”

勾践说：“孤基本上能做到量才适用，但仍然没有听到什么治国良策，又是何道理？”

范蠡解释说：“如果在任贤使能上没有问题，那么大王也要知道，大臣的任何计谋都不可能从天而降，亦非神仙恩赐，随着时间的推移、事物的进展，大臣们有一个认识的过程，还有个深思熟虑的阶段。哪个大臣也不愿意把半生不熟的策谋献于大王，这叫不到火候不揭锅。”

勾践道：“那么，现在问谁更合适呢？”

范蠡答道：“以臣拙见，文种大夫有治国安民的德智。几年代政，文大夫已胸有成竹，请大王与他深议，必得强国复仇良策。刚才这种大班随议的办法，不容易得到深谋远虑的大臣的真知灼见。”

勾践大喜道：“太好了！孤正想找文大夫请教。”

次日，勾践依范蠡之言，专门召见文种和范蠡。勾践对文种说：“我知道你与范先生是莫逆之交，志同道合，甚至政见计策都如出一辙。

你们谁先说一说强国之策？”

文种、范蠡都会心地笑了。他们都明白两人的命运拴在了一起，一荣俱荣，一毁俱毁。

文种从容不迫地道：“今欲伐吴，必投其所好，参其所愿。换种说法就是：‘将欲取之，必先与之。’”

勾践又问道：“投其所好，参其所愿，就定能将吴国置之死地吗？”

文种回道：“想强国兴越，报仇灭吴，臣有九术可行，大王愿听否？”

勾践高兴地说：“孤被辱怀忧，内惭朝臣，外愧诸侯，心中迷惑，精神空虚，愁不思饭，耻不安眠，所盼的正是先生的详策啊。”

文种讲道：“此九术，源于七年前臣师计然献给先王的治国七策。即使商汤、周文王得到，也可以称王天下；就是齐桓公、秦穆公得到，亦可以称霸诸侯。此九术，攻城夺阵，易如反掌；杀伐擒敌，譬如脱鞋。请大王览之、审之、察之。”

勾践如获至宝，急不可待地说：“文大夫，你就快说吧！孤洗耳恭听。”

文种依然不急不缓地说道：“第一条，尊敬天地，事奉鬼神，以求得他们的保护；第二条，把厚重的礼品赠送给吴王，用大量的财物贿赂吴国的臣子，以博得他们的欢心；第三条，高价买进吴国的粮食以使吴国国库空虚，顺便满足吴民的欲望以使吴国民众疲弊；第四条，赠送美女给夫差，用以迷惑吴王的心志，扰乱他的计谋；第五条，赠送能工巧匠、精木良材给吴国，以使吴王修建宫殿，耗尽他们的钱财；第六条，抬高吴国谀臣的地位，使其容易居功自傲；第七条，强化吴王的谏净之臣，使他们自相残杀；第八条，使越国国富民强，奖励耕织和生养；第九条，准备好精锐的武器、坚强的军队，以乘敌人疲弊之机攻之。凡此九术，英明的君王从不口头传授，而是像守护神灵那样恭谨，取天下都不难，何况区区一个吴国呢？”

勾践觉得文种所述九术过于简略，正待询问，文种接着说道：“此九术，有几项已逐步秘密付诸实施，如采葛织布、起炉铸剑、广选美女；其余诸项，随事态发展陆续付诸实施，需要大王亲自出马，愿大王大驾躬亲。此九术非同小可，请大王闭口勿传，守口如瓶，保密范围缩到越小越好。万一走漏风声，让吴王夫差察觉出任何蛛丝马迹，都将大祸临头，不仅雪耻成为泡影，还会人头落地永无翻身之机。臣之所以不在群臣议事时说出来，其用意正在于此，还望大王宽恕。”

越王喜不自胜夸赞道：“文大夫考虑周到又全面，孤不是怪你，只是心里着急。”

范蠡在一旁一直没有插话，直到文种说完，他才接口说：“百足之虫，死而不僵。吴国虽然可按照文大夫的计策灭之，但这不是一朝一夕能够办成的事，只有经历十年生聚、十年教训之后，等到越国五谷丰登、国富兵强，天道就会逆转，才可顺利伐吴，大王才能登上霸主之位。因此，光着急没有用，要做好充分准备，没有十足的把握，绝不要轻举妄动。此次不同上次，上次忍辱负耻，尚有存活余地；此次万一失败，夫差会以十倍仇恨、百倍疯狂给以报复，国家、社稷、宗庙将从历史上永远消失，那将是万劫不复的深渊。”

勾践连连点头，对文种和范蠡的深谋远虑十分钦佩。他把文种所说的九术记在布帛上，日诵夜读，很快便可流利地背诵，但具体如何实施他还是不甚明了。于是，他又请教范蠡振兴越国的具体步骤，范蠡便进一步阐述了二十年的长远计划。这套计划的主要内容包括：

第一，发展经济，增加人口，增强国力。

经济是国家发展的基础，没有雄厚的经济力量，没有雄厚的国力，根本不可能打败敌人。文种、范蠡特别强调物质生产的重要性。他们以富国为宗旨，把发展生产放在首位。为此，范蠡建议勾践劝农桑，务积谷，“不乱民功，不逆天时”。

文种、范蠡主张以农为主，并提倡多种经营，“示民以耕桑”，多种桑树、养蚕，解决穿衣问题；还主张发展水产业，多养牛、马、猪、羊等牲畜。

为了使越国尽快强盛起来，勾践颁行了一系列繁衍人口、奖励生育的法令：壮年男子不准娶老年女子为妻，老年男子不准娶非老年女子为妻；女子十七岁不嫁、男子二十岁不娶，都要追究他们父母的责任；生了孩子，官府派大夫去守护和伺候；生下男孩，赏给酒（绍兴黄酒）两壶、狗一条；生下女孩，则赏给酒两壶，猪一头；一胎生下两个的，官府供给食品；一胎生下三个的，官府派供乳母。都城附近，凡有死丧，勾践总是像对待自己死去的亲人一样，亲自主持葬礼。对于鳏寡病弱者，勾践让官府直接把他们养起来；四面八方投奔到越国来的贤才志士，必定在庙堂受到勾践隆重的礼待；流浪的年轻人，总能遇上勾践满载食品的船只提供救济。

第二，实行亲民措施，稳定社会。

文种、范蠡告诫勾践要“施民所善，去民所恶”，协调国内的关系，“内亲群臣，下义百姓”。勾践也完全按照范蠡所说行事，他曾说：“得知越国有人生病我就去慰问，有人去世我就帮忙办丧事；敬长老，爱少幼，养育孤儿，医治病人，以求报复吴国。”为了实现“爱民”的政策，他还颁布法令：如果一户的长子死了，就免除三年的徭役；小儿子死了，可免除三个月的徭役；独子、寡妇、患病或贫困无家可归的人，他们的儿子可以照顾入仕，领取官府的俸禄。国家七至十年不向农民征收赋税，鼓励农民家中储存粮食。这些措施取得了明显的效果，越国境内那些孤苦无依的人均能得到温饱，拥护爱戴越王的人越来越多。

第三，扩充军队，全民备战。

范蠡擅长用计用谋，在军事方面很在行。他建造的“飞翼楼”，实际上是一座瞭望塔，可以望见很远的地方，了解吴国的动向。越国一向有制造兵器的传统，尤其善于铸剑，各地都有不少铸剑名家。范蠡派人暗中拜访铸剑大师，并将他们分散安置在隐蔽的山区，大量铸造利剑，隐藏起来以备战时使用。范蠡还十分重视军队训练，并为此设计了一套训练士兵的方案。为了提高士气、增加战斗力，他组织了一支敢死队，对战亡者以高金额财物进行奖励。

越国规定，到了一定年龄的男女，都必须接受军事教育，参加一些军事训练；同时又按战争需要，把全体国民按军事编制组织管理，派有军事才能的人去当教官，教导老百姓熟悉军事，使用兵器，学会搏击、骑马、射箭、列阵与冲锋等实战技术。

勾践把军事备战的事务委托给范蠡，国内政务则交由文种主持。

文种为实施十年生聚计划，大力发动人民大面积地开垦荒野，播种各种谷物。不出几年，越国的粮食已有粢、黍、赤豆、水稻、粟、小麦、大豆、大麦等多种，除了解决全国民众的口粮问题外，还可以卖给其他粮少的国家。文种还大力发展水利，在地势低洼的地方筑堤坝挡水，建立良田：在离都城二十里的地方筑了一个大塘，因塘中物产丰富，取名为富中大塘；在离国都十八里的苦竹城，为百姓治田筑塘，塘长三千三百三十三步。由于荒地的开垦，播种面积的增加，水利的兴修，国家所收的商业赋税也相对减轻，使得战败后的越国开始兴盛起来。

与此同时，文种注意发展养鱼业和畜牧业，在国都周围修建了许多专业的鱼池和牧场，大力发展淡水养鱼业；在离都城二十五里处，有专门养鹿的白鹿山；在离都城五十里处，有专门饲养鸡的鸡山；在离都城六十三里处，有专门养猪的豕山。这些收获的畜牧产品，全部供给青壮年士卒食用。

越国的纺织业，在这个复兴期间也得到了空前的发展。文种推广种桑养蚕技术，丝绸品种包括帛、丝、罗、縠、纱等，这些纺织品由当地百姓自给自足发展为商贸产品。勾践的夫人季爰把楚国的纺织技术传授给越国的百姓。当时就有歌谣唱曰：

葛之蔓兮舒长条，
为絺为络纤且调，
当暑是服轻飘飘。

在各项振兴越国的措施依次实行的同时，勾践本人也处处小心翼翼，出不敢奢华，入不敢费侈。他没有忘记君辱国耻，没有忘记以身事吴的三年之苦、之难、之辛酸、之悲痛，更没有忘掉自己复仇雪耻的决心。此仇此心此志，他年年不忘、月月不忘、日日不忘、时时不忘，实在是刻骨铭心。

勾践心中有着说不完道不尽的郁闷和痛苦，以致食不安席，夜不安枕，夜深人静之时常常独自哭泣，泣后又大喊大叫。但是，再痛、再苦，他也得忍。时机尚不成熟，小不忍则乱大谋，稍有不慎，便会前功尽弃。为了时刻警醒自己，勾践想出了种种办法对自己进行自虐，夜以继日：饿了，就啃个窝窝头；困了，就用辛辣的蓼草熏自己的眼睛；冷了，就用冰水泡脚刺激神经；寒冷的冬天，抱着冰块跑步；酷热的夏天，抱着炭炉蛙跳；睡觉就睡在柴草上；饭前便后还时不时地舔一舔挂在床边的苦胆。

尽管全国上下都在努力奋斗，但越国靠着区区百里的地盘，想要实施“十年生聚，十年教训”的复兴计划，无疑是痴人说梦。作为这个计划的策划者和实施者之一，范蠡感到困难重重，所以他请求勾践说：“大王，臣闻‘高空之鸟，死于美食；深泉之鱼，死于芳饵’。现在我们想要灭掉吴王，必须再花几次血本给吴王送礼，让吴国再多赏点地盘给越国。”数十年来（越国战败前曾是吴国的附属国），越国给吴国送礼算是送出经验来了，把“投其所好”四个字用得炉火纯青。

为了继续讨好吴王，勾践对自己的臣子说：“据孤所知，吴王喜欢穿好衣服，又喜欢将上好布料赐给嫔妃。而越国的万山盛产葛，叫人采来，织成细布献给吴王，以求吴王欢心，从而放松对越国的警惕。众卿以为如何？”

群臣都表示赞同，于是，文种下令国中男女皆入山采葛，又令心灵手巧的女工将葛精心织成黄丝细布，制作一万匹送给夫差当礼物。

夫差听说此事后十分高兴，认为这是勾践忠于吴国，尽心自守的表现。他还听说勾践饮食简单，衣着朴素，虽有五台，但从来没有去登玩过。他认为，这是勾践入吴称臣养成的安贫乐道的习惯，也是勾践未生异心、忠心侍吴的表现。

不久，勾践又对众臣说道：“吴王还喜欢养宠物，尤其喜欢白鹿。孤听说城外二十九里处有座鹿池山，山上有白鹿出没，孤想派人养些猎犬去抓几只白鹿来献给吴王，以讨他欢心，如何？”

“送鹿好，送鹿好！”众臣都附和道，认为这个礼送得“雅”，有水平！

又过了几天，勾践说：“吴王还很喜欢游猎，收藏了不少马鞭。孤听说城外三十五里处有座‘六山’，山上出产良竹，孤想派人到山上去采竹，制些竹制马鞭来献给吴王，以讨他欢心，如何？”

众臣依然齐声叫好。

勾践似乎整天都在研究送礼的学问，讨夫差欢心是他每天最主要的工作。

夫差只要一开心，就会褒奖。对于褒奖来说，没有比送食邑更直接的表示了，所以，他赏给越国的土地也越来越多。

2. 全民动员

范蠡是何等人物，有了土地有了人，岂有办不成的事？从吴国手里得到更多的土地后，范蠡的首项工作就是发动百姓，实行全民皆兵制。凡十五岁以上四十五岁以下男子，无论参不参军，都是军人；妇孺老少都是预备军人。然后，从中挑选精壮者组成特种部队，根据未来作战需要，教授以专门的技能。

在以后差不多三年的时间里，范蠡的足迹遍布越国的每一寸土地。他的坐骑是一匹雪白骏马，只有四蹄之上寸许有墨漆一般的黑毛，所以得名白玉骢。每天清晨，白玉骢由固陵门奔驰而出，扬起一路尘埃。大路两旁，绿树成荫，骏马过后，带来一股疾风，吹得树叶飒飒作响。

范蠡骑着白玉骢沿江而下，这一天来到姑蔑，只见迎面横着一座不高而峭的山，叫做凤凰山。经过询问，范蠡方知这里又叫做“徐山”。

这里的居民都不是当地土著，而是从遥远的徐国迁移而来。徐国和姑蔑一样，都是夏、商的封国，国君称为“子”，徐国并不大，但毕竟是王室的一支。后来，朝代更迭，西周以来，更是天子暗弱，诸侯并起。一些大的诸侯国，不断吞并周围较小的附庸国。为了生存，小国必须壮大自己，徐国一度在徐偃王的手里声势显赫，曾经使三十六个附庸小国一起来朝拜。连周天子都听说了徐偃王的声名，于是命令楚庄王前去讨伐。楚国和吴国联合出兵，徐偃王为了避免百姓受到战争的祸害，不得不弃国而逃。跟随他一起逃出来的有几千子民。他们一起来到越国和姑蔑交界的凤凰山，用重金贿赂越王和姑蔑国的君主，在这里长久定居下来。由于地方太小，人数又多，他们就在山上开凿石室，用于储存粮食、居住等。从徐偃王一代代传下来，这里也就被叫做“徐山”了。

“真是了不起啊！”范蠡叹道。他得到允许，上山参观，察看了徐山百姓在山上开凿的石室，只见这些石室大大小小，纵横分布，大的可以容纳数千人，小的也可以容纳百十人。石室相连，声音相通，但绝不互相串接。石室，有的用来储存粮食，有的用来召开会议，有的作为祭祀之用。如果不是亲眼所见，没有人会想到这里会有这么一个别有洞天的世界，也难以想象这里的人是如何以惊人的毅力和高超的技巧，在石头上开凿出一个个石室来。

“天地造化，越国终于有了世界上最好的兵营。”范蠡看罢，暗暗想道，“看来，这真是上天赐给了越国一个称霸的机会啊！”

不过，由于吴国不允许越国拥有军队，而且不时派人前来查看，所以一切都要隐密行事，此处绝不能让吴国有所察觉。

范蠡回去后，马上将此事奏禀勾践，勾践喜出望外，着令范蠡迅即征召青少年甲勇，将二十五岁以下精壮青少年全部集中在此秘密训练，首批征召的少年军有五千人，以后逐年增加。他又令文种、诸稽郢解决粮食军备，责令王公大夫节衣缩食，确保军需不缺一毫。

随后，范蠡对勾践说：“大王，根据越国的实际情况，灭吴绝不是三五年内可以做到的，必须从长计议。军事方面，越国还要做三件大事：第一，大量采挖优等铜铅，铸造宝剑；第二，修整铠甲，打造有攻击力的舰船，长期备战；第三，广招武林高手，教习专门技能，提高我军甲士的武艺——这三件事做好了，我军当可与吴军一决雌雄！”

勾践笑道：“甚好。那第一件事交给文种大夫，第二件事交给诸稽郢将军，第三件事就交给范大夫，如何？”

文种、诸稽郢、范蠡三人欣然领命，分头行动。

但令范蠡深感头痛的是，越国懂得行军布阵、具有指挥能力的将才太少，而有高深军事谋略者更是少之又少。练兵该从何处练起？训练出来的士卒该怎样适应对吴作战，又如何适应未来十年甚至几十年对多国作战？范蠡左思右想仍不得其法，他心绪不宁，便跨上白玉骢飞奔向南。

越都南端有座天姥山，这里山岭重叠，树木葱茏，虎啸狼嗥，猿啼声声，不少溪谷难以通行。范蠡到达南林的时候，林外艳阳初照，他下马脱去高冠丝履，将马系在乌桕树上，带上越王所赐的纯钧剑（欧冶子曾为老越王允常制作了五把名剑，这是越国仅存的两把名剑之一），穿行于密林中。

山中葱翠如染，浓绿幽暗，犹如神仙洞府。范蠡行走一阵后，发现山道失去了踪影，他犹豫着不知该往哪个方向走。

这时，一声猿啼从树林深处传来，范蠡循声而去，走进更深的林中。林中绿荫如盖，雾水飘落如蒙蒙细雨。范蠡拨开一丛野花，突然觉着脚下松软，举目四望，才发现自己已来到湖边，无意间踏进了沼泽。

前方是绿森森、黑沉沉一片湖水。一阵奇异的香气飘过，潮湿的白色雾气在人的膝盖高处停留着，并不散开。

“不好——是瘴气。”范蠡大吃一惊。

突然，一只白色的猿猴从绿枝间蹿越而过，他还未回过神来，只觉得脖子上一阵冰凉，有剑刃抵住了他的咽喉。

范蠡曾暗中练剑十余载，也算是剑中高手，却从来没有见过如此神出鬼没的招数，真可谓神鬼闪影、疾风惊雷。

他不敢轻举妄动，低声道："这位前辈……在下越国大夫范蠡，无意冒犯。"

对方手里的剑刃紧逼着他的咽喉，半晌才开口道："把你的剑丢过来。"

范蠡听得身后之人说话声音稚嫩，断定此人不是歹人，便放下手中的剑。

"爹爹所制的剑怎么会在你手里？"对方的声音逐渐坚实起来，但又十分柔美。范蠡听得出那是个女子且非常年轻，既惊讶又疑惑。

"此乃主公所赐，你有何疑问？"范蠡感觉自己的身子正在渐渐下陷。

"你的主公难道是越王？"纯钧剑已被姑娘拿在手中，在这滴着雾水的湖边，剑仿佛不胜雨水的淋漓，轻声地鸣叫着，越来越急促，发出一阵阵清朗而细微的低吟。范蠡从来没有听过这样的声音，凝神细听才发现了源头。这时，他颈上的剑也随着轻吟起来，颤动急促，仿佛在应和，随之传来一阵炽痛。

范蠡从来没见过这样的景象，只知道有此传说——剑鸣！他心头一阵狂喜，知道自己遇到舞剑高人了。他兴奋不已，不料却渐渐陷入昏迷之中。

不知道过了多久，范蠡被一阵嘈杂声惊醒了。他睁开眼睛，只见树林中跳出来一头通体雪白的白猿，比常人要高出一头。白猿一上来就向少女扑击，少女以长剑抵挡，轻松自如。只几招，范蠡悬着的心便放了下来。这猿一定是人豢养的，不但如此，少女的剑招显然也是跟白猿学习的。真是天下之大，无奇不有！

范蠡望着她，待她罢斗走近之时，瞬间以为自己见到了山中仙人。

她身材颀长，不似越国女子那样娇小，乍看是个清瘦的少年男子，有张十分稚嫩且俊美的脸，只要看过一眼就会心生怜惜。她那乌黑的头发垂到腰下并不挽束，身上的葛布短袍十分陈旧，赤着脚，好像一直生活在树林中那样不拘行迹，一双眸子如同林中深潭里漆黑的水面，深得叫人不防备就会掉进去。

女子就这样静静地走向他，然后举起手，手掌中握着的正是那把刃如霜的纯钧剑。

“这是我爹爹制的剑，为什么在你手里?”少女继续问之前没有得到答案的问题，她声音迟滞，仿佛很少开口，所以生疏了。

范蠡捂着胸口，并不直接回答：“姑娘你救了我……”

少女说：“你中毒浅，闻密罗的根就会好的……现在你起来!”

她伸手拽起范蠡的臂膀，并不忌讳男女之防，力道大得不可思议。

范蠡自幼习武，未曾见过有女子身手如此敏捷，又如此有力，心想这女子独自居住在密林中，必不是寻常人。他察言观色，小心翼翼地说道：“这剑是越王转赐于我的，我一直佩戴在身边。没想到姑娘有如此精妙的剑法，能瞬间夺走此剑。”

“那是因为你中毒了，并非我剑术高明。”少女沉静的样子仿佛在思量什么，随后仰首问道，“你究竟是什么人?”

范蠡想证实自己的判断，径直说道：“我是越国大夫范蠡，你是谁?”

少女低声说道：“爹爹叫我处女。”

范蠡心中已经明了，他正色问道：“你是剑圣欧冶子之女？欧冶子先生现在在哪里?”

少女闻言大怒：“该死的吴王！是吴王杀了我爹爹！我要杀了他!”她持剑在手，一连砍倒了几棵碗口粗的榆树。

“欧冶子死了?”范蠡惊愕不已，悲从心中来。与此同时他的决心更坚定了——这女子一定要为越王所用，因而急切地劝道：“姑娘莫急，听我一言!”

范蠡请求去祭拜欧冶子。处女默默地将范蠡带到一座坟前，她的眼眶渐渐泛红了。

范蠡努力让自己平静下来，在坟前缓缓下拜道：“先生是位贤人，为国而死，范蠡敬重他。姑娘修习剑术，总有一天会建立不世奇功，也不负先生旷世之才，寂寞一生！”

范蠡想，她虽然长在林中，不谙世事，想必也受过朴实乡人的恩惠，也曾在父母兄弟的呵护下成长。这少女的剑是冷的，心却是热的，她能毫不犹豫地救下闯入险地的自己，便是最好的证明。

这时，处女指着一个山洞说道：“爹爹把剑谱雕刻在山洞中，就在那边的一个石壁上。其实也不过寥寥数字。”

“处女，跟我去见大王吧，他会替你复仇。”范蠡无心去看剑谱，伸出手拉着处女的胳膊，诚恳地望着少女清澈的眼睛。她不再说话，只微微地点了下头。

很快，处女跟随范蠡来到淮阳，面见越王。勾践见范蠡找来的教习竟是一个弱不禁风的女子，以为范蠡是故意和他开玩笑，略显鄙夷之色。但人既然来了，不妨看看她是不是有真本事。若有，则留在宫廷；若徒有其名，就赶紧送她回去。勾践想到这里，开口问道：“孤听说你会使剑，确有其事？”

处女不卑不亢地说：“回大王，此事不假！小女子生在深山老林之中，长于荒凉无人之野，无所不学，但并不为人所知。小女子喜欢剑击之道，诵之不休，习之不歇。我并非受教于人，而是无师自通，生来便知晓。”

勾践听了处女之言，颇为惊异，觉得此女谈吐不凡，气质高雅，非一般女流之辈可比。他现在倒真想了解她的真本事，于是进一步问道：“剑道如何？”

处女说道：

其道甚微而易，其意甚幽而深。

道有门户，亦有阴阳，开门闭户，阴衰阳兴。

凡手战道，内实精神，外示定仪。

见之似好妇，夺之如惧虎。

布形候气，与神俱往；

杳之若日，偏如腾兔；

追形逐影，光若雷霆；

呼吸往来，不及法禁；

纵横逆顺，直复不闻。

斯道也，一人当百，百人当万。

处女一口气说完后，顿了顿，又补充道："这是我爹爹刻在石壁上的剑谱，大王若想知道威力如何，可以现在试试。"

勾践甚喜，说道："好，好！"

次日，越国都城会稽举行了一场别开生面的剑术比赛，主角就是处女。

比赛场上，处女环视围拢上来的十名军士。他们是越军中百里挑一的勇士，高大威猛，一身戾气，都是杀敌无数的英雄好汉。他们拿着最精良的剑，立在场上，威势惊人。

处女的目光一一扫过他们手中的剑，端详一阵就别过头去。

这时，一个军士沉不住气了，大吼着扑了上去，巨灵神般的身躯直向处女压来。

处女剑交右手，左手迎着剑锋而上，动作迅疾如风，流畅若水，眨眼间，"砰"的一声，军士的长剑掉落在地扬起一阵尘土，他顿时呆住了，诧异地望着自己空空的两手。

处女的声音十分平静："一起上吧！"

军士们顿时怒红了眼，一起朝处女扑过去。

但见处女手腕一抖，如云开，如潮击，光芒耀日，如电光石火，雨疏风骤。只一会儿，众军士的剑便都落在地上：处女完胜而未伤一人。

勾践站起身来，拍掌笑道："好剑法！孤简直不敢相信自己的眼睛。处女，孤称你为越女，留在军中，教习剑术，你可愿意？"

越女顺从地点点头，两眼望向这高台上的国君，相信此人定能为她报得杀父之仇。

看到勾践如此满意，范蠡终于放心了。

在受训的少年军中，有一个叫雨来的弓弩手，十五六岁，臂力特别惊人，能使一把大弓弩，此弩一般人很难拉得开，它发射的箭是普通弩射程的两倍以上。范蠡很有兴趣地问雨来，这种技能从何处习得。雨来说，他家是猎户，常偷学一个“仙人”的弩法，仿弩机而制成。据说这个仙人叫陈音，现隐居在南林。

于是，范蠡决定三访南林。

在山阴城南的南林，一座别致的小院背山而建，院前有一条潺潺的小溪，溪水清澈见底。溪旁的几株枫树，早已掉光了叶子，秋意正浓。这里便是陈音的家。

陈音本是楚国人，因为杀了人，避祸隐居在越国山林中，从事射道与射术修炼，看破红尘，淡泊名利。在山中，他与虎豹共舞，与狼狐为伴，渴饮山泉水，饥食蘑菇野果，虽已年近六旬，却是鹤发童颜，精壮如中年。范蠡拜见了这位仙人，恭敬诚恳地请教射技：“请问先生，弓弩从何而始?”

陈音对道：“我听说弩生于弓，弓生于弹，弹生于古之孝子。古时人民朴实，饥食鸟兽，渴饮霜露，凡死则用白茅相裹，投于山中。有孝子不忍心见父母为禽兽所食，故做弹守望，后又有弓。于是就出现了这么一首远古歌谣：‘断竹，续竹；飞土，逐肉!’（意思是：砍断竹子，接起竹子，做成弹弓，飞出泥弹，射中猎物，冲上前去吃野味!）”

陈音又告诉范蠡，黄帝曾根据弹弓的原理，“弦木为弧，剡木为矢，弧矢之利，以威四方”，从而发明了木弓木箭。再后来，木弓的威力在楚国和东夷处发扬光大，从楚国的弧父到东夷的后羿、逢蒙师徒，再到楚国的琴氏，又到“没金饮羽”的楚国先祖熊渠和他的三个儿子，一直传到楚庄王时代的神射手养由基、楚灵王熊围，一代传一代，到了陈音这一代，终于发明出了成熟的弩机装备。

“佩服，佩服!”范蠡听罢，站起来深深鞠了一躬，说道，“越国有难，还请先生不要吝惜毕生所学。若能将如此精妙绝伦的射术，用于兴国安邦，先生也可以青史留名，不至于辜负了这一身才华！”

陈音推辞不掉，决定出山相助。

于是，范蠡把陈音带去面见勾践，勾践在一个临时校场亲自考查陈音。

勾践首先问道：“弩的形状取法于什么？”

陈音说：“郭是方城，是尽忠职守的；教是人臣，是发布命令的；牙是执法，是尽吏卒职守的；牛是中将，是主管内部的；关是守卫，是约束去留的；锜是侍从，是听从人主的；弦是军师，是控制士卒的；矢是飞客，是承受使命的；金是穿敌之物，它一直往前，不会停止；卫是副使，是正定行使路程的；叉是接受管教的，管箭是否能筑在弦上；镖是都尉，是执掌左右方向的。弩百发百中，敌人来不及惊骇就被杀死了，禽鸟来不及飞走，野兽来不及逃跑，凡是被弩射击的目标，没有不死的。”

勾践问：“弩机有何特长？”

陈音说：“弩机的好处是显而易见的：其一，弩机张弦依靠机械的力量，所以比拉弓时间短，不仅节省体力，而且射程远，又能在同样的单位时间内射出更多的弩箭；其二，弩机有瞄准器具（望山），比弓箭射得更准；其三，弩机有分铢刻度，可以调整发箭的距离，灵活性好于弓箭，不需要弓箭手长时间进行拉弓训练。”

勾践又问：“是否还有更精确的射术？”

陈音说：“我听说精确的射术，方法众多而微妙。射箭的要领，身体就像戴着夹板一样的挺直，脑袋就像放着禽卵一样的平稳，左脚放在前面，右脚横放，左臂好像身上的分支，右臂就像抱着婴儿一样，举起弩来，瞄准敌人，把心收敛，屏住呼吸，箭同气一起发出，等到心平气和、精神安定、杂念俱消、去止分离的那一刹那，右手拨动弩牙，左手全然不知，全身各部分能接受不同的指令，这就是正确的持弩发射的方法。”

勾践说：“孤还想听听瞄准的姿势和决意发射的方法。”

陈音说：“发射的方法，是精神自然放松，自然地进行瞄准，瞄到准确时就要连续发射。弩有不同的重量，箭也有不同的分量，从一石中取出极小的一两，技术上还算平衡，目标的远近高低，都要分辨得分毫不差，这就是射术的要点。”

勾践听了心中大喜，当即任命陈音为少年军的教头，在东郊十里外的校场教士卒们练习射术。

由于吴越两国中间隔着钱塘江、吴江、太湖，免不了要打水仗，因而需要制造大批战车和战船。勾践对范蠡说：“孤有报复之谋，水战则乘船，陆行则乘车，车船之利，比用兵器和弓弩还要快。”于是，范蠡在离都城五十里的地方，建立了造船工场，称为舟室，大量地制造船舶；又悄悄请来造船师徐竺设计越国战舰。战船分为大翼、中翼、小翼三种，越国承袭了吴国的船制，大翼一艘广一丈六尺，长十三丈；中翼一艘广一丈三尺五寸，长九丈六尺；小翼一艘广一丈二尺，长九丈。越国还另外制造了轻快戈船、超大楼船等战船，目的是为了避免敌人从船底下翻船及水中大鱼的侵害。

这一系列工作完备后，范蠡的建军蓝图基本形成：从越国的国情出发，必须打造一支具有鲜明特色的军队。兵不在多，而在于精，少年军要成为一支战斗力强、反应快、善突袭的精兵；未来的水师全部从受过陆战训练的士卒中挑选，将超越吴国的水师陆战队；重建配备骑兵和弩机的车驾部队，做到既能快速反应，又能远距离作战。

相对而言，文种的工作则需要更长的时间来准备。所幸越国境内山高林密，蕴藏着大量的铜、锡等矿藏。越国的锡山、铜牛山很出名，有语云：赤堇之山破而出锡，若耶之溪涸而出铜。因此，文种在离都城十四里处设立工官，命名为官渎，创建了官营冶炼铜锡处；离都城二十五里的姑中山，山沟长达二百五十步，此地炼铜业兴旺，所以称之为铜姑渎；离都城三十五里的六山，也有铸铜之处；有离都城五十里的炼塘，离锡山和炭渎很近，矿藏和燃料连在一起，冶铸非常方便。

由于铸剑大师欧冶子已经去世，文种不得不把欧冶子的同门风胡子从楚国请到湛卢山来。此后，文种和范蠡经常来到湛卢山中，观摩风胡子炼剑。风胡子用的铸剑原料是铜、锡和铁，铸出的剑锋刃锐利，剑身满布菱形花纹，用鸟篆刻字，一个月后，一共铸出三把剑：一把越女剑，一把凝碧剑，一把君子剑。但这些剑都比不上范蠡送给勾践的王者之剑。王者之剑虽然不是熔炼而成，只经过简单的高温加工，但其硬度、抗折性都远远超过铜锡铅等合金。善于炼剑的风胡子也拿它没办法。

越国大量地制造兵器，除了炼制宝剑外，还制造甲、矛、戈、弓、箭簇等攻防武器。其中，有一种叫"鍒"的武器，是范蠡为了伐吴专门叫人制造的。

此外，冶炼出来的青铜、生铁还制成农具、日用工具，便利了农业生产的精耕细作，使越国的农业蓬勃发展起来。有诗写道：

弱于罗兮轻霏霏，号绨素兮将献之。
越王悦兮忘罪除，吴王叹兮飞尺书。
增封益地赐羽奇，机杖茵蓐诸侯仪。
群臣拜舞天颜舒，我王何忧能不移。

3. 美女西施

俗话说，世上没有不透风的墙。尽管越国的备战工作做得十分隐秘，但吴国人并不傻，多少听到了一些风声，并几次派人来越国打探情况。在通信和交通落后的时代，面对越国这样的蛮荒之地，所有侦察活动都进行得十分困难，因此，吴国人没有得到太多情报。

尽管如此，勾践君臣仍处处小心，极力搜索吴王喜欢的声色犬马、古玩奇珍，献给吴国当贡品。美人计是灭吴九术之一，为了实施这一计划，文种从全国各地选了众多美女交给勾践审视。

勾践看了看，说："个个都挺美的，孤也说不好，干脆找夫人来看看吧。"

季爰王妃一看，不由得大皱眉头："文大夫在楚国是见过宫中妃嫔的，较之如何？这些哪个算得美人啊？真正的美人得具备三个要素：第一，貌美，即外表漂亮，线条、身段要正；第二，才美，即会吹会弹，会唱会跳；第三，行美，即举止言行要有大家风范。"

既然这些人都不行，那就重新找吧。这事又落在了范蠡头上。

这天，范蠡从临浦往东北走了大概四里地，只见前方秀峰挺峙，山腰的红粉石色如胭脂，这便是苎萝山。

范蠡上岸后又穿过一道山坡，经过几处田园，来到一个房屋错落有致、花香鸟语的村落。此地阡陌相间，禾田丰茂，路旁树高遮阳，气息清凉怡人，桃园杏林参差，如入画境，范蠡不禁被眼前的美景迷住了。三月桃花殷红如血，令人沉醉。层林为之尽染，群山为之红遍。他心里唤起了一种特殊的情感。五年前，他第一次来到这里的时候，在桃林迷了路，认识了一个美若天仙的小姑娘，名叫施夷光，如今她该长大成人了吧。

他沿着一条小径走了半里地，看到前面有一处几米宽的天然石台，有如白玉雕塑而成，溪水清澈见底。他一时兴起，想到溪边洗洗脸，就在此时，只见水面中央缓缓立起一个亭亭玉立的少女，头上挽着双环发髻，面如芙蓉，眉如柳叶，秋水为神，冰肌玉骨，穿着纯白色的罗裙。少女身体半没在若耶溪中，双眉微蹙，纤手抚胸，似有无限愁思，任由一缕萝纱随水漂走。

范蠡一时竟看呆了，他细看少女的面容，似曾相识，而她的神韵和表情也让他感到十分熟悉。他移步上前，轻声问道："姑娘因何在此发愁？"少女见岸上英俊男子发问，略一沉思，便轻声吟道：

人道春色新，三年不见春。
虽有清冽水，难洗亡国恨！

范蠡听了不觉心头一震，低头思忖道："这女子非但容貌动人，而且出口成章，国恨在心，真是越国的灵秀啊！”等他再抬头望时，少女已姗姗离去，走前悄悄地回头瞟了范蠡一眼。

范蠡经过打听，得知那位女子正是西村的施夷光，他满心欢喜，于第二天换上一身布衣，乘一叶扁舟，直奔若耶溪旁的苎萝村。

若耶溪是西施浣纱的地方，她有时也与邻村的郑旦、陈娟、东施等人一起在溪边嬉戏。若耶溪中水草丰盛，许多鱼儿戏游其间，时而露出水面，时而藏匿于水之深处。说来也怪，那些鱼见到郑旦、东施她们来此浣纱并不惧怕，会欢快地露出水面吐着水泡，但只要西施一出现，所有的鱼都吓跑了，纷纷逃命似的沉于水底，避得远远的。久而久之，“西施沉鱼”这个典故就传开了，苎萝村的人都说西施有着沉鱼之容，这更为西施之美增添了一层传奇色彩。

苎萝村附近有个村庄叫茅家步。有一天，西施浣纱完毕，到茅家步井头的一户人家替她父亲收卖柴钱。茅家村的人见了西施，无不啧啧称赞道：“西施的美貌，可称绝世！只有溪东的郑旦，稍稍可以相比。”

郑旦是茅家步的一个渔家女，父亲捕鱼，母亲养蚕。郑旦与西施同年，比西施大半岁。西施艳丽，郑旦清雅，两人的长相非常相似，都有艳光照人的魅力。

西施讨得柴钱后，正要回家，忽见郑旦出现在她面前。想起方才人们拿郑旦与自己比美，西施感到很不好意思，便微笑着点了点头，想避开她。不料郑旦却紧步走过来，一把拉住西施说：“西施妹妹，到我亲戚家去坐一会儿。平日我们浣纱，大家都匆匆忙忙，只能隔溪招呼一声，今日机会难得啊！”

西施说：“不坐啦！你看日已晌午，我还要赶回家去做饭呢。”

“那就在井台上坐一会儿。”郑旦不容分说，拉着西施上了井台。

郑旦为什么对西施这样殷勤呢？原来，自古以来，武士爱比刀，姑娘爱比俏。尤其是好看的女子，总想比别人胜过一筹。而郑旦呢，也确实长得标致，刚才听村里人极力称赞西施的美貌，她心里不服，因此特意找到井头来，要与西施比较一番。郑旦对着井水理了理鬓角，便拉着西施的衣衫，指着井水，故意说道：“妹妹，你看这井水，比别处的井水清得多呢。”

西施听她这样说，便探头去看。郑旦连忙挨近西施，肩并肩，头碰头，同时往井下瞧去。顿时，井中出现了一对美人的倩影：一个似雨后芍药，一个似带露牡丹，都是容光秀妍，仪态万方。郑旦细细一比，发觉自己虽美，但确实比不上西施，不禁对井中美人轻轻叹息了一声。

西施本来没有什么想法，听了这一声叹息，才知道郑旦拉她观井意在比美，也就定神细看了一会儿。这一看不要紧，只见水中两对明眸，四只凤眼，流连顾盼，交相生辉，如同明珠入井，把黑洞洞的井底也照亮了许多。

这时有人前来汲水，西施和郑旦连忙让开，各自回家。那人见了井水，不禁大吃一惊。原来，水中还留着两位美人的影子呢。

关于比美还有另一个典故。话说多愁善感的西施因国恨家仇，得了心痛病，常常捧心而颦眉。不过，西施皱眉头，以手抚胸之态，反而使她的美色又添了几分。

消息传到东村后，村里的东施姑娘非常高兴，觉得自己找到了西施美的窍门。这位东施姑娘长得十分难看，已经十八九岁，但还没有媒人上门。眼下，东施一扫愁容，咯咯笑道：“原来皱皱眉头，捧捧心窝，就会使人变得好看！”从此，她活也不干了，懒觉也少睡了，起早摸黑地躲在浣纱溪旁，偷偷地模仿起西施的神态来。

过了些日子，东施自以为学到了家，就穿戴得齐齐整整，用树叉般的手紧紧抚着胸口，歪咧着大嘴巴，扭动着粗腰肢，摇摇摆摆地走向西村。正巧西施浣罢纱返回苎萝村，东施一见连忙跟了上去，也要与西施比美。

走着走着，她们碰见了一位老丈，东施拦住老丈问道：“老丈老丈，你看看，我比西施漂亮吗?”老丈一看，笑得前仰后合，几乎喷出了隔年的陈饭。

走着走着，她们碰见一位老妇，东施拦住问道：“阿婆阿婆，你看看，我比西施漂亮吗?”老妇一看，以为是母夜叉出世，吓得回头就跑了。

走着走着，她们碰见一个小孩，东施又拦住问道：“小官人你看看，我比西施漂亮吗?”小孩一看，以为是哪里来的妖怪，吓得“哇”的一声大哭起来，赶忙逃回家里，关紧了门。

善良的西施见状再也忍不住了，她真想好好劝东施几句，但是看到东施那副扬扬自得、自顾远去的模样，她叹息一声，唱起歌来：

苎萝苎萝春已暮，浣纱浣纱泪成河。
黄丝绵绵绕青竿，白云依依逐绿波。
日浣夜织奈何苦，月贡岁纳剩无多。
何日得为奴家衣，越吹伴我舞且歌……

这哀怨的歌声顺着江风，沿着溪谷，飘向远处，飘到了一叶扁舟上。驾舟之人正是范蠡，他惊叹道：“自古诗言志，歌传情。这女子唱此哀歌，定然忧国忧民，心地美好，未知其貌若何?”

此时正值雨后方晴，溪流飞湍，小舟逆水而上，进三步退两步，迟迟不前。西施歌罢，凄然泪下。忽见一叶扁舟飘来，舟中立一书生，神采奕奕，风度翩翩，不禁看出了神。这已是他们第三次见面了。书生立在舟头，向她深深一揖，问道：“姑娘莫非神女，唱得如此好歌?”

西施见对方十分面善，似曾相识，答道：“奴家姓施名夷光，世居苎萝西村，人称西施。先生你……”

“我是越国大夫范蠡，闻歌寻访到此，冒昧了。”

西施一听是范蠡，连忙施礼，羞涩地说：“小女子乃山野之人，虽久闻英名，五年前就偶遇先生，如今却不识尊颜，有失礼仪，伏乞恕罪。”说罢再拜。

范蠡急忙还礼道：“范蠡亦早闻姑娘内具忠贤，外有绝色，今日重遇，真乃天意……”

一个是风流名士，一个是巾帼魁首，范蠡与西施一谈倾心，很快便互认为知音。范蠡吹起铜笛，西施即兴而歌，夜莺为之助唱，溪水为之和鸣。

日近西山，鸟雀噪归，他们又来到方石之上，说尽三朝六代荣枯升沉之事，诉遍五湖四海悲欢离合之情，终于互相倾吐了爱慕之情。

可惜两情相悦的日子太过匆匆。不久，文种以为吴王选美为由，将嘉兴、萧山以东，浦阳江以西及南林附近的大片土地要了过来，使越国得到封地八百里。随后，文种在更大范围内征召美女共一百二十人，其中以诸暨、萧山居多，包括郑旦、西施、陈娟、知春、喜凤等人尽被网罗而来。她们或妩媚，或纤巧，或窈窕，或丰腴，或桃面含嗔，或娇羞忸怩，或楚楚动人，或热情如火。勾践走到西施面前，赞道："古之美女，莫过于妲己、褒姒，但她们两人均是红颜祸水，怎可与姑娘这等女中豪杰相提并论？"

众大臣于堂下齐声道："我等身为人臣，不能为国解忧，惶愧难当。美人，也请受我等一拜！"只有范蠡心里酸酸的，有苦难言。

唐朝的王轩曾为此写诗道：

当时计拙笑将军，何事安邦赖美人。
一自仙葩入吴国，从兹越国更无春。

按照季爱王妃的要求，经过反复考选，最后留下二十人，被送至土城（后称美人宫），派专人教她们宫庭礼仪、步履、音乐舞蹈等。

一天，文种对范蠡说："我看西施似乎钟情于你？"

"何以见得？"范蠡心中一惊，脸上却不动声色。

"小姑娘的心事哪能瞒得过为兄，你没见她看着你的眼神吗？如今正是她们情窦初开之时，你这样的英才俊男自然是她们梦想中的情郎。"文种说。

"这么说我有麻烦了，以后还是少来土城为妙。"范蠡强作笑颜道。

文种盯着范蠡看了一眼，摇摇头说："此言差矣，要想此计成功，关键是要让她心中有越国，时刻想着越国。不管夫差对她多好，都要不为所动。她心中有爱何尝不是好事？"

"话虽如此，但这种事最好不要扯上西施，我可以为越国做任何事。"范蠡实在不忍割爱。

文种见范蠡犹豫不决，又说："如果你们真心相爱，不愿分离，我可以奏明大王，将西施嫁给你。你看可好？"

范蠡连忙说："不，千万别跟大王提起此事。"

"少伯，这是你我的灭吴大计，事关越国存亡。"文种正色道，"西施天生丽质，人又聪惠，必得夫差喜爱。若她肯用心，定能让夫差言听计从，到时何愁大计不成。我只是担心她毕竟年少，吴王若真的对她百般宠爱，难保她不会爱上吴王，转而为吴王着想。所以这几天我一直在想，如何才能保证她完成大计。"

范蠡点点头说："是啊，女人的心最难猜测，谁也无法预料以后会怎样。不过只要能让吴王沉溺美色，荒于朝政，我们的目的也算达到了一半。"

文种听了，意味深长地看着范蠡："倒也不是不可能。西施现在情窦初开，只要你肯用心，必会对你一往情深。到时她会认为夫差是拆散你们的罪魁祸首，必然对他恨之入骨，如何还能再爱上他呢。"

范蠡不置可否，他知道，为了国家大计，他和西施都必须作出牺牲。为了化解心中的愁闷，他全身心地投入到练军活动中。

五个月后，范蠡回会稽向勾践禀报练军情况，刚要出淮阳宫，文种便过来叫住了他。

两人寒暄几句后，文种问道："少伯你可知道西施生病了？"

范蠡有点吃惊，忙问："什么病，严重吗？"

文种说："自你走后，西施郁郁寡欢，茶饭不思，问她怎么回事，她也不说。前几日又受了风寒，现正卧病在床，人也消瘦了许多。你临走前是怎么跟她说的？"

范蠡心中暗怪自己，满怀歉意地对文种说：“子禽兄，都是我的不是。”

文种叹了口气，说：“可怜的姑娘！我看她要不是心中还有牵挂，只怕是想死的心都有了。唉，长得这么水灵，性情又好。说实话，除了你，我都舍不得将她嫁给别人，更别提送给夫差了。”

范蠡苦笑道：“命中注定我没这个福气。”

随后，范蠡辞别文种，匆匆赶到土城。郑旦看到范蠡后，稍感吃惊，行了一礼说：“范大夫怎么来了？”

范蠡见郑旦眼圈红肿，想必是刚刚哭过。他知道她和西施关系最为密切，便问道：“夷光怎么样了？”

“她倒没说什么，前些日子我看她时常发呆，吃得也少，人越来越瘦，后来又受了风寒，老是咳嗽。”

范蠡跟着郑旦来到内室，只见西施斜靠在床上，见他进来便想撑直身子，不料又引起了一阵咳嗽。郑旦赶紧上去帮她拍背。

范蠡看见她这副模样，心疼不已，眼前的西施比他临走时消瘦了许多，而且神情萎靡，全然不见往日的青春活力。

西施哀怨的眼神深深刺痛了范蠡，但郑旦在场，他也不便表露，只是似带责怪地说：“怎么病成这样，一点也不爱惜自己？”

西施听了这话，向里转过脸去，两颗泪珠无声地滑落下来。郑旦知道他们有话说，悄悄地带上门出去了。

范蠡坐在床边，轻声慢语地说：“你知道吗？把你们几个选入宫，本来就是打算献给吴王的。这是文大夫跟越王早就定下的灭吴大计。我虽然舍不得你，但我身为越国的大夫，士为知己者死，必须尽心辅佐越王。大家都要为越国着想，你看越国现在国不像国，年年要给吴国纳贡，吴国人像使唤奴隶一样使唤着我们，难道你甘心一辈子这样吗？我们必须想办法打败吴国，到那时我们就能重新在一起了。”

西施仍然不说话，但心里已起了微妙的变化。她的两只大眼睛顿时有了神采，但随即又暗淡下来，幽幽地说：“先生，我们都身不由己，都被心中的执念所累，但这毕竟是我们自己的选择，既然选择了，就必须坚守。”

范蠡将西施紧紧地拥入怀中，在她耳边喁喁地说：“你是我见过的最美也最善良的女人，我怎么会放弃你呢?”

西施感到自己快喘不过气来了，同时又体验到一种从未有过的幸福感，她宁愿在这拥抱中窒息。范蠡感觉到西施呼吸困难，才轻轻松开了手。

不久，郑旦送膳食进来，范蠡劝西施好好休养，便匆匆别去。

此后的一段日子，范蠡经常抽空去看望西施，眼见西施病情日渐好转，脸色也逐渐红润，他才放下心来。西施病愈后，开始练习礼乐和舞蹈。

时近中秋，范蠡因忙于军务，一连几日没去看望西施。这天下午，范蠡看看日头偏西，突然无比想念西施，便赶往土城。

“你最近都在练什么?”范蠡问西施。

西施说：“琴练得多一些，有时也练练舞。”

范蠡说：“让我听听你弹得怎么样了，好吗?”

西施领着范蠡来到琴房，其他人都已经走了，琴房里空荡荡的。范蠡落座后，西施坐到琴前，调试几下后便专心弹了起来。

范蠡凝视着西施，心中暗自赞叹。此时西施细腰依旧，胸脯却不再扁平，而是隆起了两座小山，傲然地耸立着，皮肤也变得白里透红，散发着诱人的青春气息。

西施弹完一曲，抬眼看见他那走神的样子，不禁嫣然一笑。

这一笑更让范蠡心神荡漾，心弦猛颤，他也不好意思地笑了起来，说：“你已经弹得很好了，能把心中所思通过琴声表达出来。进步这么快，实在难得。”

西施起身说：“那请大人也弹一首，看民女能不能听出点韵味来。”

范蠡不便拒绝，起身到琴前坐下，静心抚琴。

西施在一旁随着琴声翩然起舞，摇曳的舞姿把静静映在大殿里的细细碎碎的阳光轻轻荡了起来，灵动得让人以为她是天上的仙子翩然而至。随着范蠡流水般的琴声，西施越舞越欢。

夕阳西下，金黄色的阳光射向琴房，把西施的裙衫染成了金色，焕发出神圣的光芒。范蠡心中忽然产生了一种奇怪的感觉，仿佛在他面前的是献给上天的神圣祭品，而正是他亲手将她献给了上天。眼前的西施，触手可及，却又离他如此遥远。

看着范蠡痛苦的表情，西施却忽然笑了，极其妩媚地笑了。

时间过得很快，眼看夏天就要过去了。文种禀告勾践，决定从二十名美女中挑出十六人送给吴王。勾践同意了。

又是一个凉风凄凄的秋天，固陵关外停泊着官船凤舟。驿站内哭声阵阵，又一批美女将被送往吴国，其中就有绝代佳人西施、郑旦、陈娟。然而，哭声并不能挽救她们的命运，一切准备就绪后，她们将告别故土登上官船凤舟。

一声鼓起，几声号鸣，美女们簇拥着出来了。闻讯赶来的乡亲们纷纷上前，有的捧上水果，有的送上点心。一份份薄礼饱含着乡亲们的深情厚意。一位来自苎萝山的乡亲送给西施一包吐着芬芳的泥土，说："这是咱们家门口的土，望姑娘收藏，保一生平安！"西施早已克制不住满腔的离愁别恨，一见乡土更忍不住了，两行热泪滚滚而下。她哽咽着用泪眼望着送别的众多乡亲，一句话也说不出来。这一去不知何时才能重返故里，这一去不知是否能完成越国父老的重托，这一去是祸是福尚未可知……多少话要讲，多少情要诉，结果还是什么也说不出，有的只是珍珠般的泪，洒了衣襟，湿了粉脸，化了胭脂。她缓步来到乡亲们中间，点一下头，牵一下衣，人群的拥挤乱了她的云鬓，皱了她的衣衫，但她毫不在意，只想尽情地感受一下这份乡情。随行的大夫文种、范蠡知道不能再拖延下去了，于是恳请父老乡亲们退一退。范蠡温和地劝说西施，让她赶紧梳妆打扮，不要误了时辰。

西施不语，泪眼一瞥，但见范蠡已是热泪盈眶，她默默地、缓缓地上了凤舟。船队沿西小江而下，次日早晨，小船即将驶离越国，西施望着家乡熟悉的一草一木，伤感的泪水淹没了理智的堤岸，她要求重整容妆。江边临时摆了个梳妆台，家乡的姐妹们舀来清水为她洗掉泪痕，重施脂粉，又打开她的发髻重新梳妆。而西施心中的离别之苦不可能因梳妆而消失，她好像要把眼中的泪水在今天一次流光，就这样脂粉擦了又化，粉脸洗了又擦，一直到开船的鼓声催得紧了，西施才忍住悲伤，梳好了新妆。

梳妆后的西施重新出现在众人面前，她的光彩照人，她的气度风韵，她的坚强忍耐，把人们镇住了。大家不由得屏住了呼吸。在短暂的寂静中，只听得西施的佩环声响，她缓缓地移步上船。江面上烟雾迷离，片刻，凤舟里传出歌声：

彼飞鸟兮鸢鸟，已回翔兮翕苏。
徊复翔兮游飏，去复返兮于乎！
终来遇兮何幸，离我国兮去吴。
岁遥遥兮难极，冤悲痛兮心恻。
愿我身兮如鸟，身翱翔兮矫翼。
去我国兮心摇，情愤惋兮谁识？

4. 伊人悲逝

护送美人的雕花凤舟行三日后，终于稳稳地停泊在吴国的姑苏河岸。

此时的姑苏河，桨声一片，人影幢幢，吴语咿哑。在一间装饰典雅的华丽舱中，左右两个锦铺，一几两座。彩绒毡席上临窗坐着一位绿衣女子，她身材娇美，秀发如云，一点朱唇令桃花失色。这位国色天香的绝代佳人便是身怀绝技、人称“凌波仙子”的天下第二美人——郑旦。

为了迎接越国美女，吴国太宰伯嚭亲自来到江边等候。

在风景秀丽的吴山脚下，远远望去，玉宇琼楼，巍峨辉煌，这里便是太宰府及清怡园。太宰伯嚭贪财好色，与范蠡熟稔，当初勾践得以回国，也是靠伯嚭从中周旋。这次越国将这些美女送到吴国，献给吴王，自然也得仰仗伯嚭。

伯嚭打量着越国所献美人，只见她们一个个娇美出众，秀色可餐，远胜府中粉黛，顿时心花怒放。他命家奴将一些黄金、白璧送到上房夫人处，又让美女们沐浴更衣，暂居清怡园。

在十六位美女中，伯嚭挑出六人打算于第二天献给吴王，因西施、郑旦早已传名于吴，伯嚭不敢私自留下她们，但陈娟、知春等十人则被他私自留下，留待日后分派。

次日，伯嚭领文种、范蠡等去觐见夫差。

夫差的碧云宫金碧辉煌，高大的直棂窗垂挂着五彩云锦帷幔，殿中有几个汉白玉墩台，上面放置熏炉、铜鼎。庭内青烟袅袅，异香扑鼻。

范蠡俯伏于地，对夫差说："越王私宫有六遗女，现下困迫，不敢稽留，谨使下臣献给大王。如果不嫌她们的浅薄和丑陋，就让她们留在大王身边侍奉，也愿意献给大王当作洒扫的奴仆。"

宫外，文种把西施、郑旦扶下马车，又对她们仔细嘱咐了一番。随后，西施、郑旦等人跟着伯嚭缓缓地走上吴宫一层一层的台阶，带着对自己命运的揣测，默不作声走到了宫殿门外。此时，郑旦脑中不时闪现出想象中的夫差那可憎可怖的形象：铜铃般的眼睛，扫帚般的眉毛，络腮胡子，大腹便便……忽然她被人一拽，猛然抬头，发现自己已行至御案前，而西施已盈盈下拜。

西施以同样的心情迈入王宫，同样被眼前的气势压得喘不过气来，她低着头，不敢正眼去看夫差，只是低声说道："民女西施叩见大王！"

郑旦和西施不同，她那天使般的容貌立即引起夫差一笑。而夫差细瞧西施的时候，顿时被她的美艳所慑服，心头涌起了讶异与爱慕之情，但转瞬间又疑窦顿生：这天仙般的美人会爱自己吗？

夫差来不及细想，开口道："美人远道而来，舟车劳顿，不必拘礼，快快起来。"

其声清朗温和，郑旦不觉循声观望，这一抬头各自大惊。夫差并非郑旦想象中的人物，非但不丑反倒是个美男子。而夫差也未曾想到越王所献美女竟如此惊艳。他见过不少美女，但与眼前这一对相比，简直成了丑八怪。夫差一时失态，如醉如痴地呆立着。

伍子胥看着吴王有伤国体的模样，感到羞愤不已。他再也忍耐不住，挺身进谏道："不可，大王千万不能接受啊！臣闻五色令人眼花缭乱，五音令人闭耳失聪。昔日夏桀因商易汤而灭，商纣因周文王而亡。大王受之，日后必有祸殃。"

夫差的一腔热情被泼了一盆冷水，心中十分不悦，马上说道："越献六女，岂不是勾践不忘本王之恩且尽忠于吴的最佳证明吗?"

"大王！"伍子胥坚持道，"夏亡乃妹喜之故，商亡乃妲己之故，西周亡乃褒姒之故。大王若执迷不悟，吴国灭亡也不远了！"

待伍子胥怒气冲冲地出去后，夫差便说："送两位娘娘进入后宫。"

在六位美女中，夫差只看中了西施、郑旦，一个封为王妃，一个为美人，另外四人则分给她们做侍女。是夜，吴王寝宫莲香殿内红烛高照，鲛绡帐外珠帘低垂。夫差意欲当晚召幸西施，但西施因一路劳累，情绪又不好，心口痛旧病复发，可怜的郑旦便成了西施的替身。

夫差与郑旦正度良宵时，到了五更天，一个粗大的嗓门吓了郑旦一跳，只听有人在殿外高喊："夫差，你忘了越王杀乃父之仇了吗?"夫差闻言一跃而起，匆匆梳洗穿戴后上殿而去，撇下郑旦在龙床上独自嘀咕，何人这般大胆！

如此三日，郑旦感到很奇怪，便向宫婢打听此事。宫婢告诉她这是先王死后夫差自定的规矩，用来提醒自己不忘杀父之仇。

这一晚，郑旦先自醒来，借着烛光勾着夫差的脖子，娇滴滴地说："大王，您醒醒，臣妾有话哩。"

"美人何事?"夫差睡意朦胧地说。

"五更天还好睡觉，可天天被殿门外那人吵醒，早知道宫里有这般规矩，还是不来王宫的好。大王还是送臣妾回去吧。"

夫差一听郑旦要回去，睡意顿消。他搂着郑旦的双肩说："孤怎舍得你走，美人受惊，孤心不安，从今日起叫他别来打搅就是了。"

于是，阖闾死后所立的这条宫规就此废去。伍子胥苦谏数次，但夫差执意不听。

夫差召幸郑旦几日后，突然想起还有一个西施，便问及她的病情。得知她已康复，他立即召她前来侍寝。西施经过几天的休息，加上精心的妆扮，绽开笑靥，有如梨花般娇媚鲜艳，夫差一见，惊为天人，立刻就喜欢上了她。

此后，夫差越来越迷恋西施，开始还偶尔宠幸别的妃子，到后来，只是一味专宠西施，全不顾其他妃子的嫉妒和不满。

其他妃子得不到夫差的宠爱，便把对西施的怒气都发泄到郑旦身上。刚烈的郑旦在宫中孤立无援，又不愿让西施知晓她的委屈，只是默默承受着一切。

姑苏台旁有一座别院，夫差将西施安顿于此。从姑苏台上鸟瞰太湖及洞庭，两山滴翠，碧波翻滚，人如置身在白银世界中。由此可见夫差对西施另有一番爱怜之情。郑旦则住在石城后面的延平园。石城原本是座古庙，当年阖闾看中了这块风水宝地，把它改造成逍遥宫，四周有园多间。现在它是夫差娱乐、练功、健身的地方。石城背后的山高于两侧，且树木繁茂，飞鸟栖息林间；有山涧溪水，潺潺而流。每至夜深人静，灯熄了，鸟睡了，万籁俱寂，唯有潺潺水声不断。

这年冬天，天降大雪，一连数日未曾停止。西施早晚坐在寝宫之中，生着火炉，和侍女小冼、司琴一起观看太湖的雪景，不曾跨出大门一步。到了中午，只见夫差带着数名宫女来到西施宫中，他一进门就拍拍身上的雪花，脱下锦裘，对西施说：“天这般寒冷，雪已积有一尺之深，依孤看，这雪一两天还停不了，正是去梅园观梅的好时节。你来吴国已经快两年了，从来没到梅园赏过梅花。孤想挑个吉时，于明日带你和郑旦前去梅园观赏，现在梅花盛开，算是碰上了千载难逢的好时机。若等雪停，太阳放晴，想必梅花花瓣就要凋谢了。”

西施马上吩咐侍女给火盆加炭，她见夫差把外面的裘衣脱了，露出里面的宽袍，便说：“大王是一路走来的，天气这般寒冷，大王没有冻着吧？”

夫差跺跺脚，搓搓手，说：“孤从小在姑苏城长大，大雪不知见过多少回，但没有一回有今年这么大。对了，上次越王派人送来的白狐皮，孤吩咐裁缝给你定做了一件狐皮裘衣，等明天就拿来给你穿着去赏梅。”

西施听了马上谢恩，又说：“只给臣妾一人做，那么王后和郑旦呢？大王要是分出这个厚薄彼此来，那就是臣妾的不是了。”

夫差说：“王后自七岁来到吴国，是孤看着她长大的，她的脾气性格孤最清楚了，像这样的裘衣锦袍，她不知有多少件，想必也穿腻了。至于郑旦，孤怎么会厚此薄彼呢！当然也给她缝制了一件，明天一起拿来给她穿就是了。”

西施听了，这才宽心。

第二天，西施去延平园看望郑旦。郑旦与西施见了礼，勉强笑了一笑，然后目不转睛地看着西施，眼中的神情十分复杂：“妹妹，你好美，自入宫以来，你越来越美了，怪不得大王这么宠爱你。”

西施忍不住紧紧地抱住郑旦，眼泪不由自主地流了下来：“姐姐，你也很美呀。记得吗，人们说西施、郑旦是若耶溪边两朵最美的花。记得初入宫的时候，大王也很爱你，他封我为王妃，封你为美人，是不是？”

郑旦脸上浮起了一层红晕，微笑道：“是啊，可是从那以后，大王一天比一天更爱你了。”

西施缓缓地说：“那是因为大王在你这里，感受不到你的情意，你的心永远和他像是隔了一层纱似的。姐姐，你为什么这样想不开呀！”

郑旦轻吟道：“我心如磐石，不可移转啊！妹妹，我做不到，我的心已经给了别人，怎么可能拿出第二颗心来讨大王的欢心呀！”

西施脸色一变，挥了挥手，所有的侍女都退了下去。

“难道你就这样为他牺牲自己？姐姐，你知不知道，我们永远不可能回去了，永远不可能与自己的那个‘他’在一起。姐姐，你就这么爱他，爱到连一点活路都不留给自己吗?”说完，西施觉得心像是被撕裂似的疼痛。

郑旦的泪流了下来：“我知道，可是我做不到。”

两人相对无言，唯有泪千行。

一天中午，骄阳似火。郑旦午睡刚刚进入梦乡，就有一个熟悉的身影走进她的梦里。原来，郑旦在选美前已经有了一个中意的对象，名叫东戟，为了灭吴大计，报效越国，她才割爱报了名。每每在梦中，郑旦都会见到那个很会狩猎的他。郑旦是渔家女，喜武好动，在故乡时像是一只白鹭在浣纱溪畔自由翱翔；进入吴宫后，为不使夫差犯疑，她只好将自己的本性掩饰起来，别别扭扭地端坐宫中。

郑旦一觉醒来，顿觉心中寂寥，唯有蝉声在她耳际聒噪。偌大的石城显得沉闷而毫无生气，郑旦感到心中十分烦躁。她起身走了出去，过了逍遥宫，突然发现西边有个射棚（正是夫差练功之处)，不由精神为之一振。一种跃跃欲试的心情使她兴奋不已，于是蹑足向射棚走去。

射棚内林立着刀、枪、剑、戟，其中有二柄似剑而曲的兵器，郑旦细细把玩，越看越喜欢。如果能藏起一柄，就可用它取夫差的人头。但何日能完成使命，何日能回归越国，何日能还自己自由之身，与相爱的人重逢……愁思中，她拿起其中一把短剑舞了起来。她舞得正酣，突然一个声音传来：“舞得好!”她吃了一惊，一扭头，只见夫差立于门边，不禁花容失色。

“美人好功夫啊！可知手中所舞的是何物吗?”夫差笑吟吟地问道。

“大王，臣妾……”郑旦见夫差走过来，下意识地将兵器藏于身后。

“此乃先王心爱之物，名叫鱼肠剑。先王去世后，还没有人动过它呢。”夫差边走边说。但他并没有说此剑也是一把沾满王族鲜血的剑。

“大王，臣妾私闯禁地，妄动先王遗物，罪不可赦!”郑旦忙下跪告罪。

“美人何出此言！别人私入射棚、擅动先王遗物，确实罪该万死。

但美人乃寡人所爱，莫说不加罪，如若喜欢，孤将鱼肠剑赠与美人如何?”

“臣妾在故土时常上山行猎，往往要与豺狼猛兽搏斗。昔日之事未曾禀明，望大王恕罪!”郑旦解释道。

夫差扶起郑旦，说道：“美人不必多礼，懂点武艺又何罪之有？孤能有一个红颜知己切磋武艺，那是求之不得呀。”

“大王……”郑旦显得十分尴尬，生怕吴王窥破她的心事。

“美人既喜欢武功，无需独自来此偷练。若想活动筋骨，孤可带你到各处行猎，明天就与你去虞山狩猎，可好?”

“虞山?”郑旦半信半疑，一双美目凝视着夫差。这也许是一个可以携带兵器，寻机刺杀夫差的机会。

夫差笑道：“虞山秀美如画，美人去了定会喜欢的。”

郑旦一听连忙谢恩。

第二天，夫差果然带郑旦前往虞山围猎。郑旦准备不足，又不知夫差武功底细，万一失手，自己一条性命倒不算什么，但整个美人计划就要失败，甚至使夫差不再信任越国而起灭越之心，所以她没有动手。

不过，郑旦一向好胜心强，一门心思想要了夫差的命，一次不成便来二次三次。

第二年初夏，如同往常那样，夫差带着郑旦来太湖作乐。一早白雾迷漫，整个太湖笼罩在茫茫雾霭之中。一直到上午午时，才见到金色的太阳光芒万丈，碧波粼粼的湖上鸟鸣鸢飞，湖边有数株绿盖如荫的槐树和结满果实的桃、李、杏。

面对碧波万顷的太湖，夫差顿觉江山美人都令人赏心悦目，心情大好，便让郑旦起舞助兴。

“这……”郑旦略一怔，若有所思。

“怎么，美人不肯赏脸?”

“臣妾不敢，大王!”郑旦道，“只是船面狭窄，臣妾担心舞得不好，扫了大王的兴。”现在只有郑旦知道自己为何犹豫。她想，这真是天赐良机，我岸上的功夫不及夫差，但水上功夫定会胜过他，不然就枉为渔家女了。

郑旦亮出鱼肠剑，只见她腾挪跌宕，足无虚步，剑随形转，变化自如，忽如蛟龙出水，亮出寒光一片；忽如犀牛望月，生出剑花朵朵。她胸高而腰细，体娇而貌美。夫差虽然颇懂音律，但从未欣赏过如此动人的歌舞。

过了一会儿，夫差扶住郑旦，笑道："舞得好，舞得好！想不到一个红粉佳人竟有如此剑术，将一柄小小的鱼肠剑舞得如天女散花，出神入化，难得啊难得！"

"大王过奖了！臣妾柔腕弱身，只能摆摆花架子，根本谈不上剑术二字，让大王见笑了。"郑旦一边说，一边靠紧夫差，将全身的力气运到右臂上。

就在这生死时刻，湖底突然波涛涌起，白浪滔天，一怪物蹿出湖面，只见它的头似龙非龙，身似麟非麟，张牙舞爪地从背后直扑向船头的郑旦。郑旦惊呼一声，"扑通"一声跌入水中。

夫差急忙伸手，想抓住郑旦，但只抓住了一片撕破的裙衫。他大叫一声"不好"，"唰"地抽出腰间的属镂剑，不顾一切地越过扶栏，纵身跳入湖中。同船的士卒面如土色，一时都呆住了。

过了大约半盏茶的功夫，水中冒出了一股殷红的鲜血。不多时，夫差和郑旦的头同时探出水面，将士们齐呼万岁，打桨直迎上去。两人上得龙舟，夫差道："孽障已除，美人此惊非同小可，速速回宫！"

郑旦浑身颤抖，难过地流下了眼泪。她感到是上天不让自己刺杀夫差，他对自己这般好，不惜以性命相救；而论水上功夫，自己也远不是夫差的对手。失望的郑旦只得强作精神，跪地拜谢夫差："臣妾游太湖，不想遇到恶蛟，幸得大王拔剑相救，否则恐怕已葬身恶蛟之腹。"

"孤得为一国之主，若连一个美人都保护不了，岂不被天下笑话？区区小事，不足挂齿，回宫后孤再为美人压惊。"夫差有些得意地说。

郑旦这一"惊"确实非同小可，不仅失去了刺杀夫差的机会和勇气，而且真的“惊”病了。

夫差十分着急，命御医每日诊治三次。

同时，他发诏征天下丁夫，男十五岁以上，五十岁以下十万人，命大将军公孙雄担任开河都护，限在半年内昼夜开掘太湖至姑苏城河道。并敕令朝臣，凡有谏开河道者斩。

诏书一下，急如星火。吴国百姓枷项笞背，怨声载道。如是半年，开河工程和御苑“天池”渐次告成。这是吴国王宫直通太湖的一条水道。

夫差又下令增加郑旦的贴身侍婢，把小冼、司琴从西施那里临时调过来照顾郑旦。郑旦跪拜谢恩，然后禀道：“臣妾有一事相求，请大王恩准。因臣妾父母亡故，心中哀戚，为示纪念，臣妾折了一朵白色绢花，请西施妹妹转交前来吴国的文种大夫，托他带回故乡献于父母坟前……”

“美人病成这样，还惦记家中亲人，感人至深，孤岂有不答应之理?”

不日，文种收到郑旦转交的物品，其中有一封信是写给文种的。郑旦向文种表明了自己的心志：家仇国恨使她实在很难笑对夫差，吴王对她越好就越发点燃了她心中的怒火，倘若果然真情投入，他日有何面目见家乡父老！同时也表明她的病情并不仅仅是落水受凉伤风，还因为失去了生活下去的勇气，有负于越国重托。她希望自己死后，能让自己的弟弟郑铎留在军中，为她报仇雪恨。

几天后的一个黄昏，电闪雷鸣，风雨大作。重病的郑旦宛如一朵即将凋谢的山茶花，形容枯槁，看了守候在一旁的夫差一眼，慢慢闭上了眼睛。

夫差溅出的热泪落到了郑旦的雪肤花容上，她再次微微张开一双美目，看着悲痛欲绝的夫差，微启朱唇道：“大王，你，你不是吴……吴王该多好……”此言一出，郑旦忍不住泪如泉涌，半晌，她回过一口气来，断断续续地说：“我死后，大王善……善加珍重，不要以……臣妾之死为……念，要……要善待西施妹……妹。望大王将我……埋在黄……黄茅山，让我的灵魂……回……回到故国……去……”话未说完，只听得一声雷鸣，郑旦头一歪，永远地闭上了眼睛。

“郑美人——”夫差悲痛欲绝地喊道。

“娘娘——”小冼、司琴也不由肠断心碎。

郑旦死后，文种感到事态严重，马上找来范蠡商议。他们决定通过相国夫人的丫环百里婉玉，向在吴宫的几位越国美女发出指示：今后不许有刺杀夫差的行动，并说明杀掉一个有妇人之心的夫差，对目前的越国没有任何益处。因为吴国经济富裕，兵强马壮，伍子胥尚在，即使夫差死了，新任国王随时都有可能对越国进行讨伐。用“美人计”的目的在于迷惑夫差，使他沉迷在声色犬马之中无法自拔，让他走商纣王这条老路，等到吴国国力衰微，军队疲乏，政治混乱，越国伐吴自然就水到渠成了。

西施深明大义，在痛悼郑旦之后，独自承担起了祸吴兴越的使命。

第五章　十年功成将军雄

1. 大兴土木

就在越国一边施用“美人计”，一边厉兵秣马、磨刀霍霍的时候，吴王夫差如越国所愿，陷入美人的温柔陷阱中无法自拔。西施利用这一点，开始腐化夫差。

有一天，夫差带着西施一同去灵岩山狩猎。灵岩山坐落在姑苏城西南的木渎邑，因山上有十八种奇石，其中又以灵芝石最为有名，故名灵岩山。登上灵岩山，太湖尽收眼底，山水相接，景色十分迷人，西施十分高兴，回去的时候仍依依不舍。晚上，西施依在夫差怀中皱着眉说：“大王，姑苏台乃先王所筑，好是好但不够高，不够华丽。臣妾甚喜音律，现居于此，宜扩建改造，让它更富有韵味。”

夫差也觉得原姑苏台陈旧不堪，便想在灵岩山的最高处即灵岩寺之西新建一座琴台。

“孤也正有此意，只是缺少巨材，如之奈何?”

“越国有的是楠木，着令献来就是了。”

“爱妃说得极是，孤下一道购木诏书，勾践听说了，便知孤所需了。”

果然，勾践刚听到夫差要兴建宫殿，便马上派人到深山中砍伐木材，不但把大批的木材源源不断地送到吴国，还进献了越国的许多能工巧匠，协助吴国建造姑苏台。越国花了一年多的时间，终于找到了两棵千年神木，粗十尺，高五十余尺，树身硬朗挺直。随后，勾践聘请了一流工匠，在树身雕刻上美丽的花纹，涂抹上丹青，使颜色永不脱落，同时镶嵌上白玉，镂饰着黄金，状如龙蛇，闪亮又绚丽多彩。公元前486年（吴王夫差十年，越王勾践十一年），文种将一双神木送到吴国。

经年，夫差筑成了姑苏新台，占地近百亩，馆内楼台亭榭依山而建，九曲长廊因地而走。然而，要登上这么高的琴台去抚琴，自然需要一条好路，夫差决定在灵岩山南修一条路。由于西施常由此路到香山采种香草，故名采香泾。

西施原本住在旧姑苏台边的一间无名别院，此次夫差又为她在灵岩山上建了一座离宫——馆娃宫。吴人称美女为娃，吴王金屋藏娇的地方自然就叫做馆娃宫。

琴台下，东至灵岩塔间，是吴王为西施建的响屐廊。在建造这条别具匠心的走廊时，夫差特地让工匠把地下挖空，排放一只只的大缸，再铺上硬梓木板，让西施穿鍙鞋（类似今天的木屐）在上面跳舞，“响屐廊中金玉步”，脚步声就会在缸中引起共鸣，发出“蛩蛩、蛩蛩”的声音，这木琴般的乐音，犹如天籁一般。

灵岩山下挖有月井（后经南朝智积修浚，题为智积井），井边有浣花池和浣月池，大的为浣花池，三四丈见方，是夫差专为西施开凿的，里面种上莲荷供西施赏花、采莲之用。池西有石城（即郑旦的居所），以石砌成冰纹形。浣月池的开凿则是因为西施惯于照水观景，懒得仰首望月。在月井之北有梳妆台，是西施梳妆之处。

姑苏新台的系统工程非同小可，三年聚材，五年落成，全部完工共历时八载，在吴越之地乃首屈一指。

夫差不知道的是这五年来，吴国百姓为了建这庞大的姑苏新台，受尽了多少苦难。为了他的一己之私，他们昼夜并作，苦赶工期，有的抛尸在路旁，有的哭泣于巷中，怨尤之声充斥全国。建造姑苏新台时，曾因工程事故几乎造成吴国大规模的动乱。所幸夫差大权在握，又值吴国鼎盛阶段，动乱被镇压下去了。但留在吴国人民心灵上的伤痕，是永远也抹不掉的。

姑苏新台建成后，夫差和后宫宠妃全移居于石城，从此，他们每天清早醒来就可以见到太阳东升的美景，太湖水面波光滟潋，一目千里，使人心旷神怡。如此宏伟壮观的宫殿，在当时可谓独一无二，有诗赞道：

二月尽头三月初，
系船杨柳拂菰蒲。
姑苏台上斜阳里，
眼度灵岩到太湖。

平日里，姑苏台内总是一派歌舞升平，香风拂面；石城内有宫妓数千人，姑苏台上别立春宵馆，为长夜之饮，造千石酒钟。琴台上遗韵悠悠，和着龙吟剑啸，如歌如泣，倾诉着天地英雄气、人间缠绵意。黄钟大吕，急管繁弦，天地间演绎着那永远道不完的风流慷慨故事。

这天，夫差携西施漫步于姑苏台，太宰伯嚭跟随其后。他们先在姑苏台游宫听西施抚琴。西施喜爱木筝的音响、音韵和音质，最善于演奏抒情曲牌。她焚香静坐，屏心舒气，弹拨了自己最拿手、最得意的曲目《高山流水》。

《高山流水》本是琴师伯牙和樵夫钟子期的知音曲目。西施想起入吴以来，按预期目标，一切进展顺利，所以心情很好，弹奏得非常投入，充分表现了“巍巍乎志在高山”“洋洋乎志在流水”的意境。

夫差对音乐略知一二，听着西施弹奏，不禁渐入佳境，如醉如痴。近段日子，他十天半月不上一次朝，上朝也不听群臣谏奏，走一下过场了事。伍子胥作为相国，对吴国的将来感到十分忧虑，但夫差很少召见他，即使他主动要求召见，夫差也不予理睬。而太宰伯嚭因为事事都顺着夫差，极尽溜须拍马之能事，而且他和夫差一样，都是好色之徒，二人有着共同爱好，所以一拍即合。

“呼——哈——”正在西施弹得入神、夫差听得入迷之际，旁边突然响起了如雷般的鼾声。原来，伯嚭对音乐一窍不通，也没有兴趣，所以听着听着便酣然入梦了。

西施停止抚琴，夫差看着伯嚭的丑态，尴尬地笑着说：“对牛弹琴……”西施悄悄走过去，摘下头上的银簪，轻轻拨弄伯嚭的鼻孔。初时，伯嚭似梦呓地说道：“天好热，没一点风……”说完用手揉揉鼻子，鼾声又起。西施用银簪触其鼻沿，连续数次，伯嚭鼻痒，“啊——嚏！”一个响嚏把他给惊醒了。伯嚭一看西施正逗弄自己，夫差则在一旁哈哈大笑，自觉失礼，慌忙下跪道：“大王恕罪，臣实在太困了。”

夫差说：“什么罪不罪的，昨晚与美人欢娱太累了吧？”

“是！”伯嚭话刚出口，又觉不妥，马上改口道，“岂敢，岂敢！”

“爱妃真是对牛弹琴。你快回牛栏里去吧！”

“是，是！”伯嚭唯唯诺诺地退下去。他巴不得早一点退出来，陈娟还在府上等他去温存呢。

伯嚭走后，西施对夫差说：“太宰大人是食王、色王，却是个乐盲，长了一副牛耳朵。”

“爱妃，他长了一副猪耳朵、狗耳朵。你继续弹吧，我听得正上瘾呢！”

“大王，我一人弹，你一人听，不显得太孤单、太冷清了么？”

“那让谁来合适？”

“臣妾认为相国合适。”

“他能行？”

“伍相国为人精明，双目有神，不会不懂得用音乐陶冶性情。”

“可他一向是反对你在吴宫的。”

“没准他听了我弹的乐曲，就不再反对了呢。”

“倘若如此，当然好！”

“不妨一试。”

于是，夫差令人召伍子胥前来姑苏台。

西施重整云鬓，静坐弹筝。这次她弹的是春秋中期师旷所作的《阳春白雪》，《阳春》取万物复苏、和风涤荡之意，《白雪》取凛然冰洁、飞雪琳琅之意。伍子胥聪慧绝顶，又懂音律，知道西施弹此曲意在讥讽他自谓阳春白雪，和者盖寡。

西施弹完此曲，夫差顾望伍子胥，问道："相国，此曲如何？"

伍子胥拈须而答："此曲妙绝！大王亦如阳春白雪，大王身边之人，尚存几何？"

"今日只欣赏乐曲，不谈政事。"

"大王身为一国之主，十天半月不临朝，国将不国也。"

"本王今日不论国政，也不想与你争辩。"

"大王！西施、郑旦乃越国灭吴之术，究竟如何劝谏，大王才能从迷魂阵中清醒过来呢？"

"本王再说一次，今日不谈国政。若相国非谈不可，本王就离开姑苏台，你自己在这儿谈吧！"夫差听伍子胥提到死去的郑旦，心中尤感不快。

伍子胥跪伏于地，泣拜而去……

这时，西施察言观色，对夫差说："相国一向刚愎，真不识抬举！大王看得起他才召他来，没想到这怪物尚不如太宰牛耳！"

"他从来就这样，一条道走到黑。孤就不明白，爱妃陪陪本王，越国就会灭了吴国？这沾得上边吗？"

"伍相国说得没准有道理，大王还是远离臣妾为好。"西施不失时机地间离夫差与伍子胥。

"爱妃，让孤离开你，还不如让孤去死！"

"大王言重了，臣妾贱体如何维系大王之性命？"

"本王如今什么都可以放弃，就是不能离开你。离开你，食不甘味，席不安枕，想也得把我想死。"

"那臣妾岂不成了勾您的魂魄、吸您的精髓的妲己了？"

"就算爱妃真是狐狸精，孤也不怕。宁在花下死，做鬼也风流！"

夫差扑过去，把西施紧紧抱在怀里。

2. 熟种欺吴

在西施的努力下，夫差从此沉迷酒色，荒于政事，就在这时，越国又借天灾坑了吴国一把。

公元前485年（吴王夫差十一年，越王勾践十二年）夏天，越国遭遇大旱，颗粒无收。勾践遣文种向吴国借粮一万石。吴国朝臣纷纷反对，夫差一时犹豫不决。

伍子胥强作痛哭流涕之状，趁机向夫差坦陈吴国面临的危机。他说："大王相信越人已经归顺，但越王派范蠡操练士卒，使他们剑戟弓矢之技无不精通熟练，已具有很强的战斗力，一旦乘虚而入，后果将不堪设想。大王如不信，派人去查访就知道了。"

夫差见伍子胥如此悲凄，信以为真，便让公孙雄派人去侦察，结果情况确实如伍子胥所言，越国心怀不轨，于是动了兴兵伐越、永除后患的念头。越王勾践得知此事后，十分着急，忙问计于众大臣。

文种首先出班奏道："眼下诸侯国之间关系微妙，相互间都有兼并之意，以成就霸业。齐国的权臣田常（陈成子）撺掇齐简公派兵攻打鲁国，以报去年鲁国背叛自己联吴攻齐之仇。齐国卿士子贡将出使吴国，他急于劝吴王出兵伐鲁，肯定不希望吴伐越，所以，我们可以利用其影响力，劝夫差暂时放弃伐越之念。另外，应尽快让西施劝谏夫差。"

由于已经被吴王抓住了把柄，其他大臣也无计可施，于是朝议决定：由勾践和范蠡以国礼迎见齐使子贡，文种则负责将越王的最新指示传达给西施。同时，给夫差送去风胡子刚炼制的屈卢矛、步光剑及精甲二十副，并且表示愿意披坚执锐带着三千越兵去为吴王效命。

这一天晚上，夫差醒来，看到西施薄衣散发立于窗前，眺望着远方朦胧的山水。月色如镜，只见西施娥眉微蹙，表情落寞，似乎怀有心事，于是，夫差起身下床，走到她的身后，关切地问道："爱妃，你在想什么？孤看出来了，你一定有心事。”

西施不禁瑟缩着跪下，说道：“大王息怒，一直以来，西施从来没有忘记故国，最近又听闻越国水旱不调，年谷不登，人民饥乏，所以……”她猛地抬头以乞求的目光看着夫差，见夫差不动声色，她又失落地低下头，“所以才忧心忡忡。”

夫差的怒气稍稍平息，说道：“原来如此，孤明白，你无非是想叫孤借一些粮食给越国罢了。如今越国已经归属我吴国，孤也想救越人于水火之中，不过嘛……”他故意不说下去，只是冷冷地看了西施一眼，“孤曾听郑旦说，爱妃常常自言自语，说什么自己的心早已死在了越国。哼！天下没有什么孤办不到的事，孤偏要你的心在吴国重生！”

西施摇了摇头，但她还是轻轻抱着夫差，把头靠在他宽厚的肩膀上。

夫差心动了，重拥美人上床。

次日早晨，夫差听侍者说太宰伯嚭求见，便将他唤来，耳语了几句。

伯嚭马上前往馆娃宫，遣散众人，回头嬉笑着对西施行了个礼：“娘娘，这借粮之事嘛，成败全在娘娘您哪。”他指向琴台西面一方池塘上的长廊，“娘娘，您看那边浣花池上的长廊，此廊长五百步，足有两丈之阔，两侧沉香木制的栏杆上更是精心镌刻了山水花鸟图案。这上面的每一刀都有大王对娘娘的心意啊，所以才这么栩栩如生，与这风动微波、烟迷雾漫的浣花池相映成趣，亦真亦幻，美如仙境……”说着，他痴迷地看着长廊，一动也不动。

西施听了半天仍不明就里，见伯嚭像醉在梦里一样，忙叫道：“太宰大人，太宰大人……”伯嚭似从梦中惊醒，西施急切地问道：“大人，您说了这么多，西施到底应该怎么样才能帮到越国呢？”

伯嚭着急地跺了跺脚：“哎呀！娘娘，您一向聪慧，今日怎么糊涂起来了！这长廊是大王特意从鲁国请来能工巧匠，命微臣为娘娘精心督造的，三年才成啊……”他顿了一下，见西施仍不明白，又补充道，

“您可知道它的名字？唉，微臣直言相告吧，它叫——‘响屧廊’！大王为此倾注了许多心血，娘娘是不是应该用真情回报呢？您一双美足上穿的木屐只要踏上这响屧廊，定能取悦大王，大王一高兴，不就……”

西施低头看着自己脚上那小巧精致的木屐，沉思了一会儿，忽地抬起头望着那条烟雾缭绕的响屧廊，微微张了张口，终究没有说出一个字，只是重重地叹了一口气，无可奈何地走到长廊边。原来夫差早已在此等候，西施正要向他行礼，夫差一把将她扶住，先前的愤恨烟消云散，眼中满是期许怜爱之意。西施慌忙挣脱了，踏上长廊。

这时，夫差听到身后有人快步跑来，回过身见是伯嚭，他故意埋怨道：“你怎么才把娘娘叫来，让孤在这里等得心急如焚！”

伯嚭大口喘着气说：“大王恕……恕罪！您又不是……不是不知道……娘娘的心思，微臣可是凭着……凭着这张三寸不烂之舌，好不容易才说动娘娘……”

夫差看着伯嚭那气喘吁吁的滑稽样子，不禁觉得十分好笑：“哈哈！孤知道你辛苦啦，回头一定好好犒赏你！”

伯嚭还想行礼叩谢，却被夫差一把拦住。夫差痴痴地盯着翩翩起舞的西施，只见她衣裙上环佩相交，银铃相碰，甚是悦耳动听。最奇妙的是西施脚穿木屐踏上光滑锃亮的长廊地板，舞步轻重远近之间，竟会变幻出无穷的似有还无的乐音来。舞至近处沉闷如极天之雷，舞至远方清亮渺远，如碧霄钟磬之音，急舞时激昂似金鼓之鸣，慢到轻时缥缈幽深，似地宫丝竹之乐，亦真亦幻，不绝如缕。加上西施莲步轻移，舞姿曼妙，宛若谪仙，浣花池里荷韵犹存，烟霭沉沉，恰似人间瑶池，地上月宫。

伯嚭在一旁看着夫差心旷神怡之态，心中已经知道大功告成。待乐舞接近尾声时，他喜滋滋地问道：“大王觉得这响屧廊的乐舞如何啊？”

“此音只应天上有。”夫差闭上眼，深吸一口气，缓缓张开双臂，任由玄衣宽袖随风轻轻摆动，他醉意已深，不能自拔，许久才轻声笑道，“观其舞，听其声，如聆仙乐！”

伯嚭刚才还捏着一把汗，现在见夫差如此高兴，不禁如释负重。

夫差正在兴头上，突然有人在远处声色俱厉地大喊道："此真乃亡国之音也！"

夫差正要发火，看看何人胆敢如此狂妄，回身一看，原来是不请自来的老相国伍子胥。

伍子胥躬身行礼："大王，此乃亡国之音哪！"

夫差稍稍迟疑，随即快步上前扶起伍子胥："老相国言重了。"

伍子胥脸色稍微缓和了一些，劝道："大王，贤士，国之宝；美女，国之咎。夏以妹喜而亡，殷以妲己而灭，周以褒姒而衰。大王勿受……"

夫差有些不耐烦地打断他的话："老相国，你又说老一套，你自己算算，这类话说过多少遍了？孤只不过观一场舞乐而已，况且今天本是为了庆祝邗沟已成之事，欲让所有朝臣同乐。孤即将挥师北上，夺取中原犹如探囊取物，怎么就成了亡国之音了呢！"

伍子胥说："既然大王已下定北伐的决心，那就先灭了越国，以绝后顾之忧……"

伯嚭见伍子胥还要再劝，赶紧说道："是啊，大王神武，英名远播，四方诚服啊！大王可曾记得，前年勾践命木工三千余人入山伐木，歌《木客之吟》，谁知竟一夜之间，天生神木一双；更奇的是，神木之上，阳绘丹青，阴镂黄金，好似龙蛇盘旋而上，文彩自生哪！那勾践小儿不敢擅用此等神木，才特派文种大夫将此木献于大王！"

夫差故作惊讶地大笑道："哈哈！天下哪有此等奇事，定是他们自己搞的名堂！不过难得越国一片诚心。而且，此次北伐，越国自愿出三千名精壮士卒助吴，又怎么会让孤有后顾之忧呢？"他一边走向西施，一边吩咐跟在身后的伯嚭，"孤命你挑选越国的歌舞人才，按娘娘的意思进行教习，以解娘娘的思乡之痛。"他与伯嚭一唱一和，说尽越国的好话，令伍子胥一时插不上嘴。

伯嚭兴高采烈地答应下来，西施却微微摇头，面露焦虑之色，她正要开口，伍子胥又上前来，大声嚷道："万万不可！大王，昔者桀起灵台，纣起鹿台，以至阴阳不和，寒暑不时。大王修邗城，筑邗沟、建姑苏台已使行路之人道死巷哭，再起造歌舞馆恐会民虚国变！"

西施突然跪在夫差面前，强忍着满眼的泪水，恳求道："大王，相国说得对，臣妾什么都可以不要，大王要是可怜西施思乡之痛，就借一些粟粮给越国吧！臣妾自小饱受饥寒交迫之苦，不愿再看到家乡父老因为饥馑而死啊！况且越人对大王心悦诚服，他们也是大王的子民，大王怎么忍心看他们遭受苦难！"

伯嚭听了西施的话，面有忧色："难得娘娘如此深明大义，悲天悯人哪！大王，不妨就听娘娘一次，帮越国度过这次灾荒吧，以昭示大王的仁德之心。这样越国身后的众多寡民小国见大王如此行王道，施仁政，自然不会再怀有二心，各诸侯国人民也会认为吴国大军乃仁义之师，必然夹道相迎。如此一来，争霸中原既无后顾之忧，又少了前方阻隔，岂不快哉？"

于是，夫差又把对越国的担忧抛到了九霄云外，再次朝议越国借粮一事。等他下朝后，有宫女来报，说西施娘娘绝食。他赶紧暂时放下国事，赶往馆娃宫，只见西施在廊下凭栏而坐，默默地流泪。

"爱妃是身体不适吗？"夫差焦急地问道。

西施没有说话，只是摇了摇头。

"那就是菜肴不可口了，孤这就命人去寻越国的厨子来……"

夫差话没说完，西施便发出一声悲啼，捻巾拭泪："臣妾正在极力遗忘，大王休再提那越国。"

"爱妃出身于越国，如何又要忘却故国呢？"

"臣妾既已身许大王，惦念故国，实在不合吴妃的身分，无异于背叛大王……"西施说着，哭得越发厉害了。

这时，小冼奉上一碗汤，夫差接过来，安慰西施说："来，让孤喂你喝口汤。"

西施定定地盯着那汤，眼泪扑簌簌地掉了下来："家乡遭逢灾年，爹娘饥寒困身，女儿不孝，身处异国，鞭长莫及。唯有与二老同苦，心中才好受一些。”

夫差闻言大急：“万万不可！孤这就下旨借粮，爱妃也要吃些饭食才好。”

“莫非大王要借粮给越国？”

“正是，区区万石稻谷，怎及得上一个爱妃！”

夫差说完，转身要去颁旨。西施急忙上前一步，抱住他的双腿跪倒在地：“大王错爱，臣妾愧不敢当！借粮之事非同小可，恐怕会有损于吴国的利益，臣妾身为吴妃，不得不顾念啊！请大王绝了借粮之念吧！”

夫差扶她起身，动容道：“爱妃出身越国，却一心为吴国着想。这是孤的福气啊！”

他看着西施喝下一碗甜糜，随即传口谕借粮。

次年，越国丰收。勾践采纳文种、范蠡的计策，选取粒大饱满的谷粒，经煮制后还给吴国。夫差见越国守诺，大悦，又见稻谷质优，子粒肥大，索性下令以此为种子。但因谷粒已经熟制，吴国百姓播种多日仍不见抽芽。

吴国上下议论纷纷，夫差心中也产生了怀疑。

这时，西施笑意盈盈，轻巧一言，便打消了夫差的疑虑。

她说：“大王不曾听过‘橘生淮南则为橘，橘生淮北便为枳’的民谚吗？换了水土，越国的种子在吴国长不出来也不奇怪。承蒙大王错爱，臣妾还觉得来吴国这几年，比在越国时更灵光水嫩了呢！这茬抽不出芽，大可再换一批！”

然而，误了节气，重播已不可能了。时年吴国风调雨顺，却收成寥寥。经此一创，吴国损失巨大。

伍子胥心急如焚，再次进谏道：“大王，老夫早就看出文种送来的粮食有问题，只是西施护着越国，故意让百姓分种谷种，才会导致今日的结果。大王，您不能再心慈手软了，赶紧把那个妖女逐出吴国吧！”

“相国不必再说了，西施只不过是个弱女子，而且从不参与国事，怎么能把责任推到她身上呢？”夫差仍处处维护着自己心爱的妃子。

伍子胥也不示弱：“大王，那西施分明就是勾践安排在您身边的奸细啊！如果您再执迷不悟，吴国必将败在美人手里啊！”

“大胆！相国怎可如此对孤说话！孤看在你是先王重用的相国才一次次地忍耐你，你怎么越发不把孤放在眼里了！”夫差拂袖而去。

公元前483年（吴王夫差十三年，越王勾践十四年），吴国再次遇到天灾，当年的粮食颗粒无收，民不聊生。勾践见此情形，又重提伐吴之事，范蠡则继续冷静地唱着反调：“天时已至，人事未尽，大王姑且等待。”

勾践这次恼了：“我与你谈人事，你以天时应付我；如今天时已至，你又以人事为借口来推诿。你究竟是什么意思？”

这些年，范蠡仰观天象，集察经纬，历审四时，从阴收著，望阳出粜，用三年时间获得五年的收成，越国库丰廪盈。他见勾践急于用兵，又讲了一通天时、地利和人事相关联的大道理：“大王勿怪。人事必须与天时、地利互相参会，方可大功告成。现在吴国遭灾，百姓恐慌，君臣上下反而会同心协力地抵御内忧外患。大王宜照旧驰骋游猎，歌舞欢饮。吴国见此，必然不修德政，待吴国百姓财枯力竭，心灰意懒，便可一举成功。”

勾践只得强压下复仇怒火，继续等待时机。实际上，范蠡比勾践更为心焦……

3. 诱吴伐齐

种子一事虽让夫差有些恼火，但越国对吴国的恭敬态度，使夫差不仅没有把这件事放在心上，而且将对越国戒备之心全抛于脑后。只一心想到中原去与齐晋一比高下。

公元前490年（吴王夫差六年），北方中原大国齐国的国君齐景公病死，幼弱的宴孺子继位。齐国贵族相互争权夺利，国内局势十分动荡。次年（公元前489年，吴王夫差七年），楚国国君楚昭王病死，世子章嗣位。其时，齐、楚、晋等国已不见昔日霸气，衰落不振，只有吴国势力强盛，中原诸侯皆畏之如虎。

夫差逐渐骄奢自大起来，产生了称霸中原的雄心，厉兵秣马准备兴师北上，讨伐齐国。

偏偏这时，齐国又发生了内乱，齐悼公为贵族田氏、鲍氏所杀，齐人到吴营驻扎地把这个消息告知夫差，夫差出于礼貌，当即在城外改穿白衣哭了三天。接着，他趁齐国内乱之际，命大夫徐承率领几国的水师从海上进攻齐国，这是中国历史上的第一次海战记录。吴国远航至黄海海面与齐国交战，遭到齐军迎头痛击，吴联军解散，退回本国。吴军无功而返主要是受了运输掣肘。吴国向北扩张，悬军千里，军需物资不能完全依赖占领地区供应，而需要国内源源接济。这次吴军由海上对齐国作试探性的进攻，失败后就放弃了海上运兵的设想，改由江淮水路进军。

公元前486年（吴王夫差十年），为了向北运兵，夫差下令在邗地筑城挖沟，开凿运河，使长江与淮水贯通，成为日后军事运输的重要水道，即是吴国有名的邗沟，全长一百五十公里，被公认为世界上最早的人工运河。越王勾践派文种带领一万人工、百船粮食协助吴国开河，以坚定夫差北进的决心。

运河挖好后，夫差即派兵北上伐齐。

伍子胥闻知，不顾夫差对自己的厌恶，恳切地进谏道：“当初吴败越而不受，是天予不受，如今越国励精图治，革除弊政，国力日盛，为日后伐吴备战。吴国却不以越国为敌，而以遥远的齐国为敌，何其悖也。齐国远隔千里，且有楚、鲁相隔，即便获胜也不能居住。齐之于吴，可有可无，而越之于吴，乃心腹之患。如果伐齐，越国必从背后袭击，悔之莫及。”

但夫差鬼迷心窍，根本不听，还将伍子胥大骂一通。

齐人得知吴国将来进攻，举国震惊。当时齐国内战激烈，相国田乞为稳定民心，只得向吴国求降。吴军不发一箭而大获全胜，夫差下令班师回国，事后更是扬扬自得。

这年冬天，楚国见吴国忙于北上伐齐，便出师攻击臣服于吴国的陈国。夫差闻讯后，马上派季札的后代季子率军救陈，楚军不攻自退，吴师乃返。

每次吴军征伐别的诸侯国，勾践总是派人送去厚礼，表面上奉承夫差，实则是想诱使他出兵北上，以消耗吴国的国力。

公元前485年（吴王夫差十一年），齐国的相国田乞去世，其子田常继任相国，当时齐国还有强大的鲍氏、高氏家族，田常并没有占据绝对优势。为了提高个人威望，田常决定攻打鲁国，建立军功。鲁国十分震惊，忙派出孔子的得意弟子子贡到吴国去搬救兵。为了解除吴国的后顾之忧，子贡又亲自到越国去游说越王勾践。

子贡知道越国表面上臣服于吴国，其实内心早有叛变之心，于是专挑迎合勾践心意的话说："吴王夫差为人贪图功名，不听从臣子的劝谏，自即位以来战事频繁，士兵苦不堪言，百姓心生怨恨，内生祸乱；太宰伯嚭受宠而专权，为了谋求私利，事事顺着吴王，这些都是即将亡国的征兆。现在大王如能发兵助吴国，以伸张吴王夫差的欲望，诱使他出兵攻打齐国。吴国与齐国交战如果不能取胜，则是越国的福兆；如果战胜了，一定会移兵逼迫晋国，到时我再去晋国请求晋君，让晋国一起来攻打吴国，打败吴国后，吴国的精锐之师尽耗于齐国，重兵困顿于晋国，大王就可趁吴国衰败之际发兵攻打吴国都城，这样一定能把吴国一举消灭！"

勾践听了大喜，答应听从子贡的计谋，并送他重礼。子贡坚辞不受，接着就去了吴国游说。

子贡对夫差说："向齐国发动攻击吧，去解救鲁国的危难！您的威名将在华夏大地传颂，天下都将臣服在您的脚下。"这番话极富诗意和鼓动性。

夫差没有说话，他在犹豫，这些天来，勾践卧薪尝胆的事情传到了他的耳中，使他有些担心：勾践表面上对吴国忠心耿耿，暗地里不会想着背叛自己吧？虽然他自认为小小的越国成不了什么气候，但防人之心不可无，当初自己一时冲动放了他，会不会真的是放错了呢？

子贡大概猜到了夫差的忧虑，于是问道："大王莫非是在担心越国？"

"是啊，本王何尝不想伐齐救鲁，北上称霸，只是越国始终是个心腹大患，你的建议还是待本王平定越国后再说吧！"

子贡对夫差说："越王勾践诚惶诚恐，对大王感恩戴德还来不及，哪里敢存有异心？"

就在子贡劝说夫差的同时，勾践为了表示对吴国的忠诚，派范蠡率领三千名越国精兵来到吴国，并带来许多珍贵的礼物，前来支援征讨齐国的军事行动。范蠡说："我主听说大王即将兴兵伐齐，救助鲁国于危难之中，于是派文种将先王所收藏的二十件铠甲和屈贞之矛、步光之剑献给大王。大王发动正义之师教训齐国，越国虽小，也倾尽全国三千名精锐之士。我主勾践愿意亲自披坚执戈为大王当先锋，走在队伍前抵挡箭矢和飞石，越国上下君臣就是战死了也义不容辞！"

夫差听了十分高兴，刚好子贡在他身边，他便与子贡商量说："越王果真派遣使者前来助本王出兵，越王本人也愿冲锋陷阵当先锋，他的礼物和军队本王可以接受吗？"

子贡说："大王，此事万万不可。吴国可以征调越国送来的三千兵卒，可以接受其馈赠，允许越国士兵出军助战，但要差遣越国国君却大为不妥，既已接受了越国大量的人力物力，还要调遣他们的国君，这是不义的。"

夫差听了，便婉言谢绝勾践亲自随同作战的好意，三千名越军则由老将军畴无余率领，随吴军出征。

子贡此次游说成功，得以名扬天下，后来他一面在鲁国和卫国为相，一面在列国经商，以至家累千金富可敌国。

公元前 484 年（吴王夫差十二年），吴国再次伐齐，双方大军战于艾陵。

大战来临之前，齐军沉浸在一片激昂和悲壮的气氛中，早已做好了战死疆场的准备。

吴国上军统帅胥门巢最先投入战斗，他率领着上军两万人，手持短兵器，如暴风骤雨般朝齐国中军国书的阵中冲去。

擒贼先擒王，只要搞定敌方的主帅，齐军必败！

国书冷笑道："小小吴将，敢捋本帅虎须，活得不耐烦了！公孙挥，你去把他给我灭了！"

齐国中军的公孙挥是国书手下的第一虎将，勇猛无俦，身高八尺，腰围五尺，闻言大吼一声，率本部车马三千，疾驱而出，两军发生了一场混战，胥门巢被杀得连连后退。国书趁机自引中军精锐斜刺里杀出，两下夹攻，吴军大败，无数士兵倒在齐军的战车之下，被辗得粉身碎骨。

公孙挥满脸鲜血，眼睛杀得通红，宛如恶魔下凡一般，他一面挥戈屠杀败兵，一面大喊："吴国人头发短，大家都拿八尺长绳来拴他们的脑袋吧！"

一时间，齐国的战车上挂满了吴国士兵的首级，全军欣喜若狂。

这一战，胥门巢损失了五千吴国勇士，灰头土脸地回去见夫差。

夫差大怒，立马剥夺了他的指挥权，只让他负责指挥三千越军；命右军统帅展如将上军残部归入其右军，准备整军再战。

惊天动地的战鼓声再次响起，鲁国司马叔孙州仇带着鲁军硬着头皮往上冲，没两下就被国书杀得落花流水，狼狈而逃。

夫差见状，挥动令旗，令右军统帅展如发动第二波进攻。

国书屠杀鲁国士兵正起劲，没工夫理会展如，遂派上军高无丕的三万人去对付吴国的右军。

这下形势发生了极大的转变，夫差无意间竟使出了后世田忌赛马的妙招，以己方最弱的鲁军去对齐国最精锐的中军，而以己方最强的五万右军去对齐国的三万上军。高无丕很快便战败了。

这时，鲁军实在顶不住了，叔孙州仇顾不上鲁国的面子，带着数千残兵败将亡命奔回，国书趁机大兵压上，直朝夫差中军杀来。夫差挥动令旗，命胥门巢的三千越军出动，迎击齐国中军。胥门巢大吼一声，领兵冲了过去，他要戴罪立功，就得视死如归。

国书本欲和夫差决一死战，没想到夫差只派胥门巢带三千越兵来迎战，当即大笑道："公孙挥，你的手下败将又来送死了，你去送他上西天吧！"

公孙挥大吼一声，朝越军杀来。胥门巢故作慌忙，大喊："砍头狂来了，快跑！"喊完便带着越军抱头鼠窜。公孙挥杀得正起劲，突然鼓声震天，早已埋伏好的王孙姑曹率领两万下军从两翼杀出，胥门巢也趁机回战，三面合围，打了齐军一个措手不及。

双方一场恶战，齐军好不容易将吴越联军的合围攻势打退，挽回了颓势，但公孙挥为此损失了五千齐国勇士。

齐军还没来得及松口气，战鼓又响，王孙姑曹的两万吴军和胥门巢的三千越军发动了第三波进攻！

国书面色变得凝重了，他一把推开鼓手，亲自执棰擂鼓，高声喊道："齐国的勇士们，跟吴国蛮子拼了，齐国的安危在此一战！生还者，不为烈丈夫也！"

战争陷入了白热化阶段，这时也不分什么上军下军左军右军了，齐军十万、吴军七万，总共十几万人马在这片广阔的平原上紧紧地咬成一团，车驰马奔，戈飞剑舞，直杀得烟尘滚滚，血流成河。双方士卒都杀红了眼，剑砍断了肉搏，手砍断了牙咬，牙咬断了头撞，整个战场陷入了一片可怕的疯狂之中。

战斗持续近两个时辰，齐国上军中军受到重创，几乎全军覆没。吴国中军及鲁军也损失惨重。

吴鲁联军最终大败齐军，掳获齐国中军主将国书及大夫公孙夏、闾丘明、陈书、东郭书等，并获革车八百乘、铠甲三千副。

夫差得胜还朝后，更加踌躇满志，见到伍子胥，深恨其反复饶舌，竟然口啐其面，严辞申斥。

伍子胥争辩说："据说勾践不贪图美食，抚恤人民，都是有所图谋的表现。此人一天不死，肯定是吴国的大患。越国相对吴国来说，就像人有重患在关键位置一样，随时都有生命危险。如今大王不解决燃眉之急却攻打毫不相干的齐国，这不是错得很离谱吗?"伍子胥认为，越国对外卑躬屈节以事吴，无非是寓攻于守，以待日后谋取吴国；越国不灭，吴国必亡，不如放弃齐国，早日攻打越国。

古代战争以占有资源——土地、人口、财富为目的，劳师远征去对付北方大国，除了沽名钓誉之外，并没有什么实际意义，风险也颇大。然而，夫差对自己面临的麻烦似乎一无所知，他着实上了子贡的当。

太宰伯嚭听完伍子胥的话后，乃历数其罪状，向夫差进谗说："伍员貌似忠厚，其实不是好人，他对父亲和兄长的生死都可以不管，还能指望他帮助大王吗？就看他千方百计阻挠大王伐齐，动摇军心，就知道他是个阴险小人！也不知道齐国到底给了他什么好处，他老是帮齐国说话。如今又阴险地离间吴越关系，唯恐天下不乱，到底居心何在!"

伍子胥颓然瘫倒在地，心如刀割："大王，老臣知道您不喜欢听诤言，但是，老臣对吴国的忠诚，没有一刻改变过，您再不听老臣的话，一味穷兵黩武，吴国真的会亡在越国手里的。伐齐损失重大啊，大王快点醒悟吧!"

夫差见伍子胥如此贬低他伐齐的成果，心中颇为恼怒，就特意让他出访齐国，想让他亲眼看看自己伐齐的硕硕战果。这个时候，夫差对伍子胥还没有动杀机，只是想把伍子胥派得远远的，眼不见心不烦。

伍子胥也觉得自己老了，不知道还能活几年，于是就趁这个机会把自己的小儿子伍铖带到齐国，并将他托付给了齐国的鲍氏。

"爹爹，我不要离开你，孩儿还没有报答您的养育之恩呢!"伍铖难过地说。

伍子胥强忍悲痛道："孩儿，事已至此，不用伤悲。你的父亲为国而死，你应该为父亲感到骄傲才对！从今以后，你就待在齐国，拜鲍息为兄，并改姓王孙，不要再提自己姓伍了，以免遭祸，记住了吗?”随后，伍子胥自己回国复命。

伯嚭得知此事，马上通知夫差，对他说：“伍子胥这个人，残暴寡恩，而且多疑。上回您要伐齐，他一再阻挠，等您立下辉煌大功，他却不住地发牢骚。现在你要伐齐，他又唱反调，无非是希望您打个败仗，以印证他的英明。大军马上就要出发，他却推辞有病，不肯效命。而且他出使齐国时，还把儿子托付给了鲍氏。作为臣子，内不得意，就外接诸侯。这样的人，请大王小心!”

当时夫差刚下早朝走出大殿，听了伯嚭的密报，不禁勃然大怒，他马上派人把伍子胥叫来，厉声说道：“事实俱在，你还有什么好说的!来人！取孤的属镂剑来!”

伍子胥知道今日死罪难逃，于是抬头用冷漠的目光注视着西施，这目光似一把尖刀直刺进西施心里。接着，他又抬头对夫差说：“大王听信佞臣挑唆，又一心宠爱包藏祸心的越女，把老臣的拳拳赤子之心当成叛变，老臣死不瞑目!”

夫差不再理他，与西施一起登上辇车，气冲冲地走了。伍子胥握着属镂剑，泪如雨下，对天长叹道：“夫差，你忘了是谁让你登上王位的吗？忘掉了先王之所以能称霸，依仗的全是我！如今你听信佞臣之言，而杀掉笃实忠诚的人，你为了西施而要杀我，西施只不过是一个祸国殃民的妖女而已，可惜老天不让我亲眼目睹吴国亡掉的那一天!”

伍子胥回到家中，准备自杀，他向家人交代说：“我死后一定要在坟墓上替我种上梓树，待长成后可用来做夫差的棺木；把我的双眼挖出来挂到东门上，我要亲眼见到越国把吴国毁掉!”说完就横剑自刎了。

殷红的鲜血飞溅而出，洒在他的满头白发和一身白衣上，如桃花点点。他为了吴国贡献了毕生热血、青春和才智，在帮助先王阖闾夺得王位、五战及郢、西破强楚、南服越人之后，最终却含恨九泉。真是可悲可叹!

事后，夫差听完伍子胥临终交代的话，又怒从中来，他派人将伍子胥的尸体拖来用马皮袋包裹后远远地投入钱塘江中。据说，伍子胥的尸身被投入江中以后，灵魂并没有毁灭，他愤恨异常，于是驱水为涛，以波涛杀人。从此，海门山一带潮头汹涌，高达百尺，越钱塘，过鱼浦，朝暮再来，其声震怒，雷奔电激，闻百余里。有的时候还可以看见伍子胥乘着素车白马，在潮头之中。这种说法神化了钱塘江大潮的成因。

4. 妄图称霸

一代贤相伍子胥悲惨地走向了历史的长河，夫差在朝廷中再也没有人犯颜敢谏了。

吴齐艾陵之战伏尸于齐地的双方勇士近五万人，也使吴国的军事实力发展到达顶峰，这更加滋长了夫差的野心，一心想要争夺中原霸主之位。

为了达到这一目的，他不顾生灵涂炭，天灾连年，人民生活困苦，几乎已丧失了理智。他的儿子太子友倒是头脑清醒，他见父亲一门心思想要争霸不听规劝，于是想方设法加以提醒，希望能帮助父亲迷途知返。

一天，太子友手里拿着弹弓，一身泥泞，狼狈地从花园中走出来，恰巧遇上了夫差。夫差觉得很奇怪，问道："你为何弄得一身泥巴？"

太子友说："我在花园里听到蝉在枝头叫，叫声非常欢愉，看到蝉的不远处有一只螳螂正对着它虎视眈眈，想伺机把蝉捕到；可是在螳螂的背后，又有一只黄雀飞来，正藏在绿荫深处，琢磨着怎么最快地吃掉螳螂。我拿着弹弓想把黄雀射下来，没留神脚后有个小水坑，不小心踩了进去，滑了一下，结果摔成这个样子！"

夫差听了觉得十分好笑，并没有明白太子的真正用意，于是说："做事岂可贪图眼前小利，又不知道瞻前顾后，自然会失败。"

太子友趁机劝谏说："父王所言甚是，吴国接连打败了越国、陈国、齐国，在天下已有鼎足之势。可父王想北上中原，争夺霸主之位，根本没有意识到越国正磨刀霍霍，伺机报仇呢！越国的志向就跟当年父王替先王报仇之心一样恳切，吴国肯定会灭在越国手里，可父王仍执迷不悟，不知吴国即将遭受的危害。”

夫差听了儿子的话并没有反省自己，反而狂妄地说：“就算勾践想找孤报仇，依靠吴国现在的力量，越国是我们的对手吗？”

太子友又说：“父王为了顺从西施之意，杀了伍相国，可见父王已被此女迷惑得忠奸不分了，吴国迟早要亡在越国手里！”

夫差听了很不高兴地说：“你是不是听了你母后的挑唆，要孤疏远西施，伍相国之死完全是他自己罪有应得，与西施何干？”

太子友面露悲伤之色，大声说：“父王——儿臣乃肺腑之言啊！”

然而，夫差完全听不进去。公元前 482 年（吴王夫差十四年），他调集全国可用的精兵，长途跋涉近两千里，来到宋、卫、郑、晋四国交界之处的黄池（今河南封丘县西南），打算与晋、鲁、卫等诸侯国君会盟。同时，他留下太子友、王子姑曹、王孙弥庸、寿于姚等率不到一万吴军守卫国都姑苏。

黄池是个产马的好地方。春秋末及战国初，有两次诸侯国大会盟都在这里召开。多国同盟的首领称为霸主。夫差打算在这个代表权力的地方登上他权力的顶峰。可惜他的如意算盘打错了，他的要求遭到了多个诸侯国的拒绝。

夫差遭到拒绝后，大为气愤，立刻派遣使者向卫国国君施压，并要求联合制裁鲁国，没想到卫国国君拒绝卷入纷争，夫差大怒，当即就要兴兵北征。卫国大夫子木劝告卫君说：“吴王无道，一心想要称雄于众诸侯国，卫国现在不是吴国的对手，我看还是前去会盟的好，免得又动干戈。”

会盟当天，卫国国君迟到了半个时辰，心情十分糟糕的夫差，竟下令军队包围卫国国君的寓所，强迫卫君道歉。鲁国国君大惊，为了避免将事情弄得不可收拾，赶紧派大夫子服景伯委请子贡前来说情。子贡便带着厚礼去求见伯嚭，请求放掉卫君，并表达了鲁、宋两国国君心中的不安。

伯嚭收到贿赂后，替卫国说了好话夫差才下令释放卫君。这件事传到天下诸侯国国君耳中，使夫差的名誉受到了极大的损害，简直是臭名昭著。

在多国同盟中，最强大的是晋国，现任盟主晋定公派大夫董褐（晋国司马）对夫差说："晋国当诸侯霸主已经好多年了，这次大会还是应该由我们主盟。"

夫差回答说："事前周天子派使者到吴国说，眼下王室衰微，没有诸侯进贡，日子过得很艰难，所以派孤日夜兼程来主持盟会，以团结诸侯，共同为大周天子排忧解难。可是，晋君却违背天子的命令，不讲长幼的礼节，欺压诸侯，破坏团结，致使盟会迟迟无法举行，而让孤被天下人耻笑。所以孤特地早早前来，在贵军军营外面听取你们的决定，从与不从，就在今日见个分晓吧！"

说完，夫差把自己的六个亲信侍卫叫进军帐，说："董大夫是贵客，咱们可不能怠慢，孤欲以你们的六颗头颅酬客，如何？"

侍卫首领大声喊道："这是很光荣的事！"说着六人齐齐亮剑，当场在董褐眼前刎颈自尽！

六颗热血喷涌的人头顷刻间滚落在董褐席前。

董褐被溅了满头满脸的鲜血，吓得落荒而逃。他一边跑一边喊："真是不可理喻，不可理喻！吴国人都是疯子，疯子！"

董褐惊魂未定地回到晋营，将夫差的话如实汇报晋定公，又对上卿赵鞅说："贵族的脸色通常都是镇定与持重的，而吴王虽然嘴巴上强硬，还恐吓我，但脸色却很难看，一副忧心忡忡的样子。或许越军已经攻入了吴国，更或许吴太子友已遭不测。俗话说狗急了乱咬人，我们还是不要招惹这条疯狗为好，不就是一个盟主的虚名吗，让给他好了！"

在此之前，越国与晋国早已通过使者沟通有了默契，所以董褐才会有此猜测。

赵鞅说："你说的是没错，只是就这么便宜了他，咱们晋国岂不是很没面子！”

董褐说：“当然不能就这么白白答应他，至少要让他去掉那可恶的‘王’号。吴国小小蛮族，凭什么称王！”

晋国和夫差相持不下，双方吵了十几天，仍然没有结果。

屋漏偏逢连夜雨。夫差正在黄池会盟上和晋国争霸主之位，突然吴国告急的使者来报，说越军入侵吴都，这简直如晴天霹雳，使夫差方寸大乱。

“完了，完了，伍子胥的预言要应验了，勾践那贼子当真心怀不轨，关键时刻捅了我们一刀！”夫差看着群臣，眼光定格在伯嚭身上，“怎么办？”

伯嚭献计道：“大王，我们正在争夺霸主之位呢！倘若被其他诸侯国知道吴国国都沦丧之事，别说当霸主了，晋王肯定会落井下石，那时恐怕我们连回国都困难了。”

公孙雄猛地站了起来，大声道：“如今之计，应当马上杀了王子姑曹派来的七个使者，封锁消息！”

夫差阴沉着脸，口中只吐出五个字：“杀！现在就杀！”

于是，几个亲兵一拥而上，将这七个可怜的倒霉鬼当场杀死。

公孙雄命亲兵将尸体悄悄处理干净。这时，夫差又补了一句：“此七人所言之事，敢泄露者杀无赦！”

之后，夫差强作镇定，继续和晋国讨价还价，不过他心里也没底。此时他不再信任伯嚭，转身对公孙雄说道：“勾践不讲信用，趁孤不在就捣乱。公孙大夫你说，孤是赶紧先回去，还是不跟晋国僵持了，姑且让他们来当盟主，尽快解决这里的事情？”

公孙雄说：“不能回去。我们要是就这么走了，诸侯们马上就会发现我们后方的危机，说不定还会和越国一起夹攻我们！”

“那我们留下来让晋国当盟主？”

“更加不可！晋国人当了盟主，我们的行程就要听命于他们，待久了夜长梦多，姑苏城必将不保！”公孙雄说。

“那该怎么办?”

公孙雄语气坚定地说：“留下来争夺盟主之位，然后依仗霸主之威立刻回师，反击越军。如此，事情或许还有转机。”

“可晋国人寸步不让，如之奈何?”

“事态危急，容不得片刻犹豫。请大王立刻下令全军厉兵秣马，连夜向晋国人挑战。晋国人嘴巴再硬，真刀真枪动起来也怕死，咱们只要摆出拼命三郎的架式，不怕他们不乖乖就范。这就叫置之死地而后生!”

第二天，会盟谈判重新开始，夫差表现出了空前的强硬态度，吴军更有不惜一死的气概。夫差在黄昏时发布命令，让士卒饱餐一顿。等到半夜，他亲率三万名最精锐的吴国勇士，勒马衔枚，举着火把，连夜行军。吴军将士每人右手持短剑，左手持犀牛皮大盾，结成庞大的步兵方阵，向前推进，景象极其壮观。

三万步兵分为三个万人方阵，每个万人方阵共一百行，每行一百人。每行的排头有一名指挥官，名为“官师”（相当于士一级的官吏），一手抱着用于指挥的金铎，另一手捧着所属士兵的名册。每十行再由一名下大夫率领，一手捧兵书，一手拿鼓槌，立在战车上负责击鼓指挥进攻。每万人方阵则由一名上将军率领，其配备和下大夫相同，只是旌旗样式规格更高一些。

在武器装备上，中军一万将士穿白色战袍，披白色盔甲，竖白色旌旗，带着白色羽毛制作的箭，一望无边，如山野里遍布的白矛花，吴王夫差持钺中立；左军一万将士穿红色战袍，披红色盔甲，竖红色旌旗，带着红色羽毛制作的箭，一望无垠，如熊熊燃烧的火焰；右军一万将士穿黑色战袍，披黑色盔甲，竖黑色旌旗，带着黑色羽毛制作的箭，一望无际，如同乌云盖顶，黑压压一片，好不威风!

夫差的三路大军，浩浩荡荡地到达会盟之地黄池，摆开了阵势。天刚蒙蒙亮，夫差亲自击鼓发令，三万气势如虹的吴军在鸡鸣时分来到晋军营前，吴王夫差一声令下，三军金鼓齐鸣，士兵们开始发了疯似的摇旗呐喊，声震四野，声浪撼天动地。

眼看吴军要杀过来了，晋国上卿赵鞅赶紧命令全军关好大门，坚守营垒，当缩头乌龟。

赵鞅说：“夫差为了当上霸主，已经一连击败了好几个诸侯国，现在又倾巢出动，肯定不达目的誓不罢休，况且吴国是南方的蛮夷之国，不懂礼仪，没有修养，我们不妨暂时忍耐，静观其变。”

过了好一会儿，越鞅见吴军光喊不动，才稍稍定下神来，派董褐去打探情况。

董褐无奈，又去跟夫差交涉：“会盟的时间不是定在中午吗？你们怎么这么早就来了，还带了这么多兵来？再说，在姬姓诸侯中，确实贵国先祖的辈分最高，我们的国君可以做出让步，让您来当这个盟主。只是天子给贵国的正式爵位是‘公’，而您却僭越礼制称了‘王’。你们吴国是王，那周王是什么？周室难道能有两个王吗？”

“你们的意思是要本王放弃王号吗？”

“正是，我们双方各退一步。只要您肯放弃王号，以吴公自称，我们晋国就答应让您先歃血，主持盟会，否则免谈！”

夫差理亏，只得答应晋国的条件，退兵后进入幕帐与诸侯见面，放弃王号，称“公”，先歃血，晋定公称“侯”，排第二。其他大小诸侯依序盟誓，总算把这件麻烦事搞定了。

之后，夫差又派大夫王孙苟向周天子报功，周天子封夫差为伯父，说他德行伟大，并祝他健康长寿，算是正式承认其诸侯霸主的地位。

黄池之会，在夫差显示如火如荼的盛大军容后，终于取得了成功。夫差总算在形式上摆脱了南方蛮夷的身分，如愿以偿地弄到了“诸侯盟主”的名号。会后夫差心急如焚，匆匆率军南下。因为吴军士兵众多，需要大量粮秣，然而吴都陷落，供应粮食的后路已被切断。夫差只好先发制人，派军队攻打宋国京都北边的外城，抢到了为数不多的一点粮秣，但也招来了宋国的反击。就这样打打停停，花了几个月的时间，夫差才终于率大军回到吴国。

霸主这个虚名有什么用呢？为了它付出这么大的代价，值得吗？

当然不值得，表面上看夫差当了霸主，风光无比，其实他的处境非常危险：此时此刻，越国正在吴国的国境内大肆抢掠粮食、财货、子民，把这些年贡献给吴国的东西连本带利收了回去。

5. 二次伐吴

公元前482年（吴王夫差十四年，越王勾践十五年），夫差前脚刚去参加黄池会盟，在吴国的铁蹄下忍辱负重了十二年之久的越国，马上趁吴国国内空虚而出兵伐吴。两国之间压抑了多年的敌视与仇恨，集体爆发了。

越军与守护国都的太子友进行了几场激战。

第一战，吴国占了上风，吴将王孙弥庸大败越军，畴无余、讴阳两个先锋官均遭擒获，吴军大喜，全军上下笼罩在一片轻敌的可怕气氛之中。

原来越国并没有那么可怕，也许不用等父王回来，我就可以轻松地击败他们了。太子友自鸣得意地想。

但太子友错了，先锋畴无余的姑蔑部队并不能代表整个越军的实力，他们只不过是勾践临时拉来壮声势的杂牌部队而已。此时越军有一万五千水师（含陆战队），一万五千车驾弓弩手（含骑兵），这是一支快速反应部队，还有精甲步卒两万余人。这些都是由少年军成长起来的精锐之师。

第二天，越王勾践亲率以一万车驾弓弩手、一万水师组成的中军主力，逆江（即吴江）来到姑苏城外，太子友不再坚持从前坚守待援的保守战法，亲率一万吴军出击，只派王子姑曹守城。

结果，太子友遇到了真正可怕的对手，一仗下来，全军覆没，太子友被越军活捉，他的两个副将王孙弥庸、寿于姚也被越国人擒杀。

六月下旬，越军在消灭吴国留守部队主力后，继续前进，直逼姑苏城下，姑苏守将王子姑曹这时候兵力一千不到，不敢应战，一面当缩头乌龟，一面派人赶紧去找夫差告急。勾践遂尽占姑苏外城，将太湖上的吴水师大小船只，连同夫差给西施造的特大绣船，一齐缴获，又派人一把大火将姑苏台馆娃宫烧成灰烬，火势冲天，数日不息。

这冲天的大火，就是勾践心中熊熊的复仇烈火，当年夫差就是在这姑苏台上，对自己颐气指使、百般凌辱的；这个伤心地是他心中永远的痛，也许一把火烧了，能稍稍平息一点他内心的痛苦。

老虎的獠牙终于刺进了对手的肌肉，鲜血淋漓滴了满地。

两代吴王为了彰显自己功业而兴建，凝结了无数吴国百姓智慧与生命的伟大建筑——姑苏台，就这样在勾践那扭曲的仇恨心理下付之一炬了。

同年冬，在外面流浪了大半年之久的吴国大军终于回来了，呈现在他们面前的，是残破不堪的家乡。

越军退出姑苏城后，战火已经停熄，可姑苏城中仍一片慌乱，人心惶惶不可终日。夫差狼狈地回到姑苏台，这个刚当了几个月霸主的国君，在国都沦陷之后，被越国夺走了原本属于他的权力和尊严，现在的形势就等于虎落平阳被犬欺，真是丢人丢到家了。

两年后，在吴国国力薄弱的非常时期，楚国又大举入侵吴境。尽管夫差和吴国的将领们奋力抵抗，但西方的边界防线还是被楚军攻破，吴军勉强在桐水附近组成第二防线，才暂时挡住了不断推进的楚军。这是夫差即位以来，与楚军正式面对面决战中头一次遭遇如此重大的挫折。这次失败传开后，夫差颜面尽失。

夫差把所有的怨气全发泄在对楚国的报复攻击上，为了显示自己一代霸主的威风，他亲自率领吴国全部精锐军队越过边境，长驱直入，一路进攻到楚国东边的军事重镇慎邑。

但楚国的王孙胜将军智勇双全，他用坚壁清野的策略挫伤吴军的锐气，再用游击战扰乱吴军士气。夫差被围攻后，下令撤军，结果在边境被王孙胜杀了个措手不及，大部队溃不成军，不少士卒成了散兵游勇。尽管吴军的伤亡不大，但这对吴国来说又是一次难以承受的沉重打击。

公元前478年（吴王夫差十八年，越王勾践十九年）冬，勾践打算想再次兴师伐吴。

就在勾践准备出兵之时，楚国的使臣申包胥来访，勾践问他："现在吴国可以攻打了吧？"

申包胥说："吴国已在中原称霸，要打败它岂是一件容易的事。"

勾践说："吴王无道，摧残越国的社稷之神，把越国的宗庙夷成原野，孤忍辱负重十几载，总算把战车、马匹、兵刃、甲胄、军队备集齐全，只是还没有正式使用它们，想向先生请教，到底何时可以发动战争？"

申包胥说："战争的妙道，首先是智慧，其次是仁德，最后是勇敢。主将没有智慧，就没有随机应变的能力，根据敌我双方的实力采取不同的战术；主将不仁德，就不能与三军将士同甘共苦，一起分担忧愁和快乐；主将不勇敢，就不能明断进退的疑难，率领士兵打败敌军。具备了这三样，一定能一举歼灭吴国。"

随后，勾践又召集众大臣听取伐吴意见，他说："孤已请教过申包胥大夫，现在与各大臣商议，看战争何时才能发动？大家实言相告，助孤定夺发兵伐吴大计。"

大夫舌庸首先说："详察应赏的人可以战吗？"

勾践说："这是通达之法。"

大夫若成接着说："详察应罚的人可以战吗？"

勾践说："这是严猛之法。"

大夫文种又说："详察器物可以战吗？"

勾践说："这是辨别之法。"

大夫范蠡接着说："详察守备可以战吗？"

勾践说："这是周密之法。"

大夫皋如最后一个说："详察金鼓进退之声可以战吗？"

勾践高兴地说："可以了。"然后发出命令："凡国人要献策者都可以前来，如欺诈不实，将有杀戮之罪；再过五天，军队便要出发，再献计策就用不上了。”

接着，勾践来到野外，登上向将士们作誓师演说的高坛，举行盛大的誓师仪式。

第一天，郊外河边。勾践用王者之剑斩杀三个犯了军令的士兵，用桶把鲜血接了，说是夫差之血，自己先喝了一口，然后与绍兴酒一起倒入河中，令将士们每人喝一口河水，以壮军威。将士们得令，口呼："大王万岁！"紧接着跳入河中，水牛般痛饮，以致河水瞬时断流！民饮其流而战气百倍。

第二天，都城校场。勾践亲自登坛擂鼓，下令再斩杀三个犯了军令的士兵，用他们的鲜血祭奠了大王旗，然后令将士们表达忠君之心。校场顿时喧闹起来，先是狂呼乱叫，再是奔腾跳跃，后是肉搏格斗。野叫、野跳、野搏，野性之力，犹如群兽，均是表达誓死的决心。

第三天，城郊固陵。勾践举了行军民告别仪式，让家人和子弟泣涕诀别，表达此行不灭吴不复相见的神圣承诺。

公元前477年（吴王夫差十九年，越王勾践二十年）正月，震天的鼓声响了！在惜别的哭声和歌声中，越国五万将士驾起战车，划动战船，正式开始北伐……

此次北伐，勾践为主帅，掌兵大夫范蠡副之，文种、诸暨郢辅之，王子鼫与守国。

同年三月，勾践派使者正式向吴国下战书，并亲自率军攻入吴境。

范蠡在行军途中，重申了平日训练的一贯要求：个人不逞匹夫之勇，而要听从号令，旅进旅退（齐进齐退）。进则有赏，退则有罪；进不用命，退则可耻，均以刑罚！

越军到达御儿（今浙江桐乡市崇福镇）之前，范蠡按律斩杀了不听令者、不用王命者、淫逸不可禁者，以整肃军纪。接着又以越王名义下令：父子均在军中者，父归；兄弟俱在军中者，兄归；有父母无兄弟者，归养；有病不能出征者，归国。将士们无不感激涕零，欢声如雷，归者极少，都想为国效力，为勾践尽忠。全军皆有誓死之心。

夫差和勾践的主力军在离吴都五十里之外的笠泽（今江苏，吴江一带）相遇。吴军在江北，号称十二万人；越军在江南，共计五万人。吴军之数足够两个打一个，按道理吴国没必要害怕越军，可是，这支十二万人的大军一缺粮食二缺斗志；而越王勾践十几年来韬光养晦，为的就是这一天能报仇雪耻，将士们个个精力充沛，斗志昂扬。

隔江相望，旌旗可见，话声相闻。越为“客”，吴为“主”。客方派出使者约战，主方答复：明日。并约定先水战后陆战。

使者返回复命，勾践与范蠡、文种等人商议。

范蠡笑道：“若要以少胜多，必使兵不厌诈之计。范蠡此次不当君子了！”

文种会意：“范大夫莫语，你我写于简上，呈于大王。”

勾践接过来一看，都是两个字：“夜战。”勾践惊喜地“喏”了一声，说：“约好明日，夜战不义吧？”

范蠡说：“大王，一过子时便是明日。我军可于丑时出击。”

“忠诚老实的范蠡居然如此狡猾。”勾践笑了，这是他第一次直呼范蠡的名字。

会战的第一天夜里，范蠡下令左右两军的将领借夜色掩护，先进入预定位置，左军溯江而上，埋伏在五里处待命；右军则顺江而下，也在五里处待命。中军则在夜半后，金鼓不鸣，衔枚禁声，渡江直冲吴中军。进军方略确定后，范蠡又特别强调了进攻前要静如鼠，像老鼠钻在地下；进攻时要勇于虎，像猛虎下山张口吼叫。然后，三方分头行动。

阴天无月夜，时有毛毛雨飘落。丑时，光线晦暗，范蠡下令左、右军鸣锣开道，佯装渡河进攻。

躺在帐篷里的夫差听到震天鼓声，知是越军来袭，骂了一句：“南蛮子，真不讲信义！”他穿衣拿剑出帐，指挥将士举火察看，尚未弄清状况，另一边的鼓声又响了。他立即明白是越军两路合围夹击，心中大惊，急传令大军分左右迎战，并将精锐主力派往第一线防守。范蠡已算准夫差会把主力调走，因此，勾践率领中军趁着吴军大本营处于空虚状态时，悄悄渡河，迅疾偷袭吴军大本营，数千吴军立刻展开反击，双方在夜色中互相对射，短兵相交。

越女和陈音的训练成果开始发挥效用了，勾践的这一万车驾手，装备是越军中最先进的，他们身着轻甲，后背长剑，手持劲弩，每个士卒先用弩连发三射远攻吴军，边射边靠近吴军，待到吴军被射得不敢抬头时，再迅速杀上，长剑出鞘，连砍带刺，所到之处，吴军大片大片地倒下。

越军的车驾手，剑弩全能，能对敌人同时实施近身和远程攻击，杀伤力十分巨大。

夫差大叫一声："不好！孤中计也!"他马上令随身武士护着自己向北撤走。吴中军夜半遭到突袭，仓促应战，边战边退，损失惨重。吴左右两军见中军已退，首尾难顾，亦跟随而去。正所谓兵败如山倒，吴军在逃跑之中死伤无数，逃亡无数。

范蠡见吴军溃退，建议勾践率军尾追，他自己则率舟师乘快船抄近路到前面堵截。勾践挥起王者之剑向前冲去，越军几万将士呼啸狂奔。

天亮时分，吴军北退二十余里至没溪（今江苏吴江北）据溪为守，收容散卒，局势稍定，准备再战。这时，范蠡所率水师自太湖取横山（今江苏吴县西）向吴军采取包围攻击态势（古代水上包围之先例），有着"霸王军团"美称的吴军渐渐不支，只好四处逃窜。夫差见势不妙，率一部向吴都城郊撤退，又遭越军快速车驾队追击而大败。

越军两战两胜，将士斗志昂扬，乘胜猛追吴军。吴下军奋勇力战，将军王子姑曹战死。夫差乘下军抗击越军之际，慌忙入城据守。吴军出城时十二万人马，入城时只剩下不到三万人。

6. 夫差自刎

越军主力渡过吴江后，毫不留情地围歼当地的吴军，趁势一直打到吴国都城下，团团围住吴都姑苏。但在一年多时间里，双方并没有较大规模交战。

当时，吴国国都周边的原野上有许多叫“百尺渎”的小河，从四面八方通向大江，是吴国向都城运粮的通道。现在，这些通道全被越军堵住，就是鸟也飞不走一只。范蠡建议，越军据守城下，采用断其粮源之法，欲把吴军困死在城中。

到公元前475年（吴王夫差二十一年，越王勾践二十二年）五月，勾践求胜之心越来越迫切，他屈指一算，十年生聚、十年教训，这一年正好是会稽之耻二十周年（会稽之耻发生在公元前494年），于是挥动王者之剑，指挥越军攻城。

越军组织兵力，在战鼓声中朝城门扑去。吴军飞蝗般的利箭从城墙上射下，越军死伤不少。后面的越军见状，有的开始往回退却。

勾践大怒，手持王者之剑，就要过去刺死逃兵，范蠡上前用手将勾践的剑拨开。他深知越军一路追击至此，已十分疲惫，而且周围约七十里的姑苏城，近年已被夫差改造成城城相套、易守难攻的铁城，因此硬冲绝非上策。

范蠡劝勾践让越军围城，按兵不动。夫差无奈，只好死守。其间，吴都因为粮乏出城挑战，一日五次，勾践又欲与其交战，但仍被范蠡劝阻：“围而不攻，方为上策。”

“围而不攻，何以制胜？”勾践满腹狐疑地问道。

“待其自毙！”范蠡胸有成竹地说，“大王，臣能使夫差自己打开城门。”

勾践狂笑不止，最后缓了口气，说：“范先生，孤知道你算无遗策，但要让夫差自己打开城门，岂不是梦话！”

范蠡见勾践的神态，也笑了笑解释说：“国者无军，何以成国？今吴王主力已无，龟缩死城。远不通诸侯，近不及乡邑。道路阻断，政令不行。吴民已为大王之民，吴地已为越国之地，吴粮已为越军之粮，吴国实已亡矣！可在吴都西门外，筑越城，作为越之北都，监视吴都而困之，使都内军民自耗、自残。大王既有吴国，可北开运河通三江五湖；西植葛麻于夫椒，以为弓弦；东控笠泽江，以收东方之粮；南通槜李（今浙江嘉兴县西）、御儿，以利前后方输送。如此这般，越军日强，吴军日弱，不战，则吴国必然灭亡。大王！不出两年，吴都没有粮食，夫差必然打开城门挑战。”

勾践认为有理，于是，越军不慌不忙地在吴都胥门（西门）外修筑越城，准备进逼和围攻吴都。

一年之后，吴都粮食极度缺乏，吴军又开门挑战。范蠡再次劝阻勾践说：“吴军的精锐，必在城内以逸待劳，出城之兵皆是小卒，歼灭无伤于吴军元气，不如设计诱夫差全师出城，方能彻底得胜。”

勾践感到不解恨，愤愤地说：“夫差首级，何时可取？”

范蠡岂会不了解勾践与夫差之仇深似海？但是，如今地利人事不备，若强行攻城，必然死伤惨重，得一空城而失去主动。主客位置若变，越军和越国势危，必是螳螂捕蝉，黄雀在后，遭邻国暗算，比如楚国。过去他曾让勾践学鼠装死骗猫，如今他又建议勾践学猫逗鼠：“大王，逗逗夫差这只老鼠，比一下子吃了有味道。夫差囚大王于石室三年，大王也囚夫差于姑苏三年，一报还一报。让夫差也尝尝被囚的滋味！”

范蠡最后一句话打动了勾践的心。他想起三年石室老鼠般的生涯，下定决心说：“好，就依先生之见，困他三年！”

此时姑苏城中的吴国大军，经过一年多的休整，战斗力本该有所恢复，但因为城中粮食和日常用品贫乏，加上丧失斗志，已经不再是越国的对手。夫差左思右想，觉得罪魁祸首就是太宰伯嚭。他在宫里整天面对这个卑鄙的家伙，心里的怒气越来越大，于是扔出那把赐死伍子胥的属镂剑，对伯嚭说：“当初孤听你的话，才放勾践回国，没想到今天会败在勾践手下，孤命你前去讲和，如果讲和不成，杀伍子胥的属镂剑还在，孤就赐给你下去陪他！”

伯嚭吓得屁滚尿流，只得硬着头皮跑到越营中去向勾践求和。他垂头丧气地找到文种，恳求他帮自己在勾践面前多说几句好话。

风水轮流转，三十年河东，三十年河西。不用三十年，十几年后，双方位置就互换了。

文种笑道："当年我找你帮忙可是带了白璧二十双、黄金千两，还有十个越国美女。如今太宰怎么能空手前来呢？"

伯嚭赶紧应道："是是是，我赶紧让人送上！"

文种轻蔑地笑道："你以为我和你一样贪财好色吗？算啦！我带你去见大王吧，成与不成，就看你的造化了！"

伯嚭连声称谢，跟着文种来到越军大帐，跪地膝行至勾践面前，使劲叩头说："先前我王得罪大王，如今已然知道错了，请大王高抬贵手，与吴国讲和，双方重归于好。"

勾践不答应，一心想要报会稽之仇。他遣走伯嚭后，趁机对吴军进行围攻。

公元前473年（吴王夫差二十三年，越王勾践二十四年）四月，围攻仍然在继续，包围圈越来越小。夫差经过一番艰苦抵抗，最后弃城逃上余杭山（姑苏山一脉）。

由于伯嚭一去不回，夫差身边没有用得上的和谈使臣，只好把将军公孙雄找来，令他再入越营请和。

公孙雄学着当年越国请和时文种的样子，赤裸上身，到越营后跪行到勾践面前，叩首泣道："罪臣夫差，昔日兴兵于会稽，夫差不违天命，与君王和议而归。今日姑苏亦即当年会稽，臣亦望如当年赦罪！"

公孙雄的一席话使勾践想起当年公孙雄促成和议，怜悯自己之举，脸上似有应允之色。这时，范蠡在一旁谏道："大王十几年卧薪尝胆之图忘了吗？三年石室之辱忘了吗？夫差粪便的滋味忘了吗？"

别的事可以忘掉，尝便之味是永远忘不了的。勾践挥手让君子兵（亲兵侍卫）将公孙雄赶了出去。

余杭山顶的小屋里，夫差冻得瑟瑟发抖，迷茫、饥饿、心如寒冰。

他仍不死心，又令公孙雄接连求见勾践两次，言辞更加谦卑，礼数更加恭谨。勾践又欲许和，范蠡再谏道："大王，当年在会稽，上天将越国赐给了吴国，吴国没有要。所以，如今上天又将吴国赐还给越国，越国岂可违背上天的旨意？大王每日苦心孤诣，辛辛苦苦谋划了近二十年，不都是为了要打败吴国吗？如果就这样把机会放弃了，大王您甘心吗？再说上天赐给的东西如果不要，反过来就要受其害。'伐柯者其则不远'，难道大王忘了会稽的教训吗？"

勾践示意范蠡近身，轻声对他说："孤知道你说得对，可夫差毕竟也曾放过越国，如果孤就这样杀了他，天下人会怎么说？"

范蠡也悄声对勾践说："大王若不忍，这件事请交给臣来处理。"

君臣二人嘀咕了一阵，范蠡对公孙雄说："大王已让我负责处理吴国的事情，我现在要行使大王赋予的权力，请公孙将军赶快回去，否则休怪我不客气。"

公孙雄连连磕头，口中不停地喊道："大王开恩啊大王，开恩啊！"

范蠡说："公孙将军，你是个值得尊敬的人，只因国恨，主公不能答应你。如有别的请求，范蠡定可效力。"他让两个君子兵拉起公孙雄出去。公孙雄泪流满面，一边使劲挣扎，一边声嘶力竭地喊道："大王开恩啊，大王……"

这时，范蠡向勾践请辞，打算前往余杭山，勾践点了点头。

范蠡离开后，勾践吩咐一个君子兵说："你去告诉夫差的使者，让他转告夫差，孤会将他安置在甬东，做一个百户长。"

范蠡来到余杭山下，对传令官说："击鼓，命令大军做好进攻姑苏山的准备。"

夫差得知越军攻入吴都，相国伯嚭等已降，判断越军必攻破余杭山。西有太湖，东、南均有重兵，再无藏身之所了，于是，他和三子带着王宫卫队向山北奔去，寄希望于从北面突围。

范蠡得知夫差向北逃去，身边已没有什么士卒，他不想独得此功，便禀报勾践，请他和文种率车驾兵追向余杭山北，以让这一对冤家自行了断所有恩怨。

勾践快意而往，将余杭山北团团围住。并命人擂鼓呐喊，要夫差下山投降。

夫差从探报中得知越将是文种，于是亲自作书，系于矢上射入越军中。

士卒拾取呈给文种，视其书曰：“狡兔死，走狗烹，大夫乃楚人，何不存吴一线，以留后路?”

文种想了想，也写书给夫差，令人将绢书射上余杭山，以绝其生望，然后又去请勾践亲自击鼓发令进攻。

夫差接到文种答书，急忙视之，只见书上写道：“吴王有大过者六：杀忠臣伍子胥，一也；以直言杀公孙圣，二也；重用佞臣伯嚭，三也；齐晋无罪，数伐其国，四也；侵伐同壤之越，五也；先王死于越手，不知报仇，纵敌贻患，六也。有此六大过，天已难容，还有何面立于人前?”夫差读到第六款，顿如万箭穿心般泪流满面道：“孤不诛杀勾践，忘记了先王的仇恨，为不孝之子，这是上天对吴国的惩罚啊!”

这时，公孙雄回来了，夫差连忙上前迎接。公孙雄跪在夫差面前，低头不语。夫差刚才听山下击鼓，便已心中有数，现在见到公孙雄这副模样，更证实了他的猜测。他抬头看了一下天空，冬日的阳光虽弱，但太阳依然刺得他睁不开眼，他知道老天再也不会帮他了。

夫差不禁仰天长号：“老天，为什么，我夫差到底做错了什么，你一定要将孤逼上绝路!”

“大王！……”夫差脚下，公孙雄和十几个大臣、卫士跪倒一片，伏地痛哭。

夫差沮丧地垂下头，无力地对公孙雄说：“别哭了，孤不怪你，起来吧。”

公孙雄吞吞吐吐地说：“越王让臣转告大王，他会让大王迁往甬东，做百户长。”

夫差沉默不语，过了半晌，叹气道：“孤老了，不想伺候他了。假使死去的人有知，孤还有什么面目见伍子胥于地下；假使死去的人无知，孤也对不起活着的吴国百姓。孤死以后，你们要用三层罗绣，遮住孤的脸和眼睛。活着时这双眼睛看不清楚看不明白，死后更不要让人看到孤那愚蠢的脸庞。除此之外，还能怎么样呢？”

夫差一边想着往事，心中悔恨交加，一边步履蹒跚地向山峰走去。他来到山顶，两眼直直地注视着脚下的姑苏城。

山下的越军已开始进攻，喊杀声越来越近。夫差万念俱灰，拔出宝剑，青铜剑在阳光下闪出一道耀眼的寒光。他举剑抵住脖子，抬起左手，用长袖遮住脸，大哭三声，右手用力一挥，鲜血染红罗绣，身子慢慢倒了下去，衣袖无力地盖在脸上，完成了他这一生中最悲惨的壮举。

“夫差自杀了，夫差自杀了！”胜利的越军士兵欢呼着。范蠡赶到山上，看了夫差的尸体，一股莫名的哀痛突然涌上心头，他低头沉默片刻，然后长长舒了口气。这时，他突然想到伍子胥率兵攻入楚国都城，楚昭王逃走之事，心中感慨道：伍子胥以强制弱，吾以弱制强，咱俩平手了。

勾践让范蠡收拾残局。范蠡随即下令几十个甲兵清点俘虏，将活着的王子、王妃送到姑苏，由勾践裁断；又令越军每人负土一小筐，将夫差和公孙雄两人的尸体掩上。不多时，夫差的一个大坟面向太湖在山坡上耸起。一代霸主长眠在余杭山上，可悲可叹！

回到姑苏城后，范蠡看见伯嚭和吴国的一些大夫恭候在大殿外。听说夫差已死，早已归降的伯嚭不但毫无悲痛之意，反而沾沾自喜，等着论功行赏。范蠡对伯嚭十分不屑，啐了他一脸，说道：“伯嚭，你为人臣子，不忠不信，上欺君王，下瞒百姓，今吴王已死，你对越国还有何用？”

这时，勾践过来问范蠡：“那些吴国旧臣，尤其是伯嚭，你看该如何处置？”

范蠡答道：“大王，伯嚭虽说帮了越国不少忙，但此人身为吴国太宰，却不忠于君，而且贪婪无比，这种人绝不可留。”

“那该如何处置?”勾践又问。

“按律当处烹刑。”范蠡答道。

“那吴国的几位大臣呢?”

“判国投降，也是不忠于君，当共处之。”

“那就按律办吧。”勾践说道。

“大王圣明!”

7. 徐州会盟

灭掉吴国后，勾践十分得意，喜悦之情溢于言表：“天助孤灭掉盛极一时的吴国，成就霸业，即在今朝。”

范蠡接着勾践的话说：“所谓盛极必衰，就是这个道理。吴国这几年穷兵黩武，外强中干，耗光了国力。当然，文种大夫的计策起了很关键的作用。”

“没有先生和文大夫，孤不知何日才能灭吴啊!”勾践感叹说。

“臣只是尽本分而已。”范蠡道，“有件事还得提醒大王，吴国毕竟是周王赐胙的侯国，夫差的祖上吴太伯是周文王姬昌的伯父。如果我们处理不当，其他诸侯国可能会联合起来帮吴国复国，所以当务之急是要处理好与周边各国的关系。”

“你是说其他诸侯会联合起来对付越国?”勾践有点不安地问道。

“这几年夫差不断攻打周边各国，各国对吴国是又惧又恨。也正因为如此，我们灭吴时，吴国才无人可求，也无人主动帮吴国，大家心里可能都希望吴国早被灭亡吧。但臣却担心诸侯会借复吴之名赶走我们，然后瓜分吴国。”

勾践点点头：“依你之见，应该如何做?”

“目前越国的国力并不比齐、晋、楚强大，但因越国刚灭吴国，而他们三国的军队以前都曾为吴军所败。这样他们就会产生错觉，以为越国很强大，因此定不敢贸然与越国为敌。如果大王借机与各国修好，成为友邦，自然能化险为夷。”

范蠡说到这里停了一下，勾践忍不住问他：“那该如何结交各国?”

范蠡接着说：“诸侯中以齐、晋、楚三国为强。齐、晋两国在臣上次出访时，已和他们达成了共同灭吴的意愿，这几年也确实帮了越国的大忙，大王可借机提出与他们结盟。至于鲁国、宋国，可将他们以前被吴国侵占的土地还给他们，自然也无异议。只有楚国，与吴国是世仇，而楚君一向贪婪，必打吴地的主意。臣有一个建议，不知当不当讲?”

“你和孤还有什么话不能说的，但讲无妨!”

范蠡便说：“大王知道，越军是专门针对吴军所建，所有训练都是为了打败吴军。至于其他各国的战车战术，我们了解不多，越军与他们作战没有任何优势。所以臣想，吴国的淮上之地与中原各国相邻，远离会稽和姑苏，日后必成是非之地，成为各国争夺的对象。臣认为不如主动舍弃，将它送给楚国，楚越本就交好，楚王得到淮上之地，也应该知足了，以后自然不会再打吴国的主意了。而舟师现在已是越国独有，以后如以淮河为界，便可充分发挥舟师的优势，不知大王意下如何?”

勾践听了微微点头，说：“你说得有道理，若能与齐、晋会盟，自然再好不过。楚国帮了越国不少忙，你和文大夫又都是楚人，淮上之地送给楚国也是应该的。”

范蠡见勾践似乎话里有话，便辩解道：“大王请别误会，我和文种大人早已将自己当成越国人了，一切都是为越国着想……”

“你想到哪里去了。”勾践打断范蠡的话，拍了拍他的肩膀，动情地说，“你和文种大夫就是孤的左膀右臂，要是没有你们，越国早就灭亡了，哪会有孤的今日？孤早就想过，等灭了吴国，孤要将国土分予你们共享。”

“承蒙大王厚爱，臣愧不敢当。臣本一介布衣，是大王让臣做了越国的大夫，为大王效命是臣的本分。”范蠡不想过多表白自己，马上又转换话题，“臣还有一事请奏大王，当年吴国得到周王室赐胙，吴国正式成为侯国。如今越国既已得了吴国之地，何不借机向周王纳贡，也要求赐胙呢？”

“好，好，这个建议好！孤虽是大禹的后人，但是越国地处蛮夷，一直不敢求周王赐胙。如今要求赐胙应该也不算过分，你说周王会同意吗？”范蠡的建议正合勾践的心意，但他还是有点吃不准。

勾践接着又问范蠡：“什么人的话，都能符合天心民意呢？”

范蠡回答：“这是天人合一的说法，《金匮至要》记载说，熟悉素女、童子之功法，没有什么不知道，没有问题不能解决。”

“原来是这样。孤不称王，怎么会知道将要发生什么事呢？”

“不可以啊！吴国也曾经想这么做，妄称天子的尊号，天象立即有异动；如果大王也这样做，恐怕异常的天象将再次降临。”

勾践听了，稍有不悦。

范蠡继续劝道：“越国已今非昔比，大王，不管周王是否赐胙，越国向周天子纳贡也是应该的。”

“那就依你说的办。”勾践采纳了这个建议，并令人准备贡品向周王室纳贡。

范蠡想起勾践要自己操办会盟之事，于是问道：“大王，您看在哪里会盟比较合适？”

“你看在哪里为好？”勾践反问道。

范蠡想了想说：“臣认为在三国交会之处比较合适，比如徐州（今山东滕县）就比较合适，大王也可趁机巡视吴地，北渡淮河便可到达徐州。”

“好，那就按你说的办。”勾践痛快地答应下来。

随后，勾践分别派大夫送国书给齐、晋两国国君，邀他们在徐州会盟；又派人前往周边各国邀请他们参加会盟。

得到齐、晋两国同意结盟的回复后，勾践便由范蠡陪同，亲率越军渡过淮河，前往徐州。

齐平王、晋出公陆续到达徐州，宋景公、楚惠王、鲁哀公也应邀前来参会。勾践与各位国君都是初次见面，大家以礼相见，甚为客气。

吴国是新任霸主，此次越国一举灭掉吴国，使齐平王、晋出公和其他国君对越国刮目相看，又见越军军容齐整，武器精良，可见打败吴国绝非侥幸，因此对勾践很是尊敬。

随后几日，勾践相继和宋景公、楚惠王、鲁哀公达成友好协议，退回以前吴国侵占他们的土地，又割让淮上之地给楚国、泗水东岸之地给鲁国。

齐平王、晋出公共推越国为新的盟主，其他各国也都承认越王勾践为霸主，越军在长江和淮水以东可以畅行无阻。

勾践推辞一番后接受了盟主之位，随后举行了隆重的仪式。周元王也派人向勾践赐胙，赐封他为“伯”。

此时的勾践可谓春风得意，尝到了当霸主的滋味，一时风光无限。他非常满意会盟的结果，对范蠡说：“孤有贤卿，如齐桓公之有管仲，孤要与你共治越国。”

“臣岂敢与管仲相比，大王过奖了，臣愧不敢当!”范蠡有些惶恐不安。

“不是你不能和管仲比，而是我不能和齐桓公比。不提这个了，回国后，孤要重重赏赐你。”

与齐平王一同前来会盟的齐左丞相田常，与范蠡是旧识。五年前范蠡访齐时，两人相见甚欢，相互称兄道弟。此次两人在徐州再度重逢，虽然感觉一肚子的话要说，但由于各随其主，会盟时两人只是进行了礼节性的问候。

仪式结束后，田常邀范蠡晚上一聚，范蠡也正想见他，便欣然同意。

两人私会时，田常首先向范蠡贺喜：“范兄此次一举灭吴，劳苦功高，我敬范兄一杯!”

范蠡也举杯道：“没有齐国和贤弟的支持，越国岂能顺利灭吴，应该我代表越国敬贤弟一杯才是。”

两人相视大笑，一饮而尽。放下杯子后，田常对范蠡说：“范兄如今贵为大将军，在越国那是一人之下、万人之上了，不知以后有何打算？”

范蠡笑了笑，说：“飞鸟尽，良弓藏。如今既已灭了吴国，也算对得起越王的知遇之恩了，我想自己也该辞官谢恩了。”

田常听了很纳闷，疑惑不解地问道：“范兄何出此言？越王刚刚称霸，正需要范兄的大力辅佐，而且我看越王对范兄甚为倚重，范兄应该借机大展身手才是！”

范蠡笑着摇摇头，说：“以前越国弱小，遭吴国欺辱，我有心助越王一臂之力，同时验证一下自己的治国之道。如今越国已经强大起来，不再需要我相助了。再说，我本就不喜为官，还是做平民自在。”

“这未免太可惜了。好好的大将军不做，为什么要做平民呢？”田常百思不得其解。

范蠡见状，就对他说了几句真心话：“以前越王一心灭吴，只要事关灭吴，必不遗余力，所以我做事也尽心尽责。如今吴国已灭，越王心事已了，又做了霸主，自然不可同日而语。所以不如早日离去，以免自取其祸。”

田常摇摇头说：“真不明白范兄是怎么想的，你这么大的功劳，越王给你多少奖赏都不为过，怎么会嫁祸于你呢？”

范蠡笑着说：“功劳太大了不一定是好事，所谓盛极必衰、物极必反，做人也应该见好就收。再说，当初我帮越国，本就不为做官，但求做事。既然事已成，又何必贪图为官呢！”

“既然如此，我就不再多劝了，范兄如来齐国，一定要来找我。”

“会的！”范蠡答道。

“以后的事先不说了。今日我们难得相聚，一定要尽兴而归。来，我再敬范兄一樽！”田常举杯说。

范蠡也举杯应道：“好，干了！”他知道齐人一向豪爽。

田常唤上随行的乐工和舞姬，与范蠡在乐舞中尽兴畅饮。

三天后，勾践与各位国君一一道别，然后班师回国。

第六章　明哲保身退庙宇

1. 情牵西施

功成名就的范蠡之所以心生退意，或许跟西施失踪一事不无关系。

此前，范蠡将全部心思花在灭吴大计上，倒把自己最牵挂的两个人给忽略了：一个是在吴国相国伍子胥府里的百里婉玉，一个是在吴国王宫的情人西施。

伍子胥已经去世好几年了，不知道百里婉玉去了哪里？如今夫差也死了，在活着的吴国宫女中也没有找到西施，西施又怎样了？吴王为西施修建的馆娃宫也被越兵付之一炬，化为灰烬。在越军围困吴都姑苏的第二年（公元前476年），范蠡即让郑铎（郑旦之弟）带领他手下的十多个精干士卒，悄悄入城，打探西施的消息。几天后，郑铎回禀说："听说西施随吴王上了姑苏山。"

范蠡眺望姑苏城，再望姑苏山，柔肠百结，怅然不已，一任泪水滑过脸庞。

笠泽之战刚刚结束，范蠡从战场回到越国都城会稽，文种府上便派人前来传话，说文夫人有事相商。

范蠡满心疑惑，文夫人从来不与自己谈论公事，莫非有什么不想让子禽兄知道的私事？当他跨进文府大门时，首先见到的不是文夫人，而是他很熟悉又感陌生的一个女人——百里婉玉。

百里婉玉的突然出现，使范蠡觉着像在做梦一般。他在脱掉外麾时，狠狠掐了一下自己的手臂，很疼，不是做梦。他虽然对千军万马号令若定，但对婉玉姑娘还不知如何相处，竟心生惶恐。

前几年，范蠡从使者在吴国带回的消息中得知百里婉玉一切皆好，但听闻终归不如见面，十多年了。勾践、范蠡返回越国时，百里婉玉前来送行，她那深情依恋和送别祝福的目光，时常萦绕在他的心头，伴随他渡过了暗无天日的岁月。现在看到她姣美的身影，闻到温润的发香，反倒怀疑是在梦中。

原来，伍子胥一死，文种便派人将百里婉玉偷偷接了回来，只有范蠡还蒙在鼓里。

这时，文夫人——一个端庄慈祥、古道热肠的老大姐，从内屋走出来，说："范大夫，这位姑娘你不陌生吧？她已经等你好长一段时间了。"

"怎么不陌生呢，都快十年没见面了。这些年来也不知道婉玉姑娘过得如何。"范蠡羞涩地笑了笑。

"恐怕范大人早已将民女忘了。"百里婉玉娇嗔道。

文夫人接口说："范大夫是一个责任感格外强的人，怎么可能将百里良将军的临终所托忘了呢？"

文夫人不说，范蠡还真忘了。他对百里婉玉的思念并非因为老将军临终所托，而是出于对巾帼英雄内心的钦佩和担忧，出于兄妹般的情感。他始终想不明白，百里良老将军为何要将他的独女托付给自己。

范蠡尴尬地笑了笑，说："范蠡常常牵挂着婉玉姑娘，也时常想起老将军。实在惭愧，只因为越国国事奔劳，心有余而力不足，望婉玉姑娘不要见怪。今后定会好生照顾。"

"范大人一心为国操劳，民女敬仰，又岂有半点怪罪之理！"

文夫人又说："范大夫，百里良将军可不只是请你关照婉玉哦，而是将婉玉的终身托付给你。你已年至不惑，该不会没有想过这个问题吧？"

范蠡何尝不想这个问题呢，只是他等待的人并非百里婉玉，他时常想的更有他不灭吴不成家的诺言。

文夫人知道范蠡有难言之隐，只得把百里良、计然与范蠡父亲的关系挑明了，将前因后果细说一遍。一个国家的命运，竟使原本毫不相干的人的命运纠缠在一起，实在是天意难违。

范蠡心头一热："百里良将军竟如此信赖范某。婉玉，我这个人脾气古怪，性格怠惰，办事不循常规，人称疯子，你跟着我会吃苦的。"

"苦，就是人吃的，既然决心跟你了，这些也都想好了。"婉玉看着范蠡的眼睛说，"不过，你不要为我所累，只管像过去那样，去做你想做的大事业吧。"

范蠡感到，好几年不见，婉玉已经不是小女孩了，从谈吐看，她不愧是将军的后代，既明理又干脆。自己能娶婉玉为妻，也是自己的福分。范蠡沉思良久，终于接受了这桩很有渊源的婚事。

百里婉玉的年龄已经拖不起了，又遇战乱，文夫人担心节外生枝，便于当晚就让他们成亲。文种知道范蠡心有所属，一直不好对范蠡提及此事，如今夫人这么热心操持，他也不好反对，于是顺水推舟，了却了这桩心事。

夜深人静之后，新房里只剩下范蠡和百里婉玉。范蠡看着姣小的百里婉玉，又进入到了梦境之中：初恋的情人不在，自己却有了夫人，这可能吗？吴国还没有灭，今日却已有了温馨之家，可以吗？

正在范蠡遐想之中，街上传来了喧闹之声，范蠡叫了声："不好！"他对百里婉玉说："差一点忘了，越王今日回宫，我得去接驾。你先歇着吧。"说完，不等百里婉玉回话，他便起身整装，疾步出了门。他给婉玉找来一个叫红蕖的侍女侍候，自己直接去了固陵门。

那么，范蠡心里想的另一个人西施又在哪里呢？

话说吴王夫差逼伍子胥自杀、北上会盟时，西施将最后一份情报——吴国只有一万老弱残兵守城的信息传送到越国后，觉得自己的使命已经基本完成了。但是，在没有得到新的指示之前，她实在不知道该何去何从。她心里失落了好久。一天夜里，月明星稀，花香浮动。此情此景不禁勾起她的思乡之情：老实的父母是否安康？范蠡在做什么？我给他做的那件罩衣是否还穿在身上？转念间，她还想到了夫差。他北上的结局将会怎样？倘若吴王知道了所有真相，他会如何处置自己？谁能保证自己能出得了这座王宫？即使出得了宫，又将在何处安身？她轻叹一声，仰望明月凝神沉思。她对月亮有一种超乎常人的情感，这是因为范蠡给她描绘过月亮上有一个静谧、祥和、美好的月宫家园，这成为了西施一生追求的理想目标。

突然，外面传来喧闹声，接着是士卒的厮杀声。西施知道，这一天终于来了。

喊杀声越来越近了，西施举起蜡烛，缓缓地走向窗口。许久许久，越兵也没有上来，只听得见声音，见不到人影。远处的石城已经火光冲天，更远处的姑苏城也有几处火光，只有这姑苏台还在皎洁的月光下安睡。

“着火了，着火了，快救火啊！”突然，外面的宫女侍从都大叫起来。小冼、司琴急奔里屋，想看看西施娘娘怎么样了。只见西施在火光中如同雕塑，站着一动不动。小冼、司琴慌了，赶紧扑救。西施说道：“你们别救了，就让这一切都化为灰烬吧。”司琴愣了一下，拉着西施往外跑。待她们回头看时，馆娃宫已淹没在火海中。

火是没法救了，奇怪的是，这里没有越军的一兵一卒，是谁放火烧了馆娃宫？除了西施以外，没有人知道这场大火真正的起因。

火已渐渐蔓延开来，整个姑苏台都燃烧起来了。小冼、司琴和西施不知道往哪躲，只得跟着其他人一起往山下城内撤。那里越兵的喊杀声渐渐平息，等她们下山来时，大部分越兵已经撤离了，只有熊熊大火还在燃烧。城里的王宫被烧去了一半，小冼、司琴让西施暂住在一间残存的偏宫里。

没过几天，夫差一身疲倦地回到姑苏城，他身穿铠甲，腰悬宝剑，没有戴头盔，花白长发束在一起垂落在身后，精神恍惚地走向玉阳宫。看着残破的宫殿，看着身边仅存的几员大将，他的目光中透露出一股绝望之情，不禁低头自问：“难道我夫差真的败亡了吗？”他眼前浮现出当年勾践跪在自己脚下，奴才般唯唯诺诺、可怜巴巴的样子；回想起自己在黄池无比荣耀地坐在盟主的高座上，晋定公、齐简公、鲁哀公那惊恐的面孔；想到自己手持长戟，在战场上往来驰骋、无人抵挡的威武雄风。想到这些，夫差微微咧嘴，露出一丝苦笑，接着眼前又浮现出神武的孙武、犀利的伍子胥、智慧的太子友的容貌。想到范蠡，夫差瞪大眼睛，发出一声长长的叹息。

再接着，他又想到了西施，脑子似乎无法继续思考了，他闭上眼，脸部痛苦地抽搐着，随后派人四处打探西施的下落。

他不知道是自己拥有了她，还是她融化掉了自己。耗费国力修建姑苏台，是为了谁？一场木屐舞换去三万石谷种又是为了谁？杀伍子胥的根由在哪里？讨伐齐国的意义又是什么？夫差心中有无数个结无法解开。政治和战争本是男人的游戏，当男人玩过了头、搞不定的时候，就会把女人拉进来，一旦败了，女人便成为替罪羊，所谓红颜祸水、女人误国。难道历史就这么简单吗？不过，从头到尾，夫差没有将屈辱迁怒到西施头上。他不明白叱咤风云、傲立诸侯的自己，为什么在她的面前变得毫无力量，以至于对她的许多行为都不敢去约束。为此他自嘲般地为自己找了一个模糊的理由：自己似乎真正拥有了她，抑或她从来就没有来到过，自己的内心只是装着一个美丽得虚化了的影子。他对她又有着现实的超出了溺爱的情感范畴的爱，把她当成人性化的圣女，她却没有变成妹喜、妲己或者褒姒，倘若她真的变成其中的一个，自己的灵魂也不会这样的空洞。

这天，西施依旧坐在梳妆台前，她不再梳妆，只是把范蠡写的词摆放在台面上，愣愣地看着出神。恍惚中，她似乎听到夫差在呼唤自己，她正要起身，夫差已经进来了。

眼前是一个苍老的夫差，一个刚从战场上回来的悲情英雄，西施的心中不禁一阵酸楚，一行热泪顺颊而下。

夫差走近她，为她拭去眼泪，给她拉了一下滑落的衣襟："孤无能，让你受苦了。"他看了小冼、司琴一眼，接着说："你们本是越人，现在孤已经无法保护你们了，你们都回家乡去吧。”

夫差说完，在她们惊愕的目光中转身就要走。

“大王!”随着一声悲怆的哭喊，西施“扑通”一声给夫差跪下，双手伏地，身子蜷曲着，“大王，奴家入宫以来，大王待奴家的恩德世上无人可及，奴家有愧于大王的厚爱，今生不能报答，来世一定报答。大王，让奴家为大王尽力做点事情吧。”

夫差转过身去，愣了半晌，说：“孤无道，十多万军队，上百大臣都帮不了。孤已成真正的孤家寡人，谁能帮得了？但有你这句话，孤死也瞑目了。”他叫来侍从：“你带几个人护送她们出城，不能伤到她们一毛一发。”

西施悲切地说：“小冼、司琴你们出城去吧，以后不要再回来，记住姐姐的话。”

小冼、司琴被几个侍从拉走了，西施则打算随夫差上山。

这是笠泽之战后发生的事情。

一年后，范蠡派郑铎入城，也只打探到这些信息。姑苏城破、夫差自杀后，山上山下、城内城外都搜了个遍，根本没有西施的影子。

范蠡找来搜山的军士畴无余将军的手下进行询问，据他讲，审问了随夫差上山的所有侍从、妃妾、宫女，都说西施没有上山，如果上了山的话，一年多时间不可能没人见过她。

范蠡又找来搜城的军士讯问，情况一下子变得复杂起来。负责搜城的人叫陈光，是美女陈娟的兄长，与西施早就相识，所以搜城时特别留意西施的下落。他们一共有五百多人进行搜城，活着的、死了的都要查看，甚至残垣断壁下的尸体都挖出来了，但根本没有西施。不过，陈光提供了一个线索：在他们进城前，城内早有君子兵在活动。

范蠡判断，西施在姑苏城破前夕早已不在城内，并且肯定与君子兵有关系。君子兵由两部分人组成：一是原来勾践豢养的死士，二是少年军中的部分精英。君子兵的将军是王蛇。但能直接调动君子兵的只有勾践及王妃。

范蠡猛然感到事态不仅复杂还很严重了。但是，他几经打探，仍然没有西施的下落，只得暂时搁置此事。

2. 明哲保身

西施的消息一时无从而知，而另一件事却被范蠡提上了日程，那就是辞官离越。

话说勾践北上立盟成为霸主，回来后先在姑苏城巡视了一番。战后已有半年多了，姑苏城仍一片凄凉，到处残垣断壁，满目疮痍。勾践来到吴王宫，尽管很多宫殿都被烧毁烧残，但相比越王宫的俭朴，吴王宫的奢华仍让他感慨万千，立即想到了越国要迁都。

巡视完毕后，勾践在姑苏举行了盛大的庆功仪式。

这是不寻常的一个夜晚。修整后的吴宫文台，灯火通明，欢声雷动。越国君臣、军民在此举行盛大宴会，祝越军伐吴成功，庆齐、晋、宋、鲁、楚等诸侯国尊越为霸主，贺周天子封勾践为“东方之伯”。

宴会的主角勾践端坐北面，右边坐着王后季爰，左边坐着王子鼫与。身后坐着或站着王女、贵人、侍人、君子兵等。

文种、范蠡、若成、冯同、皓进、皋如等大臣和水陆师将军依次坐在东西两边。

每个人面前几案上，佳肴、美酒、水果、糕点一应俱全。

仪式程序复杂。祭天、祭地、祭祖宗、祭牺牲的将士。王后祝酒，王子祝酒，大臣祝酒，将军祝酒，甲兵敬酒，百姓老者敬酒，各国使者敬酒，周天子特使敬酒。祝敬一次，欢呼“大王英明、大王万寿”一次。

勾践封文种为上大夫（相当于左相国，以左为大），赏黄金百镒；封范蠡为上大夫（相当于右相国）、大将军，赏黄金百镒。其他有功大臣、将军皆一一受封得赏。

宴席上，有大臣提出，大喜之时要有舞乐助兴，勾践便命乐师即兴创作讨伐吴国的歌曲。乐师是个词曲兼擅的全才，誉美颂功，出口成章，他禀道："古人言，做大事时，要创作坚韧不拔的琴曲；功业建成，要创作歌功颂德的乐章。大王崇尚德行，教诲感化有道义的国家，惩处不讲道义的暴君，报仇雪恨，以牙还牙，威加诸侯，号称霸王。大王的功劳可以绘之于画图啊，大王的功德可以铭刻于钟鼎碑碣啊，大王的英名可以永垂于史册啊，大王的声誉可以谱写于乐章啊。现在就请听我弹琴唱上一曲吧。"

乐师说完弹起琴来，即兴演唱起《表功曲》：

吾王勾践有神威，
霸业巍巍惊天地。
赏无所吝罚不违，
君臣同乐酒如水。

乐师唱罢，群臣兴奋激动地"乎！乎！乎！乎！"叫着，朝大王、王后、王子笑着，但勾践喜气洋洋的脸色却渐渐黯淡下来。

文种举杯向勾践祝酒，又说了一段祝酒辞，十分动听：

天皇保佑帮助啊，我王受福上苍。
良臣集体策谋啊，我王功德无量。
宗庙祖先辅政啊，鬼神一齐帮忙。
国君不忘臣下啊，臣下竭尽全力。
大王丰功伟绩啊，苍天不可掩盖。
酒杯再次举起啊，我王福寿无疆。

文种才华横溢，思维敏捷，出口成章，他的祝酒辞言之有物，水平很高。但勾践高座席上，仍一言不发，脸拉得越来越长。文种以为自己的颂辞表述得不够全面，不能让勾践满意，便调动才情，更加热情地赞颂道：

我王贤能仁慈啊，道德高尚无比。
消灭仇敌吴国啊，未忘返回故乡。
赏赐毫不吝惜啊，邪恶皆被埋葬。
君臣和睦同心啊，王恩普降万民。
酒杯三次举起啊，我王福寿无疆。

前一段祝辞，是歌颂勾践的丰功伟绩；后一段祝辞，是赞美勾践的仁义道德。文种的祝辞水平之高，令群臣叹服，个个开怀大笑，但勾践仍满脸冰霜，毫无喜色。

勾践这一脸阴霾，弄得文种和群臣满头雾水，只有范蠡心里明白勾践为何不悦。他含笑注视着兴高采烈的人们，心中产生了一种很奇怪的感觉，仿佛眼前这一切都不是真实的，那些欢声笑语似乎近在耳边，却又是那么缥缈，总是无法抵达他的心灵。

夜幕降临时，城里点起了早已准备好的篝火，全城的民众和士兵一起围着篝火载歌载舞，彻夜狂欢。

这一夜，范蠡没有回自己的住所，而是径直来到水师驻地，悄悄找到百里良将军的老部下山阳……

过了几天，范蠡回到会稽，抽空拜访了文种。文种听说范蠡前来拜访，非常高兴，亲自到门口迎接范蠡。自范蠡回都城后，他们两人还未曾有机会详谈。范蠡攻打吴国期间，全靠文种在后方大力支援，保证了越军粮草、军备的供应。范蠡见到文种后，首先表达了谢意。

文种连忙摆手说：“少伯老弟，你还跟我客气什么，再说这本来就是我分内的事。能打败夫差，灭掉吴国，也算圆了我这一生的梦想，说起来该我谢你才对。”

两人相视而笑，一同往厅堂走去。落座后，两人又闲谈了几句。文种有话要问范蠡，便让侍从们退去，然后轻声问道：“听说大王将夫差的嫔妃都沉江了，却是为何？”

范蠡沉吟片刻，如实相告：“将她们沉江是王后的意思，一是怕她们怀有夫差的血肉，要是生下一男半女的，难免成为后患；二是不想让大王知道西施的下落。”

“那你有西施的消息吗？”文种担心地问道。

“沉江者中没有西施，想必她还活着。”范蠡眼里闪过一股异样的光芒，“我会找到她的。”

文种点了点头。

范蠡欲言又止地说：“子禽兄，你说我们打败吴国后，还有何事可做呢？”

文种不知范蠡葫芦里卖的什么药，疑惑地问道：“现在越国一下子得了吴国那么多地方，你还怕无事可做吗？”

范蠡摇摇头说：“子禽兄你没看见庆功宴上，当大王说要把越国分给我们时，那班大夫、国戚的表情吗？你看不出大王听到赞词反而不高兴吗？他能与我们共享天下？再说，吴国是块肥肉，越国岂能独吞？将来越、楚两虎相争，我们又该帮谁？”

文种闻言皱紧了眉头，想了想对范蠡说：“难怪这几天我去见大王，他都神色异样。依你之见，接下来我们该怎么办呢？”

“子禽兄当年决定冒死辅佐越王时，是为了越国之地吗？”范蠡试探地问道。

文种看了一眼范蠡，说：“当时只想着身为越国之臣，自当为越国尽力，绝无任何非分之想。”

“那就好办了，”范蠡压低声音说，“三个字：走为上。”

文种缓缓地点点头，说：“也许你说得对，但是我老了，走不动了，还是听天由命吧。”

等勾践自吴国回到越国都城，范蠡便去向勾践请辞。

“什么，你说什么？要辞去上大夫、大将军之职？这是为何？”勾践闻言大惊，连声问道。

范蠡平静地说："如今功成名就，越国国富民旺，为臣只想把计然之策用在自己的家业上，为子孙积下一份产业。"

勾践拉住范蠡的手，说："寡人赖先生之劳，才有今日；越国百姓赖先生之功，始人旺谷丰。寡人正欲图报，先生为何弃寡人而去呢？收回奏简吧！"

勾践受封伯爵后自称"寡"。他这番话言之切、情之殷、留之诚，令人感动！

然而，范蠡仍坚定地说："主辱臣忧，主忧臣死。昔年主公受会稽之辱，臣本该就死，当时不肯死，是为了留着有用之躯一雪前耻，如今大仇已报，应请主公赐死，哪有功劳可言？"

勾践含泪挽留道："你走了叫寡人依靠谁呢？你留下吧，寡人可以分国一半给你。"

"大王！臣不是为了江山而追随大王的。"范蠡回答说。

勾践闻言，再三挽留道："若不留，寡人将杀掉你的妻子及家人。"

范蠡依然坚定不移地说："臣闻君子以适势，有计不急于成功，死后不被人猜疑，内心也不自欺。今执意离越出走，我妻儿何罪之有？"他去意已决。

临行之际，范蠡心中仍然惦念着曾经和他一起出生入死的恩师兼益友文种，他希望文种能看透这一切人间世事。于是，在离开的前一刻，范蠡又一次派人给文种送去了一封信函。文种接到绢书后，大惊失色，只见信中写道：

子禽兄，吾之良师益友，见函如斯，此时吾已踏上离越之行。子善图始，蠡能虑终。吾闻天有四时，春生冬伐；人有盛衰，泰极否来。知进退存亡，不失其正。人无远虑，必有近忧。蠡虽不才，尚知进退之机。高鸟已散，良弓将藏；狡兔已尽，良犬将烹。吴王夫差临终所言，子不曾忘乎？越王为人，长颈鸟喙，鹰视狼步，可与共患难，而不可共欢乐，可与履危赴汤，不可与居安共福。子待何不去？望三思，切切此言。恕蠡不辞而别。

五年后，勾践在新都琅琊召文种问伐楚之计，文种默然无语，后称病不朝。勾践的左右进谗道：“文种自认为功高盖世，不能与大王共享江山，心中不满；令他筹谋伐楚，他又一再推脱，似有反心。”

勾践了解文种的才干，觉得楚国乃吴国手下败将，而吴国又是越国手下败将，以越伐楚，一举可得。文种不献计，显然与楚国有共谋；他更担心文种有朝一日作乱，无人能制，群臣这么说是言之有理。

于是，勾践复召文种，选赐属镂之剑，说道：“你有阴谋兵法倾敌取国九术之策，今只用其中的五条计策就灭亡吴国，其余的四条还没来得及实施，你可以用剩下的四条去阴曹地府，辅佐我打败吴国的先人。”

果然不出范蠡所料，这一天终于来了。文种得剑仰天长叹道：“天啊！我听说大恩不言谢，大功不图报，这是说我吗？我只是后悔当初不听少伯弟的劝说，导致今天被大王赐死。我没有听从良言相劝，才有今日的下场。后代的忠臣一定要以我为鉴啊！”于是返回越城，伏剑而死。这把属镂之剑，昔为伍子胥、夫差自刎之剑，今为文种自刎之剑。

文种死后，勾践将其葬于越国西山，亦名重山。后人为纪念文种，又易名种山。

3. 隐居太湖

文种之死，正应了“飞鸟尽，良弓藏；狡兔死，走狗烹”这句话，由此可见，范蠡急流勇退真可谓明智之举。

话说范蠡向勾践递交辞呈后，回到家便跟夫人百里婉玉商议。范蠡说道：“夫人，有件事想跟你谈一下。”

“什么事，你说吧。”婉玉将身子侧向范蠡，看着他。

“你喜欢越国吗?”

“都这么多年了，在这里也住习惯了。今天怎么问起这件事儿?”

婉玉有点摸不着头脑。

“如果我想离开越国，你愿意吗?”范蠡继续问道。

“离开越国？去哪里，是吴国吗?”婉玉以为越王派范蠡去吴国。

“不是，我想辞去越国的所有官职，然后一家人离开越国。”

婉玉闻言大吃一惊，睁大眼睛看着范蠡：“什么，你要辞职离国，为什么？是不是发生什么事了?”

婉玉的反应早在范蠡的意料之中，他将夫人搂在怀里，轻声说：“以前大王在吴国受了很多苦，所以回来后一心只想着灭吴报仇。他担心自己忘了所受的苦，还尝苦胆来提醒自己，而且每日起早摸黑，生活俭朴。只要是有利于灭吴之事，他无不采纳，十年如一日，这种意志和毅力实非常人能及。他让文种主管内政，让我主管军务，而且放手让我们去做，也不是一般君主能做到的，这也是我愿为他尽心做事的原因。如今吴国已灭，越王心事已了，况且又做了霸主，越国的内政、军务他是迟早要亲自接管的。到那时，也许就是我们大祸临头的时候。”

婉玉打了个寒战，但仍将信将疑信：“你对大王这么忠心，又立了那么大的功劳，大王怎么会加祸于你呢?”

“正是因为功劳太大，才会招来祸害。大王表面上十分大度，其实疑心很重。将士们都认为是我灭了吴国，手握一国兵符。他要收回我的兵符，难免会有顾虑。一旦有了合适的借口，事情就很难控制了。”

“那我们现在怎么办呢?”

“泛舟五湖。”范蠡只简单说了四个字。

婉玉更加惊讶，连忙否决：“不得行！在大王的眼皮底下，他会找不到你吗？再说，灭吴是你与文大夫的计谋，你已经与吴人结了仇怨，他们怎会轻易放过你?”

“夫人放心，吴国的百姓没几个认识我，再说五湖之大，要寻我如大海捞针。”范蠡之所以选择太湖，是因为太湖物产丰富，可以让人不饿肚子；太湖水路四通八达，想往何处就可以去往何处；太湖景色优美，变幻无穷，可以陶冶性情，修养品行。当然，他还有一个最大的理由，那就是寻觅西施的踪迹，他始终坚信她还活着，决心想方设法找到她。

一天傍晚，轻雾初降，夜色朦胧。三条船从军港固陵关悄悄起锚。为了迷惑守关的士卒，船行三四里后又沿途返回，三条小船上的二十几人则换上一艘大船继续北行。

这一切都是水师将军山阳准备好了的。他按照范蠡的要求，准备了快船及七八名可靠的上等摇桨手和舵手，在预定时间和地点装好财物。临别时，范蠡坦诚地对山阳说："我已向大王辞去上大夫和大将军之职，然后离开越国。请您保守秘密，好自珍重。"

山阳惊讶之余，执意要追随范蠡而去："不管大人今后为官还是为民，末将都愿意跟随大人。"

范蠡说："你正当青春年少，身为将军，应该为国效力，有所作为。倘若他日再能相遇，说明你我缘分未了，到时再相聚。"

山阳下跪而拜："大人保重，祝您一帆风顺！"

当范蠡的船驶入太湖时，已是第四天的早晨。太阳出来了，茫茫太湖，金光闪耀。

太湖，名震泽，又名五湖。东西二百里，南北一百二十里，周五百里，广三万六千顷，其中有七十二峰，最高的是洞庭西山。因其东通长洲松江和嘉兴韭溪，南通乌程霅溪，西通宜兴荆溪，北通晋陵滆湖，有水五道，故名五湖。

太湖东北岸，一马平川，有着江南鱼米之乡的风光；太湖北岸，是惠山，紧连湖西十八湾；太湖南岸，群峰叠翠，充山、鹿顶山、宝界山、嶂山，连绵数十里，是太湖的天然屏嶂。

范蠡仗剑走出船舱，眼望湖面，心潮澎湃，吟道：

三山纵横一镜中，
雾锁银盘浸芙蓉。
何人胸贮三万顷，

我欲身游七二峰。

这时，岸上一匹快马从远处飞奔而来。来人大声喊道：“大将军，大将军，请留步！”原来是陈光追上来了。他告诉范蠡，勾践知道范蠡出走后，已派王蛇率君子兵追赶，但被他骗了过去，难保不会再追上来，所以请范蠡隐姓埋名而行。另外，他听说有人在这一带见到过西施，不知是否确切，请范蠡留意。

范蠡谢过陈光，把随行之人都叫出来，对他们说：“大将军范蠡已死，朱公重生，你们以后都叫我‘朱公’。”

然后，他又对郑铎说：“让船穿过三山，在鼋头渚靠船，然后登岸北上。”

随行的人，有范蠡在越国各地发现的奇能异士，也有从各国慕名前来的，更多的是从楚国前来投奔的的同乡宗亲。看着他们，范蠡心情十分复杂，这些人中真正有大用的并不多，但毕竟跟随自己这么多年，也帮自己做了不少事情，一朝分开，终究有点不舍。其中只有郑铎是久经沙场的军人，倘若有人来袭，只能完全依赖他了。

范蠡一一环视他们，发现大多数人都比初见时苍老了许多，深感岁月无情。这么多人会死心塌地跟随他，这是他始料未及的。不过这么多人行动起来是拖累，生活上也是负担。范蠡把夫人百里婉玉叫过来，悄声说：“当务之急是要安排他们的生计，仅靠百镒黄金恐怕撑不了多久。”

“看样子你已经想出办法来了。”婉玉看着范蠡，目光中充满着信任和爱意。

“五湖东北岸，地势低缓，一抹平畴，我们可以结庐而居，以五湖水中的物产和岸边的谷物，足以供给这些人生活。战后到处都在重建，我们就称是避乱而来的。”范蠡神态平和地说。

婉玉笑道：“先生一向胸有韬略，当年越国四五十万人的吃饭问题都能解决，眼前这区区二十余人又怎难得倒先生？”婉玉嫁给范蠡后，仍习惯称他为“先生”。

“那是计然之策好，文大夫又善于运用和发挥，哪里是我的本事。但我想，计然之策既然可以治国，也一定可以用来治理产业。我打算把它好好发挥一下，到时候，让所有跟随我们的人都过上富足而平安的生活。”

“我相信你一定能做到，不过眼下最要紧的是找个地方生火做饭。”

吃饭时，范蠡的两个儿子范智和范哲过来了。他们先对范蠡行了礼，又相互对视了一下，挤眉弄眼的，最后还是六岁的范智开口道：“父亲，我们为什么要离开都城，跑到这野地里来？”

范蠡想了想，对范智说：“我们来越国是为了帮助越王完成霸业。现在他的愿望达到了，我们在越国也没有什么用了。”

“如果没有用的话，越王为什么要给我们那么多赏赐？”范智又问。

“一个人只要勇敢勤劳，做成了好的事情，就会得到奖赏。你是不是觉得越王给了我们那么多赏赐都是应该的？”

“当然应该了，您打败了吴国，给您再多的赏赐都是应该的。”范智不假思索地回答道。

范蠡摇摇头说：“你不应该这样想。是我带兵打败吴军不假，但打败吴国的不仅仅是我。首先是越国的五万多将士，还有像你母亲这样的百姓，是他们团结的力量打败了吴国。另外也是因为吴王不恤下民，违背天道，只图安逸享受，把吴国的钱都花光了，所以他被打败了。你明白吗？”

范智似懂非懂地点点头，说：“我以后一定要勤劳节约，还要勇敢。”

范蠡慈爱地摸摸范智的头，又对两个儿子说：“如果我们是越国人，也许不会离开。但我们原本是楚人，楚国才是我们的母国。”

“那我们是不是要回楚国去？”三岁的范哲问。

“不，我们不回楚国。现在回楚国又算什么呢？”范蠡的神情有些落寞，似在回答儿子的问题，又似自言自语。

“我以后要回楚国。”范哲说。

“为什么？”百里婉玉忍不住问他。

“因为我是楚人啊，回到自己的国土，做什么事情都不用怕了。”

范哲的回答不由得让大家都笑了。

夜晚月光如洗，映照在澄清如镜的水面上，微风过处，波光粼粼。旷野寂静一片，不远处，山村里微弱的灯火如星星般闪烁。范蠡迎风伫立船头，望着远处银光荡漾的湖面，想起自己在楚国的田园生活，不由心生感慨，吟道：

去国一身轻似水，
成功三载重于山；
归来只逐太湖水，
缥渺沧海月一湾。

无论是对楚国还是对越国，他都满怀深深的眷恋。

第二天登船上岸后，范蠡带领大家伐树砍竹，割芦苇扎茅草。半个月后，太湖北边的缓坡上就立起了六七间草屋。太湖东北岸，又有了一个小小的村落。

4. 西施生死

范蠡一行在太湖东北面（今无锡境内）定居下来后，一边开荒种稻，一边捕鱼捉蟹，日子过得平静安逸。

不过，范蠡还有一桩心事未了：令人魂牵梦萦的西施姑娘到底去了哪里？为了寻找西施的下落，一连几个月，从早到晚，他都在太湖周边，逐村逐户地寻找西施。

一天，范蠡从姑苏城西胥门出来走到太湖边，见一女子在烧纸祭拜，觉得奇怪，便上前询问。女子抬眼一望，不禁惊讶失声：“范大夫，是您?”

范蠡更觉莫名，问道：“你怎么认识在下呢？你这是在祭拜谁?”

原来，这个女子是吴王夫差的侍女，曾服侍过西施一段时间，西施待她如同姐妹。范蠡几次去见夫差，她也都在场。她现在祭拜的，正是死去的西施。

范蠡闻言不禁伤心欲绝，含泪疑惑地望着她：“你是说西施死了吗?”

女子点头称是，并告诉范蠡这样一段故事：

话说夫差前往黄池会盟各国诸侯后，西施与众宫女在宫中，打算在夫差回来前，为他绣好庆贺的王袍。那一条条龙绣出来后，栩栩如生，昂首的、飞舞的、行云的、布雨的……众宫女展示着刚刚绣好的王袍，西施仰首看着，微笑着想象这王袍穿在夫差身上的样子。

忽然，司琴从宫外跌跌撞撞地跑进来，喘息着叫道：“娘娘——我听到消息，越国攻打吴国，已经来到太湖边上了。”

西施站了起来，正午的阳光直射入她的眼中，她感到一阵头晕，只觉得耳边突然“嗡嗡”作响，接着就什么都不知道了……

当西施醒过来时，已经是第二天了，所有的宫女围在她身边轻轻哭泣。

西施强提一口气问道：“大王呢?”

一名宫女回道：“大王已经入城，半个时辰后就会到馆娃宫了。娘娘，我们怎么办，我们逃吧!”

西施木然道：“我们能逃到哪里去，逃与不逃，都是一样的结局!”她忽然看到所有人都红肿着双眼，蓬头散发的模样。她立刻坐了起来：“镜子呢！拿镜子来……”

西施挣扎着走到梳妆台前：“替我梳妆，我就算死，也不能死得这么难看!”

众宫女相互对望一眼，四名宫女立刻走上前去，如同往日一样为西施梳妆打扮，其余人等则忙着收拾好周围的一切。

忽然，西施觉得一阵痒痒，她看着镜中，看到为她梳头的宫女手在颤抖，为她穿衣的宫女手在颤抖，为她涂粉的宫女手也在颤抖。

她深吸一口气，取过宫女手中的香粉说：“我自己来吧。”

她的镇定，让身边的四名宫女也镇定下来，继续为她梳妆打扮。

而此刻外面早已天翻地覆。

夫差快马加鞭，自黄池赶回来，未进姑苏城就直奔笠泽战场。数日后，他才赶回姑苏台。一路上，他怒火攻心，勾践的背叛，不但令吴国的霸业功败垂成，更是他人生中的第一次惨败。

越国的卑躬屈膝，消除了他的戒心；越国的“美人计”，迷住了他的双眼。而现在，他刚从战场上归来，剑上犹滴着越国兵卒的血，这血中还要再加上越国女人的血。

夫差闯进馆娃宫，一路直杀进来，响屐廊中，莲花池畔，声声惨叫，如花美女，瞬间伏尸剑下。不过片刻，馆娃宫已成人间地狱。

西施转过身去，夫差的剑已经指在她的胸口。

夫差突然觉得，西施在转身看见他的一刹那，眼中竟有喜悦。夫差摇摇头，他不会再心软了。

西施低下头，看着胸前的剑，那剑上，是方才宫女的血，正一滴滴地掉落。她顿时脸色煞白，两眼直直地看着夫差：“大王，您、您总算平安归来了！”

忽然间，泪水涌上了眼眶，她却不敢去拭泪，因为夫差的剑更逼进了一寸，而他的话也冷若冰霜：“你自然是希望寡人死在战场上，你就平安了。”

西施连嘴唇也变得煞白：“记得第一次见面时，臣妾就曾对大王说，自踏上吴国的土地，臣妾就当自己是吴国人了。臣妾是真心这样想的……”

夫差的剑更逼近了一寸，已经刺破她胸前的衣襟：“事到如今，你竟还敢说这样的花言巧语？”

剑上的寒气，逼得西施的心也一片冰冷，她冷得上牙与下牙碰得“咯咯”直响：“事到如今，臣妾才知道这只不过是我的一厢情愿，我终究摆脱不了越女的命运。大王要杀我，我无话可说，死在大王手中也是我的幸运，至少只有大王曾经宠爱过我。”

朦胧中，她听到夫差在她的耳边说：“哼，这么说，现在你希望寡人赢还是输?”

西施绝望地闭上眼睛，大声道：“我希望这一切都不曾发生!”

忽然夫差发出一阵大笑，西施觉得头顶似有一道冷风吹过，她的长发披散下来，夫差一剑刺了过来。

尔后，馆娃宫火起……

“不，不可能!”没等这个侍女讲完，范蠡就大声嚷起来。他相信是这个宫女看错了，夫差不会杀西施的，也许夫差的那一剑只是吓吓她，她并没有死，没有!

范蠡逃也似的离开了那里。他需要更多的旁证，把事情彻底弄清楚。

不久，范蠡再次潜入姑苏城。现在姑苏由水师和君子兵驻守，范蠡找到当年首先进入姑苏城的君子兵头目。这个人曾为勾践及王后办过不少事情，红极一时，但因知道勾践太多的隐私，灭吴后渐渐被勾践冷落，又遭部下排挤，心中充满怨恨。他对范蠡说：

当年，派人来接西施，是越王勾践的主意。当时勾践觉得已稳操胜券能灭掉吴国，于是对季爰王妃说：“这十几年来西施在吴国，对越国的确忠心一片，没有她效命出力，吴国就是要败，也不会败在越国手里。等姑苏城破时，派几个君子兵去接西施，欢迎她回到越国来。”

季爰王妃早就看穿了勾践的心思，他不仅要打败夫差，拿回所有的东西，还要像吴国当年对待楚国那样，占他们的宫殿、财宝，寝他们的妻妾。她不由得冷笑一声，说：“大王，您大错特错了，这亡国之物，留她何用?”

勾践说：“她到底是范蠡的心上人，怎么说也得给范蠡一个满意的交代。”

季爰王妃说：“西施有多晦气，吴国就是有力的证明。吴王夫差正是因为得到西施，才落得个国破家亡的惨局。大王若真为范大夫着想，就应该杀掉西施；如果她成了范大夫的夫人，不知又会给越国带来什么灾难!”

勾践默认了，但还是悄悄派出二十个君子兵潜入姑苏。

当君子兵赶到吴宫时，夫差刚好上山，只有一辆马车、几个侍从护送西施。

君子兵与吴王的侍从经过一番打斗，终于将西施夺了过来，迅速送回越都。

当天晚上，勾践就叫西施侍寝，西施拒绝了。勾践说："夫差能够同床共枕，孤为什么与你不能？"季爰王妃知道后醋意大发，因嫉生恨。

第二天，君子兵得到季爰王妃的指令：将虏获的吴王宫女全部沉江，无论是越女还是吴女。

就这样，君子兵将西施用一个牛皮袋装起来，抛入钱塘江中。眼看着西施随同牛皮袋慢慢沉下去，消失得无影无踪，他们才回到越都，向季爰王妃复命，说西施已被溺死。

这是一个更令人揪心的说法，可能性很大。范蠡实在无法接受这个残酷的事实，不禁泪流满面。他想去钱塘江，那里沿岸的百姓多少会有所耳闻，只是在勾践的眼皮底下，风险太大。

范蠡一连几天伤心流泪，茶饭不思。就在他一筹莫展之际，又有消息传来：西施已重返故里，继续浣纱采桑，过着平淡安稳的日子。

这一说法给了范蠡莫大的安慰，不管怎样，人活着就好。他想，天若有情，终会让有情人重逢。

5. 沧海桑田

不久，范蠡又得到了另一则有关西施的消息。

太湖景色美不胜收，范蠡经常泛舟湖上，但见一脉青峰，从充山逶迤而下，伸入太湖洪涛之中。那块被神化了的渚头巨石，三面湖水拥抱，迎波兀立，显现出一只栩栩如生的神鼋，昂首于碧水之中，雄姿英发。远眺湖光朦胧，岛屿沉浮；近览山峦叠翠，月晨日夕，景色变幻，情趣迥异。

这天傍晚，他行舟湖面，听水声潺潺，看霞光闪烁，桨声频仍之中，有琴音从湖中的岛上飘来。

琴音起初平缓，好似离人互诉别情，极尽幽怨，灵气中掺杂着一种难以言说的孤寂。忽而，琴声又高亢激昂，昂首向天，如雄鹰般展翅飞翔；忽而又转为低沉，凄美缠绵，似诉说着咫尺天涯的情怀……

范蠡想：这只曲子是我谱的，只有西施会弹，难道……他循声来到一个小岛，登岸沿小径来到一座庭院，只见花园幽深秀丽，杨柳翠绿，亭台掩映，花影移墙；奇花异草，山石水池，流水淙淙，绿竹猗猗，相映成趣，环境极为雅致。

园侧有一竹楼，上书“书云轩”。范蠡贸然闯入，径缘池转，廊引人随，许久才见到轩内有一白衣女子正在专心抚琴，全然不顾眼前这个不速之客。

范蠡见主人如此投入，便站在那儿静心聆听。一曲终了，他仍不吭声，不想打扰主人的清净。他正要转身离去，白衣女子突然唱叹：“千年苦修只为钟情一昔，万世轮回只为等君一拥。”

范蠡听出了其中的韵味，回头向白衣女子施礼。

“素女知范先生一年多来都在寻觅一个人的下落，今日寻到此处，真是天意。”白衣女子自称素女，且随口便说出范蠡之名。

“难道素女知道在下寻找何人？”范蠡觉得这个素女仙气逼人，非同一般。

素女不答，又不急不缓拨弄了一阵琴弦：

故国千里兮，十载不得归。
一曲哭残霸，何处响屐声。
问苍波无语，华发耐山青。
小舟从此逝，江海寄余生。

凄凄然的琴音从素女那纤纤玉手中流泻出来，哀怨婉转，重重叠叠。那伤感的音符，压抑着所有的悲伤与寂寥，渐渐弥漫，将一段故事娓娓道来：

当年勾践的君子兵确实在姑苏城破前就将西施掳回，因勾践当时正在姑苏城外督战，西施被先送到新建的小越城。勾践早有纳美人之心，不巧的是季爰王妃正好也来到了小越城。她见西施依然貌美如初，才智过人，心想，她能迷惑吴王丢失江山，难道不会勾引勾践亡国吗？

季爰王妃心生一计，让西施陪她乘凤舟赏明月，以表对这位功臣的敬意。

西施不知是计，听说是季爰王妃相邀，便欣然上船，当船行到太湖中，季爰王妃命人停下凤舟，听西施弹琴。就在西施奉命弹琴之际，季爰王妃悄然下令，两个君子兵突然从阴暗处窜出，用力把西施推入太湖之中。季爰王妃命人提灯照看，水面已不见西施踪影，随后她假称西施不小心落水而死，命人返航。

出乎她意料的是，浣纱女出身的西施，自幼练就一身好水性，她在慌乱之中抓住了手中的琴，随水漂流，在风浪中挣扎着浮出水面。

当她醒过来的时候，发现自己躺在草地上，这是离太湖很近的一座山麓。而身边的救命恩人，居然是十几年前她在苎萝山遇到过的那位仙女。

西施一时感激涕零，对仙女说："又是你救了我！敢问，你到底是谁？"

"我叫素女。"仙女微笑着看着她，拿了一套干净衣服给她，对她说："前面有个山洞，你去把身上的脏衣服换了吧！姑娘，你因何溺水？"

西施看了看素女，流泪不止，但又不敢说出实情，就含糊地说："我姓方名西，是个流落江湖的卖唱女子，从小无父无母，今日被富家公子强迫上船弹唱游太湖，没想到对方突然起了歹念要强暴我，我不从，他恼羞成怒，便抛我入湖。"

素女笑了笑说："妹妹什么事情能瞒过姐姐的眼睛？你就是越国第一美人西施。"

西施听她这么说，马上改口道："仙女姐姐救过我两次，本该实情相告，只因情势所迫……我们一别十几年，姐姐怎么知道我会遭此大难？”

素女说：“自从上次在苎萝山救了你，这十几年来你的动向，我都一清二楚。我隐居于太湖的一个岛上，去过姑苏城很多次，曾经看见吴王带着你坐在华丽的车辇上，当时的你受尽宠爱，倾国倾城，在吴都城那是人人皆知啊！”

西施听到这里，不由得一股酸水直冲喉咙，往事不堪回首，她说：“这十几年来，我就像做了一场梦，对于吴王，只有无尽的愧疚，是我害了他，不知道他现在怎么样了？我天天在想，他肯定被越国俘虏了，沦为了阶下囚。”

素女闻言十分诧异地说：“你以为范蠡会放过夫差吗？夫差夺走了你，他当然要报夺妻之仇。”

西施不由自主地打了个寒战，说道：“这本来是文种大夫和越王出的主意，主动把我送到吴国，与吴王何干？当初若不是范蠡那么狠心，我现在也不至于落到这般田地。”

素女见西施还担心着吴王，只好把真相告诉她：“就在前几天，吴王在姑苏山上自杀了，吴国已经彻底灭亡了，这不就是你当初去吴国的目的吗？”

西施听了又羞又愧，犹如万箭穿心，她伏在草地上，敞开喉咙无声地哽咽着，一直到眼泪流尽为止。

素女见了不免同情起她来，她知道西施的痛处是因为得到了吴王的真爱，却又把他推向灭国的下场。她宽慰道：“这也不能全怪你，吴王这些年东征西战，与许多诸侯国为敌，所以就是战死也无人出手援救。现在大局已定，你纵是这般悲痛，也无济于事。”

西施只觉得心如刀绞，内心的痛楚一波又一波地袭来，几欲将她四分五裂。她过去想要什么就可以得到什么，唯一得不到的便是作为一个人的尊严。这种尊严唯有吴王一个人可以给她，但她却万万不能接受这种施舍，否则将成为一名叛国者！她悲泣着说：“是范蠡逼死了夫差，是我害了吴国的老百姓，我今生今世造的孽，就是用十辈子也还不清。你说，我活下去还有什么意义?”

素女劝解她说：“国仇与私情是两回事。这个世界上，对你最好的人是吴王，对你最残忍的人是范蠡，可是，偏偏你两个人都爱。我问你，范蠡和夫差，你到底爱谁爱得更深?”

西施一时无言以对，她想：我最爱的人应该是范蠡，可是，吴王为我败了国，我又怎么能撇下他独自离开；而范蠡，为救越国而舍弃了我，还能与他重新开始吗？于是说：“姐姐，从来没有人这样问过我。在没有进宫之前，我爱的人是范蠡，可是到后来，我遇上了吴王，他一心一意地爱我，我也一心一意地爱他，我甚至想，没有他，我哪还有活下去的理由——我——”西施说完已泣不成声。

素女不忍心见她如此伤悲，瞟了一眼她的神色，不禁叹了一口气，说：“西施妹妹，我就知道，吴王不但抢走了你的人，也抢走了你的心。现在，越国已经容不下你，吴国你也待不下去了，你现在只有两条路可走!”

西施看着素女，不知她有何主意，不由问道：“是哪两条路?”

素女说：“你欠了吴王的债，来世肯定要你亲自偿还，不如今生就离开范蠡，我带你到岛上去，跟我一起隐居到死，不让任何人找到你，这样，你就算是为自己赎罪了。”

西施听了，又问：“那么第二条路呢?”

“第二条路，”素女顿了一下，又说，“我想天下人肯定都同情你和范蠡，希望你们有个圆满的结局。这样吧，我送你回姑苏城，送你到范蠡身边，然后，你追随他隐居世外，忘掉世上的杀伐纷争，这样，你会活得很快乐很幸福!”

西施听了犹豫不决：“我不能再和范蠡见面了。如果吴王未死，也许我还能和范蠡在一起，可是，吴王待我情深恩重，我跟了他十几年，享尽世间的荣华富贵。我虽是为国献身的烈女，但也是有心有肝的人，岂能如此背信弃义，在吴王亡故后又转而投入范蠡的怀抱呢！何况，今日的西施已不是往日的西施，就让范蠡当作我已经死了吧!”

素女把西施扶起来，拿了一个白色的斗笠给她戴上，对她说：“此地在吴国境内，吴国人都认识你，你得避人耳目。这样吧，等我打听一下吴王下葬于何处，带你去祭拜他以后，你再跟我走。”

祭拜过吴王的亡灵后，素女将西施带到荆溪，交给她的养父母缪氏夫妇。缪氏是渔佬，西施自愿跟着他们过渔家生活。村里人听说缪家来了一位仙女，纷纷跑来一睹为快。第二天，缪氏夫妇与西施摇着渔船去太湖边捉鱼，当渔船摇出村口时，只见桥上站满了人，都是来看这位人间美女的。站在桥上的人议论纷纷，说这位渔家姑娘赛过西施。过了一整天，看美女的人仍未散去，一直等到西施的小船打渔归来，人们一定要西施上岸和大家一起走过这座桥，再送她回家。这座桥后来被称为“施荡桥”或“归美桥”。

好景不长，没过多久，有人说这位渔家女就是天下第一美女西施。风声越传越紧，西施待不下去了，只得跟着素女隐居太湖，她的足迹留在了嘉兴至荆溪一带。

范蠡听罢怅然若失，望着江上的点点渔火，眼角又渗出了几滴清泪。原来是西施不愿意再见到自己。家国仇怨、兵戎争霸，不过成就一代英雄的虚名。范蠡多想把自己的灵魂放到太湖水中洗涤，重新回到起飞的原点。可惜曾经的伤口已硬如疤趼，无法疗救。

风起了，雨丝如帘，烟笼寒水，漫天的桃花翻滚纷飞。这年的桃花开得似乎比往年都淡，淡到近乎月白，却也比往年看上去更美。

范蠡收拾了一下自己潮湿的心，登船迎风雨而归。

第七章　经商治产新天地

1. 养鱼之道

范蠡——现在应该叫他朱公了，寻西施不得，只得沮丧地回到太湖北岸的“村子”里。他刚回来，就听郑铎说，开垦出来的二十几亩稻田全部被湖水淹了，根本无法播种。

朱公立刻去查看现场，发现湖水已漫过围坝，稻田里至少有七尺深的水，如果湖水不退，要想种稻子是不可能的。原来，太湖与江、海相通，春末夏初正是江南多雨时节，江水涨则湖水也涨；夏天海潮涨，湖水也涨。而这两个季节正是种稻时节。对于这个问题，最直接的解决办法就是加高堤坝，但这是一个十分浩大的工程。不过，事关生存大计，再难也得做。

于是，朱公把精壮劳力组织起来，日夜奋战，挑土抬石，把围坝增高两尺。

一个多月后，围坝总算高过湖水了，但又出现了新的问题：湖水迟迟不退，稻田里的积水怎么排出去呢？朱公把所有“村民”叫到一起，希望大家群策群力解决这一难题。

“村民”中有个叫儒稚的人自称是篾匠，他很早以前就想要造一架手摇水车，只是没有机会付诸实践。他讲的原理很简单，就是在吸水口和出水口各安装一个灵活的转轴，把楠竹劈成近一尺长的竹筒，将许多竹筒用麻绳绑牢，再根据两个转轴的距离结成串，靠手摇转轴带动竹筒不断转动，这样竹筒在吸水口灌满水带到出水口倒出。

朱公觉得原理可行，便马上让人开始制作试验，随后又在实地操作中进行了改进：在两轴间加了滑动板，两个转轴改成一大一小。成功后，他们造了四架手摇水车，将稻田的水排到合适的深度，时节虽然晚了点，但总算把稻子种下去了。

秋天很快来了，这一年的收成很不好。二十几亩地，才收了不到三十石谷子。一连几天，朱公都愁眉不展。入不敷出，这样下去生活会越来越艰难，自己耗尽钱财倒不算什么，但手下这些人怎样生存呢？

朱公打算调节一下自己的情绪，便带上长子范智去湖边垂钓。一片迷人的芦苇，在秋风中轻轻地摇曳、绵延着，向着远方，连着山，连着云，连着朝阳，通向地平线。神奇的太湖四季景色不同，晨暮意境迥然。

"爹爹，为什么每天都有太阳从东边的湖面升起，又到西边落下，东边有很多太阳吗？"范智好奇地问道。

朱公这下为难了，不知道该怎样解释。他想了想回答道："每天从东方升起来的都是一个太阳，它升起来，是为了把大地照亮，这是它该干的活，累了就到西边去休息，第二天依然从东边升起来。"

"每天都这样，它不会觉得闷吗？"

"劳动就需要这样不断地重复，才能最终得到好的结果。"朱公不断把吃苦耐劳的概念灌输给儿子。

他们正说着话，鱼已经上钩了。朱公连忙起钩，第一个勇敢者居然是少有的鳜鱼。他让儿子把鱼放到大铜盆里，然后换个地方下钩，这一次上当的是鲤鱼，大肚、红白相间，十分漂亮。可能是鳜鱼比鲤鱼聪明，上当只上一次，自此以后，咬钩的全是鲤鱼。朱公觉得很奇怪，回到第一次下钩的地方，但仍没有钓到鳜鱼。

不过，一个多时辰，朱公就钓了满满一盆鱼。他已经有二十几年没拿鱼竿了，这次既解瘾又获实利。范智也很高兴，他特别喜欢那条花色的鲤鱼，坚持要把它喂养起来。百里婉玉便依儿子的意思，挑了四五条大肚肥头、颜色鲜艳的鲤鱼喂养。

可惜的是，这几条鱼没喂几天，便奄奄一息了。朱公劝儿子放生，儿子十分不舍，于是把它们放到有水的稻田里。

入冬后，朱公忙于考虑和谋划二十几人的生计，很快就把这件小事给忘了。第二年开春，为了节省粮食，他带领大伙去岛上挖竹笋。迎着点点滴滴的春雨，肥嫩、短壮的竹芽破土而出。挖回春笋做菜，味道清淡鲜嫩，吃法多样。若是发动大伙到周边的山里捉些野味或下湖捉些鱼蟹来，如此半年就不愁吃了。

开创一种生活方式是艰难的，对于技术和生产工具落后的蒙昧时代，这便具有了开拓性的意义。但竹笋拔节快，一夜之间就没有机会吃它了。朱公便针对竹子动脑筋，将它所有的用途一一列举出来，看有哪些可以利用得上。

春雨淅沥，乍暖还寒。桃花已经开了，红的、粉的、白的，一簇簇、一丛丛，阵阵清香扑鼻而来。朱公披着草衣，坐在稻田围坝上，抬头望着灰蒙蒙的天，一阵寒意莫名地袭来。天空中，看不见蓝天白云，看不见鸟儿飞翔，只有单调的灰暗和沉闷的雾霭。当他低下头时，突然在稻田里发现了奇迹：透过清亮的浅水，田底呈现出一片晃动的红色，开始他还以为是桃花落入了水底，再定眼细看，竟是一群群红色的小鲤鱼在慢慢游动。他感慨万分，赞叹这生生不息的生命奇迹，一个新的想法同时在脑海中涌现出来。

朱公首先把自己的想法告诉夫人，婉玉笑道：“你是说养鱼？这一带只有捕鱼的渔家，人们取之于自然，哪有养鱼的啊？”

“凡事都有一个开始，就让我们来试试吧。”看到朱公如此兴奋，婉玉也不好泼冷水，还主动把大伙叫来商议一下如何养鱼。

朱公问：“你们有没有谁养过鱼或者在水中养过其他活物？”

大伙面面相觑，都说没有养过。一个十七八岁的小伙子见朱公有些失望，腼腆地说：“在老家，我见过爷爷养河蚌。”

朱公忙问：“你老家在哪里？河蚌又如何养？”

小伙子叫春喜，他回答说老家在边角（今浙江嘉兴境内），河蚌怎么养他也不懂，只知道是用细麻绳结成很密的网，将湖汊围起一块来，把河蚌放到里面养。

朱公从春喜的话中受到了启发。用土石围坝养鱼，区域面积会受到很大限制，如果要围起一大块地方，围坝的工程太大。结网围湖不失为一种好方法。只要在湖中每隔一定的距离就打上木桩，固定好网，并将网底压上石头，就能保证鱼不会跑掉。

大家都觉得这个办法可行，热情甚高。伐树、搓绳、织网，大家各自忙碌着。当地的麻丝很便宜，但搓麻绳太费工夫，于是干脆向渔家买现成的。很快，一块近三顷的渔场围成了。围场的网称之为“罟网”。用罟网养鱼，可养河鲤、鳜鱼、红鳍鲌（太湖白鱼）、青鱼、鲢鱼、团头鲂。头一年，鱼的长势不错，尤其是团头鲂和红鲤生长特别快。拿到集市上卖，价格也不错。

朱公对众人说：“养鲤鱼的好处是，鲤鱼不会互相攻击，容易成长，价钱又高。”以后，他们着重养翘嘴红鳍鲌、团头鲂和鲤鱼。

然而，新的问题很快出现了。由于细细的麻绳在水中长时间浸泡会腐烂，围鱼的网很快就出现了许多窟窿，鱼从窟窿处跑掉了。起初，他们一边查一边补，但常常是这里补好了，那里又坏掉了。一旦大面积坏掉，想补都来不及。

这时，篾匠儒稚提出了一个替代方案：劈竹条编织成网状替代麻绳网，同时用桐油涂竹网几次以防腐。周围的竹林多的是，取之不竭，只是需要费点工夫。

这个方案很快便付诸实施。他们用编织的竹网分段替换了麻绳网，整个围网结实牢靠。因这种水篱笆是专用来拦鱼的，故称之为“鱼箭”。

朱公高兴地对儒稚说：“这是个了不起的发明。你再把你的老本行发挥一下，看看竹子还能不能造出其他物什来。”

儒稚想了想，回道：“竹的用途数不胜数，竹竿可做竹器，竹沥、竹茹用方入药，竹笋可以吃……”

“可做哪些竹器?”朱公打断他的话。

“比如篓、篮、筐、桌、椅、床、席，楠竹可盖房子、钉竹板，还可做成竹排，在水里运东西。”

“太好了，就地取材，物尽其用，种竹养鱼千倍利啊!”

就这样，种竹养鱼成了“村民”们的主业，日子也过得越来越富裕了。

公元前468年（越王勾践二十九年）初秋，朱公叫来春喜，打算和他一起去向他爷爷取经——养河蚌。当朱公与春喜兴冲冲地来到边角时，春喜的爷爷已经过世了。朱公一脸沮丧，比春喜还伤心。更糟糕的是，当他们返回太湖时，竟然遇上了君子兵。好不容易躲了过去，但朱公的心还是惴惴不安。

勾践已将国都迁往琅琊，如果姑苏没有特别的事情发生，王宫卫队的君子兵肯定不会出现在太湖附近。朱公回到“村子”里，立即让郑铎去打探消息。果不其然，郑铎回报说：上大夫文种从新都回到会稽后，已被勾践赐死；勾践做霸主已有三年，要来姑苏犒军（汇报式军演），并重游太湖，以炫耀其文治武功。越、楚这两个盟国已经反目，正打算开启战端，勾践不能不显摆一下。

朱公得知文种的死讯，泣下数行热泪，悲痛欲绝。尽管这是他预料之中的事情，但他仍不愿意相信勾践真的这么做了。他在船头跪拜，痛悼这位异姓兄弟、良师益友、治国奇才、绝世知音。尔后，他把“村子”里的事托付给儒稚——他不仅是个篾匠，还是个将才。

朱公对他说：“照顾好这里的一草一木，一条鱼都不许跑掉。”

儒稚行了个礼，说：“朱公放心，即使把我自己丢了，也不会让这里丢半点东西。”

朱公把两个儿子也留在“村子”里，只带上夫人婉玉和郑铎，星夜乘轻舟直奔太湖西南，那儿正是他二十几年前由楚入越的地方。

2. 富贵之士

确实，越王勾践这次来到太湖并不是冲着朱公来的，他一点也不知道范蠡已改名朱公，在太湖种竹养鱼。

这几年，越国作为诸侯之长，对中原各国的大小事情都想插一手，卫国、鲁国都听命于越国。迁都也好，管闲事也罢，无非是想改变自身蛮夷的形象，树一代霸主的威风。即使对过去的同盟大国——楚国，勾践也早已不放在眼里。两国公然开战是必然趋势，只是时间问题而已。而姑苏和会稽仍是越国的两个主要军事基地，勾践来到太湖自然是为了对付楚国而做准备，朱公内心很清楚。但是，万一被熟人碰上，就会惹来不小的麻烦，越军将领几乎都认识他，还是避一避为好。

冷月悬空，疏星闪烁，皎洁的月光洒落在湖面上，如金蛇游动。时值初秋，东风少逢，西风正烈，船工只得划桨迎浪前进，船桨拍打着水面，发出单调而有节奏的响声。

朱公来到船头甲板，忽然，前面一里开外有两艘战船迎面驶来。朱公眼尖，一眼便认出那是越军水师的“小翼”。

“快！到那边去！”朱公指着不远处的一个小岛说。那个小岛在他们的正南面，仅一里之遥。众人操起桨，一起向那小岛划去。

这个岛不大，不及一里见方，山不高而多石，没有什么大树，荆棘丛生，荒草没人。小石山两脉合抱，中有水塘一个，约一亩大小，环塘有翠竹环绕。两脉合抱处有一丈多宽、长数丈的水口，外连太湖，这里的水塘实际上也是太湖的一部分，西南岸便是荆溪。

小岛四周除了进来的一边外，其余滩长水浅，礁石密布。除进口一带有一些芦苇外，其余都是光秃秃的石滩。

他们在小岛上避了一阵子，第二天天一亮，朱公让船工把夫人和郑铎送到西南面的岸上去，吩咐他们在那里找个落脚的地方。他自己则准备了一些简单的工具，打算在岛上停留一段时间，说是要等一个人。

婉玉不解地问道："这般荒凉的小岛，你能等到何人?"

朱公也说不清楚，昨夜他睡了片刻，得一梦预示有不速之客将至，再掐指一算，也有佐证。他不好详说，便敷衍道："有人托梦而已。"

婉玉深知朱公个性，言行时常与众不同，但所言所行必经深思熟虑，做事自有其理。因此她也不再细问，几人辞别而去。

朱公巡岛一周，未见有何异常之处，除了枯黄的芦苇蒿草和暗红的石土，别无他物。他割了些芦苇搭在两石之间，作为自己的临时窝棚，然后再到湖边水深处垂钩而钓。

实际上，此时的朱公哪有心思钓鱼，他只是想验证一下自己的预测到底准不准。过了一会儿，有鱼咬钩了，他拉起来一看，鱼太小，于是取下丢入湖中。他在幻想，西施若真如素女所说在这一带生活过，一定会留下踪迹，说不定天悯人愿，异乡巧遇，那一刻该是怎样的令人感动!

朱公想得出神，又有鱼上钩了，拉起来一看，又是一条小鱼。他取下来，再次投到湖中。这时，天淅淅沥沥地下起雨来，雨滴入湖中，洒出一波波碎玉，湖面蒸腾出一片雾气，渐渐地，整个湖都迷离在那片蒙蒙烟雨中。

朱公瞧瞧自己的身上，竟然没有一点雨。他心里正感奇怪，回头一看，只见身后有个人支着一把黄色绢布雨伞。这是个年约八旬的老者，童颜鹤发，道骨仙风，丰神俊朗，似有一股神仙的味道。

"有鱼上钩了，起钩啊!"朱公正呆看着，老者提醒他道。

朱公转身起钩，这次是条大鱼，好大一条红鲤。

"还是道家有口福，只是不知慈者舍得舍不得?"老者看了看朱公，微笑着说。

"一条鱼而已，哪里谈得上舍得舍不得。不过，这贫地荒野，如何煮食?"朱公把鱼递给老者。

老者拿一苇叶，将鱼开膛破肚，然后在水边挖一把红泥捏成缶状，盛水放鱼，搁在两块石头之间，点燃苇杆烧起来，待水开后，又放入嫩蒿和盐末。

一股香气扑鼻而来，朱公几乎看呆了。

老者也不理会他，只顾自己吃起来，直到只剩下鱼尾。“好美味，多谢慈者，无以为报，只送一把‘富贵土’。丁山内藏五色之土，用以制陶，富贵至矣。”老者拿起雨伞，起身说道。转眼间，老者已到一块大石上，孑然伫立，一身淡青色的道袍隐隐飘动。难道他就是计然所说的祖师爷“渔翁”？

朱公不敢确认，忙下跪道：“谢仙人指路！”说完再抬眼相看，老者已全无踪影。他抓起一把土捏了捏，发现这土黏性特强，再拿起煮鱼的缶看了看，呈黯红色，已很结实。一般人不可能用几根芦苇将它烧到如此程度，显然这是一种暗示。

几天后，朱公跟着郑铎来到鼎山和蜀山之间一个名叫台山的村庄，婉玉已经在此安顿下来。朱公把自己的奇遇讲给几人听，婉玉不信，说：“哪有这样神奇的仙人？你拿的这个罐子，也就是一个粗糙的土钵而已，此地的农家谁家没有几个这样的土罐啊？”

朱公说：“陶罐并不稀奇，只是仙人临别时，说它是‘富贵土’，想必此土非同一般。这里有叫丁山的地方吗？”

婉玉心想，这世上哪有仙人，即使像计然、素女这样的奇人，也只能勉强算是“半仙”。她不想跟朱公争辩，于是将他拉到外面，一直到黄龙山脚下，对他说：“这就是丁山，你看这里的土与那里的土不是一样吗？都是黯红色，难道这都是‘富贵土’？”

朱公一看不禁傻了眼，整个黄龙山都是这样的土。他抓起一把在手里捏了捏，也很有黏性，与小岛上的土毫无二样。“富贵土”——难道老天真赐给我这么多富贵土？他们又仔细看了看，这土干后变成一种紫色的沙子，湿则黏中带沙，柔中见刚，富有韧性；挖开底层再看，果然有白泥、黄泥、绿泥、青泥和紫砂泥等多种，颜色鲜艳。

朱公心想，只做简单的比较还不成，得实际做做才行。当地陶业已很兴旺，据说烧制土罐、钵、卮、壶等陶器在千余年前就有了。于是，朱公便向当地的老人请教，学习技艺；又叫其他几人采泥做坯、筑窑集柴。

他们做了很多坯，等干了以后，就围着坯筑起了一个圆墩，顶上留一个孔洞，从孔洞里把柴草、树枝塞进去烧，一边烧一边看，看到火小了，再把柴草添进去。

经过数天的烧制，陶器虽然烧出来了，但不是烧得变了形，就是没有烧透，更伤脑筋的是烧出了许多有裂缝的破货。朱公弄不清楚原因，也一直想不出办法来解决。

有一天，他闲来无事，在家休息。等到午饭时间，婉玉淘好米，洗好菜，就动手做饭了。她先在锅底下垫三块石头，把锅垫得高高的，然后点起柴草。朱公见火苗很旺，飘得很高，心想这样烧法柴草不是浪费了吗？于是就把这三块石头拿掉。婉玉却说，锅压在火上，火就烧不旺了。

果然，三块石头拿掉以后，火就黯淡了下去，接着，一股股浓烟从灶膛里冒出来，呛得他们又是眼泪又是鼻涕。婉玉说："我讲得对吧！快快垫好。"等到锅重新垫好，火又旺起来了。朱公捋着胡子寻思，假如烧窑时泥坯不挨着地放，而是把它垫空了烧，不就容易烧透了吗？

还真是这么回事！等到下次烧窑时，朱公把泥坯全部用石头垫起。因为坯体受热均匀，败火的货少了，破货也少了。后来，人们称这种石头叫"脚石"。

又有一天，朱公干完活回来，婉玉正好在做饭。火烧着烧着，锅里的水开了，锅盖抛了起来，饭汤溢了出来。婉玉赶紧把灶膛里的木柴夹出来，只留几块柴头在里边。朱公问："饭烧好了？"

婉玉说："没有。"

朱公觉得奇怪："那为何要把柴夹出来？"

婉玉说："饭烧滚汤后要闷一闷，过一会儿再烧一把火，这叫'还火'。"

朱公说："何必要做两遍手脚？"

婉玉笑道："道理很简单，如果一直用大火烧，时间短了做的是夹生饭，时间长了饭就会烧焦。"

等到婉玉还了火，开锅盛出饭来，粒粒似珍珠，吃到嘴里又香又有韧劲。

朱公吃着吃着，心里突然一亮，烧陶器跟烧饭不是一样的道理吗？如果一直用猛火，米粒吃不消，就烧焦了；陶器吃不消，就烧裂了。假如烧烧，闷闷，多几遍手脚，不是既可烧透，又不破裂吗？

后来，朱公经过几次试验，掌握了一套控制窑温的办法，终于烧出了当当响的陶壶。因为是用紫砂制成，所以称为紫砂壶。后人形容紫砂壶：

温润如君子，豪迈如丈夫；
风流如词客，丽娴如佳人；
葆光如隐士，潇洒如少年；
……

用紫砂土制壶，倾汤泡茶芬芳满轩；用紫砂土做盆，栽花植木叶茂花繁。村人无不称奇，纷纷来讨教方法，朱公莫不尽其所知相授。

3. 赴齐勘察

朱公原本只打算在荆溪暂避一时，但勾践仍在姑苏一带忙活，迟迟没有离去，加上黄龙山紫砂制陶出乎意料的成功，他便让郑铎常由水路往返于鼋头渚和黄龙山之间，自己则在荆溪又建起了一个小小的庄园，自称"陶庄"。

由于鼋头渚那边"村子"的竹器和鱼越来越多，即使与周边的乡民交换物品，也还剩下许多。黄龙山的陶器也是如此，当地已经消化不了了。

朱公想，物质的积累，并不是财富。只有将物质变成货物进行交换，才能不断满足供求关系，才能通过钱币的不断流动积累财富，因此他想到了农商兼顾。

公元前467年（越王勾践三十年），朱公出黄龙山，入太湖，沿吴（松）江来到位于嘉兴西的白马邑。白马邑是他最熟悉的一个自由集市，这是一片洒满鲜血的土地，其南面几里便是当年越吴征战的槜李。近三十年过去了，这一带依然热闹。银桃（水蜜桃）和槜李越来越多，越来越好吃，人流和物品都比过去增加不少。这里不再是逢五赶集，而是天天开市。朱公将鼋头渚和黄龙山两地的货物运到这里来交易。这是第一条商道，可以东西贯通荆溪、槜李，南北贯通姑苏、余杭。

随后，朱公又着手打通“国际”商道——从姑苏顺着夫差当年的北伐之路来到齐国临淄。

十多年前，朱公在吴王北上会盟前夕曾出使齐国，并对齐国的历史有所研究。

齐国原本是姜子牙的封国。齐桓公称霸的时候，国力强盛。当时陈国有个叫陈完的人，投奔齐桓公，齐桓公得知陈完是虞帝舜的后代，就请周天子拜他为卿。陈完推辞说：“我是逃亡之臣，能得到大王的收留，已经是很大的恩惠了，不敢居高位。”

齐桓公也不便勉强，想起前几天管理百工的工正去世，尚未补缺，就封他做了工正，并赐给他很多田地。

陈完感恩戴德，为了表示与陈国脱离关系，就改姓田，他的后代从此也以田为姓。此后几代子孙均侍奉齐国国君，田氏宗族日益强盛。

田乞是陈完的六世孙，被封为齐国的大夫，侍奉齐景公。

公元前490年（齐景公五十八年）秋，齐景公生病了，他命令大夫国惠子和高昭子立荼为太子，然后又让其他公子离开临淄，迁居到莱邑。齐景公去世后，国惠子和高昭子遵照景公的遗命，立荼为国君，这就是晏孺子。

田乞不喜欢晏孺子，而与景公另一个儿子阳生关系很好，因此想立阳生为国君。

他表面上对权臣高昭子、国惠子很恭敬，上朝时经常和他们乘同一辆车，借机对他们说："以前各位大夫都不愿立孺子，现在你们既立孺子，大夫们人人自危，图谋发动叛乱。"

接着，他又对其他大夫说："高昭子是很可怕的，见我们不支持孺子，一定会找机会对付我们，要趁他还没对我们发难之前就先下手。"

大夫们都听从了他的话。于是，田乞、鲍牧和大夫们带领士兵冲进王宫要杀高昭子。高昭子和国惠子率领君主的兵卒进行反击，不幸失败，国惠子逃到了莒国，高昭子则被杀死。

随后田乞驱逐了国氏和高氏家族，又暗中派人到鲁国接来阳生，藏在家中，然后邀请众大夫说："田常（田乞之子，又叫田成子）的母亲有个鱼菽之祭，想请大家一起前来聚聚。"

田乞让阳生藏在一个大皮囊中，坐在聚会中央的地方。待酒酣耳热，大夫们讨论新国君的人选时，田乞打开皮囊，让阳生出来，对大家说："这就是新的齐国国君了。"

于是，大夫们都伏地拜见阳生，田乞提出和大夫们盟誓，立阳生为国君，即齐悼公。

齐悼公继位后，拜田乞为国相。但鲍牧对悼公不满，在一次上朝的时候指使刀斧手埋伏在悼公必经之地的幽道上，等悼公一出小辕门就高喊捉贼，然后不容分说，刀戟齐施，把悼公剁成了肉酱。在发现他们杀的不是贼以后，鲍牧又准备了一批人把刚才杀悼公的刺客全都杀掉灭口了。之后，鲍牧伏在地上呼天喊地，悲恸不已，但是谁都知道齐悼公就是他杀害的。

齐悼公死后，即位的是齐悼公之子公子壬，是为齐简公。这时，凭借各自家族的实力，田常和鲍牧分任齐国的左右相国。田常经常忧心鲍牧会在自己不留意的时候杀掉自己，因而非常谨慎，就连上朝的时候也在衣服里面罩上软甲护身，腰间也随时备有鲤鱼宝剑和袖箭等武器，用于自我防卫。

简公好像完全不知道鲍牧是自己的杀父仇人似的，说话都是称尊相大人。就算是在朝堂上，鲍牧对简公也称他为小儿。每当鲍牧提问，简公就会侧身而立，恭恭敬敬地听着，好像他是臣子而鲍牧是君主似的。

在一次例行的宴会上，一个美丽的宫女赤裸着上身去给鲍牧敬酒。因为鲍牧是以暗杀起家的，他也害怕别人暗杀自己，于是规定给他送菜的人一定要是少女，还要上身赤裸，这样就没有地方可以暗藏凶器了。

就在他愣愣地看着的时候，宫女的口中突然喷出一物，仿佛赤练蛇的火信，一下子射中了鲍牧的眼睛。这个少女口中的武器便是蛇剑，用十五种剧毒之蛇的毒液炼制而成。原来，这个少女是田常特意为简公而训练的。那个少女经过训练，能够忍受这样的毒药半个时辰，而在这半个时辰的时间里，鲍牧早就已经魂归九天了。

这个少女也死了，她有一个哥哥叫监止，因为妹妹的功劳得到了简公的宠信和重用。眼看监止的权势渐渐压过自己，田常心里很不痛快，很想除掉这个后来居上者。但是，简公有过父亲的教训，变得非常小心谨慎。他一动身就是五百校尉护驾，而这五百校尉的功夫在整个齐国都是无敌的。监止又统帅京畿几万大军。因此，田常不敢轻举妄动。

田常并非不可以举兵推翻简公，只是碍于面子不希望诸侯认为他是弑君。因此，他想用和平的手段取得齐国的最高权位。他深知堡垒最容易从内部击溃的道理，努力去分化简公和监止的联盟。他首先要打击监止的势力，因为监止毕竟只是暴发户，没有什么根基可言。

为了把监止和简公分开，田常使了一个花招。他派人在徐州闹事，而这个人是齐简公的长辈宗室。按照齐国的典制，宗室长辈的事情需要国君亲自去解决。就在简公准备带上监止一同去徐州的时候，京城又连续发生歹徒针对监止及其军队的纵火事件，迫使监止无法随同简公前去徐州。

就这样，简公前脚刚离开京城，监止的几万京师禁军就被掌管全国军队的田常给换防了。监止在齐军中的威信本来不是很高，因此没有谁对他是死心塌地的。而田常在军队中一呼百应，军队换防后谁也没有告诉监止。直到田常挺着宝剑逼向监止的时候，监止大声呼救，也没有人理他。

监止死后，田常马上派出他的军队直捣徐州。他对士兵们说："监止杀害我们简公。不但如此，他还派了一个傀儡伪装成我们的国君，而这个监止就在假国君后面做幕后人，已经诛灭了监止，现在就请大家戴上国孝，随同我前去杀掉那个假冒的国君，为简公报仇。"

大小贵族的仇恨火焰被田常点着了。他们怒气冲冲地杀到徐州，根本不听简公解释，就把他撕成了十七八块。随后，简公刚刚三岁的儿子被大臣们拥立为国君，这就是齐平公。田常以国相身份继续掌握齐国大权。

当年，范蠡（朱公）为了联齐抗吴，出使齐国，那时是齐悼公在位，田乞为相。范蠡来到临淄后，按礼节首先拜见了齐悼公，见齐悼公果然懦弱无能，说话时还要看田乞的脸色，知道不能对他寄以希望。

第二天，范蠡前往田府拜见田乞。

田乞见范蠡前来，表现得十分客气，盛席宴请范蠡一行，并让他的儿子田常出来相陪。范蠡见田常很像他的父亲田乞，为人十分精明，便存心交好，双方相谈甚欢。

席间，田乞问范蠡："我听说越国每年都要向吴国进贡，越王对吴王十分恭顺，可有此事?"

范蠡料知齐国大臣会问这个问题，早已想好了应对之辞："大人可知吴越两国乃是世仇，越王怎么会真心对待吴王呢？跟大人说实话，越王时刻不敢忘记复仇的使命。如今吴军强大，我听说吴王现在正准备讨伐齐国，不知贵国可有防范?"

田乞苦笑了一下，说："前些年齐国内乱不断，一时竟让吴人欺负，让诸侯们见笑了。不过，如今我们已知道夫差在打什么主意，齐国人并不是孬种。"

"那就好!"范蠡点了点头，表示理解。

"范大夫说越王时刻不忘复仇，不过我听说夫差不允许越国拥有兵甲，加上吴军这么强大，不知你们有何良策?”田乞继续试探道。

“也谈不上什么良策，”范蠡不卑不亢地回答，“我们只知道上天会帮助有德之士，惩罚失德之人。所以越王行仁政，恤民情，与民同甘共苦，甚至亲自下田耕种。如今越国上下谨遵天道，不敢懈怠，希望能够尽快恢复国力。大人认为这样做可行吗?”

田乞有点不相信，又问道：“你说越王亲自下田耕种，是做做样子的吧?”

“不仅越王亲自下田耕种，而且王妃也亲手织布，他们已经这样做好几年了。不但如此，越王还每日强迫自己尝苦胆，以示不忘过去的苦日子。”

田乞听了十分动容：“这样说来，这越王的毅力非比寻常，而且越国还有你这样的良臣，看样子还真能兴国。那么，范大夫这次到齐国来有何指教?”

范蠡见田乞的态度有了很大的转变，看起来很热情，但多少有些虚情假意，而此刻这话听起来似乎是真心想要帮助越国。他抓住这个机会，实言相告：“我这次来齐国，就是希望齐越两国交好，共同对付吴国。同时，我希望能和田大人交个朋友，此外并无所求。”

田乞笑了笑，捋着胡须说：“范大人就是不说，我也想交你这个朋友，你放心，以后田家人就是你的朋友。至于吴国嘛，本来就是齐国的敌人，以后只要是对付吴国的事情，你们尽管开口。”

朱公掐指算算，出使齐国的事情已经过去整整十二年，如今齐国的国相由田乞的儿子田常担任。一路上，朱公听人谈起田常，都是齐声称好，说他在青黄不接时借给民众粮食用大斗量，等还粮时却用小斗收，这样就让民众少还了很多粮食。

“田成子为什么要这么做呢，难道他嫌自己粮食太多了?”问话的是朱公的侄子范成（范伯的小儿子），几年前他从楚国来投奔朱公。范蠡见他为人机警，又读过几年书，就有心栽培，这次勘察商道还特意将他带在身边。

朱公告诉他，田常这种大斗出、小斗进的做法，其实是在效仿他的父亲田乞。田常采取了一系列巩固田氏势力的措施，如继续笼络民心，提高齐国官员的待遇，采用大斗出借、小斗回收的方式借粮给齐国百姓，小斗回收，让市场上木材的价格不高于山上木材的价格，让市场上水产的价格不高于海边水产的价格，以此赢得了齐国的民心。同时，他极力搞好与诸侯各国的关系，主动归还了原来侵占的鲁国和卫国的土地，并且与晋国、楚国、越国等国家经常友好往来，以赢得诸侯国的支持，从而使齐国又得到了安定，田氏的权力也进一步得到巩固。

到达齐国临淄后，朱公决定先去拜见田常，于是派人到田府送上帖子和厚礼。

田常对朱公很有好感，听说朱公来访，他十分高兴，答应马上见面，并设宴款待朱公。

朱公来到田府时，田常还亲自出门迎接，田府的仆人很少见田常这么看重客人，对朱公自然也刮目相看。

朱公发现此时的田常与十二年前已大不相同。当年田常在他的父亲田乞面前显得沉稳低调，少言寡语。如今却是意气风发，踌躇满志，仿佛整个齐国都在他的掌控之中。

两人寒暄一阵，方进屋落座。

田常对朱公说："记得十二年前范大夫说要联合齐、晋对付吴国，我当时心里还想，越国连士兵都没有，还谈什么对付吴国。没想到短短几年，越国就神不知鬼不觉地练出了大批精兵，真是令人吃惊。不知大人是怎么做到的?"

"其实也没什么，我们只不过将兵士藏在深山中偷偷训练罢了。再说，越人对吴人怀有深仇大恨，所以打起仗来特别来劲，不怕牺牲。"

"越王已是当今霸主，功名显赫，不知此次范大人来访，有何要务?"田常笑得两眼眯成一条线。

"不瞒相国大人，在下已辞官归隐，此次来访只为看看老朋友。"朱公诚恳地说。

“范大人乃天下奇才，又为越国立下绝世之功，正值壮年，为何归隐?”田常十分不解，半信半疑地问道。

“在下如今只想学祖师爷做一个渔翁，闲来做点小生意。”

田常也早听说朱公的行为一向异于常人，这听起来不像是玩笑话，于是说道：“据说范大人胸藏富国良策，富一国尚不在话下，富一人又何足言。只是丢弃国家的大利益，而只想着一己私利，这是为什么呢?”

朱公笑道：“我的追求就是这样，并没有其他原因。个人谋生和务农经商将有益于许多国家。”

田常说：“范大人果然不入世俗。齐国正在发展之中，不知范大人可否为富齐而献计献策?”

“相国大人，在下此次来齐，正是来寻求商贸机会的。”

田常心想，依朱公的秉性，一时半会不可能帮齐国出谋划策，但只要他常来齐国走动，就不怕找不到合适的时机。因此，他高兴地说：“齐国之门随时为范大人敞开。只要田某在，范大人可以自由来往。”

第二天，田常只带两个侍从，与朱公便衣而行，到临淄最热闹的地方转了转。

临淄街上车水马龙，熙熙攘攘。各个高台上都是高声叫卖的商人，只见各式各样的货物堆满半条街：东方的鱼盐、紫紶；西方的皮革、文旄、铁、池盐、玉器；南方的长松、文梓、梗、楠、豫章等木材，犀、兕、麋、鹿、象等野兽，羽、翮、象牙，犀、兕的皮革产品，黄金、铜、锡、铅等矿产，珍珠、橘、柚；北方的犬、马、橐驼、枣、栗；还有丝、麻、绢及各式各样的兵器……交易的物品琳琅满目，一路走来，朱公看得眼花缭乱、目不暇接。

朱公一边看着，一边转动心思，他打定主意：进军临淄，开通江、淮南北商道。

在临淄待了三天后，朱公返回姑苏，田常派卫队一直将他们一行护送到齐国边境。

4. 生财有道

这次到齐国考察商道，使朱公大受启发，觉得借助地理优势从事各国贸易，正符合“大道自然，顺势而为”的商则。这种想法虽然还较原始，但他对经营贸易的理解是：越国产蚕桑麻，齐国广耕锄，秦国多冶炼，赵国善土木，各国有各国的特产与需求，经商能够促成各国间的货品交换，在使各国受益的同时自然得利。

太湖沿岸的冲积平原，土地肥沃，既可发展农业，又有养鱼、舟楫之利；山区盛产陶土和竹木，陶器、竹木器甚多；再往东，吴兴是鱼米之乡，粮食充足，蚕丝业生产也已经发展起来。若开辟太湖周边的产业，进行多种经营，并与姑苏城、白马邑、余杭以及齐都临淄的商贸结合为一体，那么，其利将不可估量。

之后，朱公聘请了一些木匠、竹匠和丝工，收下一批各具专长的男女奴仆，把他们分成多个不同工种的小组。女奴主要负责桑麻纺织，男奴主要负责耕种、养鱼、制陶等，由范成在荆溪负责监管。

朱公又大量冶炼人们生活生产所必需的铁器——炼铁技术有了长足的进步，生铁被运用到各种农具、日常生活用品中。另外，他还计划烧制琉璃，试养河蚌，并为此做了许多准备工作，但因为一直没有找到合适的师傅而暂时搁置。

在吴兴，朱公先后建造了几间茅舍，开垦了一片农田，并在山坡上种植桑树，开辟了一大片桑园。

经营的项目多了，钱也来得快了，朱公决定做些利人利己的善事。在水路不通的地方，朱公组织人力挖渠开河；在陆路不畅的地方，则开路架桥。荆溪一时成为重要的交通枢纽，商贸越来越发达。

朱公经商与众不同，大生意都由郑铎、儒稚、范成等人到外地去做，他自己只做些小生意。

夏天，漕湖一带竹子上市，农民要把竹子扎成排，撑到无锡后，再放到市场上去卖。朱公买竹子，长长短短、粗粗细细的都要。买了竹子后，他把粗的做成铁耙柄，细的削薄做扫帚。

秋天，漕湖一带芦苇上市，农民把芦苇扎成捆，装船摇到无锡荡口、甘露脱手。朱公买芦苇，长长短短、粗粗细细的都要。买了芦苇后，他把芦花扎成既漂亮又柔软的扫帚。芦秆则编成芦帘，拣粗的压扁，织成芦苇席。

冬天，漕湖一带的农民又砍树又整株，留足烧年货的柴禾后，多余的运到吴县望亭、浒墅关出售。朱公专买货劣价低的树桩，大大小小、奇形怪状的都要。买了树桩后，他把小的树桩做成木榫，大的做成砧板，长的做成棒槌。

有一年农历四月十三日立夏，朱公和范成装了一船货物，来到荆溪与东桥相交的西桥做买卖。那里有个泼赖妇女，说话喜占上风，买货总爱挑剔，大家都叫她快嘴婶婶。这天因为她的丈夫弄坏了一把扫帚，夫妇俩争吵了一个早上，丈夫认了输，拿了铁耙上工去，她还在背后“败家精，败家精”地骂个不停。不一会儿，她端了一盆脏衣裳到桥边来洗，看到朱公的芦花扫帚像把鹅毛大扇，就放下木盆挑选起来：“扫帚怎样卖?”朱公和气地说：“您要不要?”快嘴婶婶火了，将衣袖一捋，双手一叉，面孔一板，眼睛一瞪：“买不买由我!”朱公仍和颜悦色地说：“卖不卖由我!”

西桥附近不少村民听见吵闹声，都过来围观。有个老汉上前劝朱公道：“别跟那妇人一般见识，你卖给她就是了。”

朱公对大伙拱拱手说：“诸位乡亲，这位婶婶家境清寒，屋内泥地，买这华而不实的芦花扫帚不合用。”这番话说得大家点头称赞。快嘴婶婶刚要转身去洗衣，朱公却又叫住她。

“什么事?”快嘴婶婶说。

“您还没有买东西。”

“不买了。”

“您现在不买，等会儿也要来买。”

快嘴婶婶又动肝火了，习惯性地将衣袖一捋，双手一叉，面孔一板，眼睛一瞪："买不买由我！"

朱公仍和颜悦色，热情相告："卖不卖由我！"

众人纷纷说朱公的不是，老汉又对朱公婉言相劝道："强扭的瓜不甜，她不买也就算了。"

朱公面对大伙拱拱手说："我不是要她买扫帚。这位婶婶在家料理家务，照看孩子，丈夫在外耕作，时值农忙，惜时如金，方才看见她丈夫上工匆忙，手里拿的铁耙柄已老，木榫已碎，我这里有货，为何不买？"

众人点头称是，老汉对快嘴婶婶说："这位先生言之有理。"

朱公对快嘴婶婶说："刚才我没有向您讲明，当然是我的不是，望婶婶万勿见怪。"

快嘴婶婶的火气顿时烟消云散，买了竹柄和木榫刚踏进家门，果然见丈夫一手拿着碎木榫，一手拎着铁耙无精打采地回来了。丈夫见她买了竹柄木榫，心里乐开了花说："这回你想到了家。"快嘴婶婶说："要不是西桥堍那个老头催我买，怎么会想到买这个？"接着，快嘴婶婶一五一十地将刚才发生的事讲给丈夫听。丈夫听了她连珠炮似的话后，说："难道这个老头是未卜先知的神仙？"快嘴婶婶越说越玄乎："我看跟神仙差不多。"

等丈夫去上工后，快嘴婶婶抱着孩子立在村头，逢人便说："西桥堍做生意的老头是个活神仙，你要买的东西，他肚子里全有谱。"经她这么一说，西桥的百姓纷纷赶来找朱公买东西。

又过了些日子，有个白发老翁要买芦苇扫帚，朱公收了钱却不给货。白发老翁不明白朱公心里打的什么主意，便在一旁呆看，他见朱公除了剩下一把扫帚外，其余的货都卖光了，忍不住问道："是我短少你的钱？"

"分文不少！"

"是我不该买你的东西？"

"哪有卖主把客家推出门的！"

"那你为啥不给货？"

朱公上前扶着老汉，亲昵地说：“我见您鹤发童颜，精神焕发，非世俗之人。您根本不是来买扫帚的，何必花这冤枉钱？不过是听说这里有个活神仙，来看看究竟罢了。刚才人多，不便把话说透，现在把钱退给您。”

白发老翁惊讶失色，连声问道：“奇怪，你如何得知？你怎知道我来的意图？”

朱公把白发老翁送到村东香樟树下的家门口，老翁再次上上下下地打量着朱公，最后高兴得眉飞色舞：“我看你很像一个人。”

“您之前已经瞧了好半天了，像谁？”

“越国的大将军范蠡。”

“您认识范蠡？”

“十多年前我给他赶过马车。你长得跟他一个样，只是他没这把胡子。”

“老丈真是有心人啊！”

老汉叫道：“难道你真是赫赫有名的范大夫？”说完便要跪下叩头。

朱公连声说道：“不敢当，不敢当！只是不要对人说起今日之事。”

当天晚上，朱公辗转反侧难以成眠，独自一人来到“施荡桥”。月明星疏，湖水荡漾，清风微拂，花香阵阵。朱公坐在桥上，呆呆地望着周围的景物，心绪杂乱，他想起了老师计然，还有那个道仙，便取出随身携带的铜笛，抚摸着铜笛上的“易”字。也许当时解读了这个“易”字，就能留得住计然。朱公一直对此耿耿于怀，把笛子放到嘴边吹了起来，笛声中浮现出老神仙的音容笑貌，仿佛看到他身披鹤氅，立在岩石上，满身的雨雾。“天目，地目，人目，透视寰宇。离也，聚也，离离聚聚，人生易也。”一曲奏毕，朱公发觉自己竟不知不觉地流下了泪水。

一个“易”字，蕴含了多少人生哲理，天下理无常，万物有盛衰，人生向来是充满感慨、充满变数的；一个“离”字，又含有多少人世的辛酸，人主宰不了命运，逃脱不了悲欢离合。他的一生有过太多的无奈和遗憾。眼前一个个熟人、朋友、亲人的影像在晃动：最先离他而去的是父亲，他根本没见到过父亲的容貌，只能在人们讲述的故事中想象父亲的样子；接着离去的是祖母，一个一生朴实善良的人；然后是母亲，她真傻，把一生都托付给了父亲，却不知道儿子一样可以让她生活得很幸福；再后来是与老师的离别，少年不知“离”滋味，这一别竟没有重逢之日；继而又与哥嫂离别，与百里良将军离别，与西施离别，与文种离别……

朱公不敢往下想了，许多事情总是想象比现实更美，相逢如是，离别亦如是。但当现实的情形不按想象的情形发展时，遗憾便产生了。

朱公思绪的野马还在驰骋，他几乎无法控制缰绳。好久好久，他才发现有一只手轻轻地搭在自己的肩上摩挲。他回过头来：“婉玉，你怎么来了？”他说得很无力。

“你是不是又在体悟那个‘易’字？”婉玉用双手抱住朱公的头，关切地问道。

“日月经天，江河行地。世间的事该去的留不住，该来的挡不得，再美妙的事情都有结束的时候，我常以此自我劝解。很多人都以为我看破了尘世，没想到心中还有那么多的不舍。”朱公长长地叹了口气。

“你至今还在想着她？”婉玉让朱公的头靠紧自己温软的胸部。

“她只是还活在我的心里。可这‘施荡桥’啊——世间最大的悲剧莫过于两个相恋的人不能牵手一生一世，但正因为有了这样的遗憾，那份情义才越发显得弥足珍贵，既浸入骨髓又超然永恒。”朱公回过神来，一手揽婉玉入怀，接着说，“我在想好多人，包括你。世间之事，不可强求。人总是贪恋最好的、最多的，然而物极必反，能明白这个道理的人实在太少了。”

朱公的眼里，任何时候都只有一闪而逝的忧伤。婉玉自然知道他的秉性，回应道：“是啊，但你一向置生死于度外，视功名富贵如浮云，为何被世俗之事所羁绊？”

朱公说：“荣华富贵，美色功名，如沉迷于戏耍的幼童，总是找不到回家的路，沉迷于功名的像文种，最终一命呜呼；沉迷于仇恨怨望的像夫差，最后忧愤自尽。这些都是世人的命运。不知道也好，只是缺乏一些故事；知道了这些，后世人难道就不会犯这些错误吗？人的生命很短暂，我还烦恼未能参破这些红尘俗事呢！如今我也算经历过许多事情，终于明白，我自己追求的不过是心宽体健、内里坦然而已！”

说到功名富贵，朱公突然想起白天遇见的那个老翁，他怎么可能为自己驾过马车，自己为官十几载，从来不曾坐王家车辇，平时走远路都是骑马，只在战时坐过战车，而车手都是精壮小子。他想到这里，心里顿生疑窦，对婉玉说：“我们是不是生意做得太大，太富裕了？”

“你还怕财宝多，用不完啊？”婉玉错愕，不解其意。

“非也，人太富或太贵，就容易出名，出了名就会有很多人想认识你，找你麻烦。不行，我们又得换个地方了。”朱公一脸严肃地说。

“生意做得顺顺当当的，怎么又突发奇想？你的脑袋里总是想些奇奇怪怪的东西。”

朱公慢慢地摇摇头：“你十四五岁就那样机智果敢、冰雪聪颖，哪会想不到。”他把遇见白发老翁的事情详说了一遍。婉玉一下就明白了，怪不得这段时间总有人打听这打听那，形迹可疑。勾践历来用人如器，不为他所用的器物便会毫不犹豫地毁掉，但勾践远在千里之外，难道至今还不肯放过他们？倘若不是勾践，那还会是谁呢？

朱公和婉玉隐隐感到某种潜在的危险正在悄悄逼近，他们立即派人把郑铎叫来。郑铎已经成了家，住在桥西那边。他得知朱公有吩咐，丝毫不敢怠慢，仍像过去在军中那样行动迅速，办事利索。

然而，郑铎带回来的消息却大出朱公意料。郑铎此次先后潜入姑苏城和会稽，向不少可能知道内情的人打听过了，包括现在已成为君子兵小头目的雨来，都说这两年从没听说越王有过寻查范蠡的命令，但越王确实因思念日深，命金匠铸造了一尊范蠡的金像，放在王座之侧，以示纪念。而且，迁都时也把这尊金像搬了过去，金像运走的时候竟是与越王同车。

朱公听完这些，张着嘴，愣了半晌没有说话。心中不免对勾践萌生了几分歉意。

第八章　能谋善断财源进

1. 化险为夷

就在朱公怀疑自己树大招风，想要换个地方时，白发老翁的身份很快便水落石出了。

太湖之中，丁、蜀两山夹峙的一片平坦地方，是庄稼地，地里麦苗正秀，油菜碧绿。在左边依山脚下筑有一座庄院，绿树成荫，修篁夹道，屋宇参差，山光水色，十分清幽。这便是朱公的陶庄。一条大道从庄院大门直达河边的码头，乘船不过一盏茶工夫便可进入太湖。

这天一早，婉玉乘船从陶庄赶往鼋头渚北边的“村子”。

湖上有一层淡淡的薄雾，像睡美人覆体的轻纱。船刚靠近夫椒岛，淡淡的晨光下，隐约可见前面有一团黑影在悄悄靠近。婉玉一直惴惴不安地盯着四周。这时，从岛上青山脚下芦苇丛生之处窜出来几条快船，飞快地向他们靠近过来。婉玉大叫道：“不好了，有强盗!”

婉玉的船上只有一个奴仆、一个使女，还有掌船的艄公。她心想，早听说太湖上有个匪帮，但从来没有见过，这回倒给遇上了。艄公忙回舵向原路返回，但大船甚是笨重，哪里比得上小艇灵活？那几只快船如离弦之箭，不一会儿就把大船围在了中间。

一只小船迎面靠过来，上面一个身材魁梧、拿着弯刀的大汉大声喝道：“什么船?”

“过路的!”婉玉应了一句。

“哼！过路的？是个女的，二佬过来看看是不是我们要找的那个？”大汉恶狠狠地瞪了婉玉一眼，叫另一条船上的头目来看。

二佬倒像儒雅的书生或道士，玄色绣金长袍，面色清瞿，颔下三缕美须，一副好模样。他看了看婉玉，说：“年纪相仿，抓回去再说。”

几个带弯刀的小子“呼”地跳上船来。

“住手！你们可知道我们是何人？”婉玉的使女柳眉倒竖，大声喝道。婉玉吃了一惊，这个柔弱的女子何曾大声说过话，但随即又担心起来，她不敢确定使女接下来会说什么。

“我们是禹王剑仙。”

“什么剑仙？没听说过，竟敢哄骗我们‘五湖四蛟’！”

这伙人果然是传说中的“五湖四蛟”。

这“五湖四蛟”是太湖中一霸。大声喊叫的大汉叫琅轩，是三佬“潜海蛟”；儒生模样的叫鲍云，是二佬“混天蛟”。四蛟中的大佬叫“冲天蛟”，四佬叫“出海蛟”。他们都是菑丘䜣仙人的弟子。据《韩诗外传》载：“水海有勇士曰菑丘䜣，三日三夜杀三蛟一龙，以勇武闻名诸侯。”菑丘䜣晚年隐居独山，广收门徒，颇得吴王夫差器重。夫差军中的武士很多都是模仿练习他独创的天罡三招三十六式弯刀刀法。四蛟因不守门规，被他赶出师门，之后便常在外行凶斗殴，后来因杀人避罪逃入太湖占岛为寇，聚集了百余名强人，专干这无本净利的买卖。夫差几欲出手收拾他们，但因战事频仍，无暇顾及。姑苏城破后，更是无人过问，这就使得他们在太湖成了气候。他们打家劫舍，拦路抢劫，杀人放火，无人可治。湖上往来客商闻“五湖四蛟”的大名，无不丧胆，避之唯恐不及，谁敢往他们的刀尖上撞？

婉玉为使女和船上几人捏了一把汗，她并不是没有见过世面，只是眼下不明底细，也难免心慌无主。

手持弯刀的小子们还没有冲上来动手，使女又道：“我要见你们的大佬‘冲天蛟’，到时候你们自然知道我是不是剑仙。”

“过了我这一刀，就让你们见大佬，否则就让你们到湖底见鬼佬。”

“潜海蛟”琅轩挥刀一跃而上，朝使女迎面劈来。使女不慌不忙，就在刀锋离面门不过数寸光景，突然将身子一扭，移身错步避开刀锋，顺势操起一根竹条，左挥右拂，轻松化解了他的三招狠手。“潜海蛟”急了，喝令那几个弯刀小子一起上。突然，从岛上“嗖嗖”响起飞箭声，“当当当”三声，三支带羽长箭齐刷刷地刺在“潜海蛟”快舟的帆杆上。

所有强盗都愣住了。“混天蛟”首先清醒过来：“真有剑仙！快逃！”几只快舟不及扬帆，桨叶翻飞、水花急溅，飞也似的逃走了。

婉玉受了一场虚惊，一肚子气，让艄公将船沿途返回。

回到陶庄，婉玉一直不说话。朱公料到这次行动的结果不好，走过来问道：“有没有见到你熟悉的人啊？”

他见婉玉依然不吭声，知道她还在生气，便劝道：“都怪我没有事先跟你说清楚，这次让你们去‘村子’收拾一下可以随身带走的重要物件，也估计到你们会遇到麻烦，所以特意让红蕖陪你去，并请雨来带人在一旁监护。这主要是怕人多了强盗不露面……”

“什么？难道是你故意让强盗劫我们？你说的红蕖是谁？雨来又是谁？”朱公还没说完，婉玉便气恼地问了一大串问题。

“你先别生气，待我慢慢跟你道来。之所以要你们去引出强盗来，是因为这伙强盗中有你认识的人，而且他们不是一般的强盗，很可能是认识我们且对我们有刻骨仇恨的人。这只是我的一个基本推断，为了让‘意外事情’更逼真，所以没对你明说。但是，我在乎你们的安全，专门派红蕖和雨来去保护你。使女就是红蕖，她是越国剑术家越女的传人，雨来是当年少年军中受陈音教习的大力弓弩手，现在是驻守姑苏城的车驾兵头目，也是红蕖的未婚夫。”

婉玉心中的谜解开了，气也消了一半，她说：“这些事你为什么一直瞒着我，难道还信不过我？还有，你怎么知道强盗中有我认识的人？他们又是谁？”

朱公沉默了一会儿，说道：“既然你没有见到他们，那就算了。还是我自己去会会吧。”

第二天，朱公扮成商人，乘一只舲船在夫椒山附近转悠，但直到下午斜阳西下，也没见到“五湖四蛟”的影子。

就在朱公感到失望的时候，舲船拐过一个礁头，迎面撞上一只楼船。楼船甲板上站着一位白衣剑士，眉目清俊，气质儒雅洒脱。朱公拱手道：“差点出事，得罪，得罪!”

白衣剑士还礼道：“无妨！敢问客家尊姓大名，去往何处?”

朱公答道：“在下姓朱，人称朱公，乃一介商贾，常往来于湖中。今日天色将晚，欲找个落脚之处。”

白衣剑士笑了笑：“真是太巧了，在下王孙钺，也做点小买卖，江湖中人。现在正待回夫椒山歇脚，不知朱公可愿一同前往?”

朱公略一思忖，故意推辞道：“在下有事在身，不便相扰。”

白衣剑士劝道：“朱公，你我既是江湖中人，还讲什么客套呢？顺路同船，在下在岛上有个小庄园，朱公可到那儿将就一宿。”

朱公答谢道：“多谢王孙侠士盛情相邀，却之不恭，只是给贵府添麻烦了!”

“好说好说，朱公既是江湖中人，就不必如此客套了!”王孙钺诚恳地说。

两船靠拢后，朱公带着郑铎、红蕖一道走上大船。王孙钺与另两位年轻剑士在船舷边相迎。双方互相见礼后，王孙钺指着一个四十岁左右、乌发短髭的剑士介绍道：“这是我的兄长王孙熊。”

“失敬！失敬!”朱公、郑铎、红蕖一齐说。

朱公将郑铎、红蕖也分别作了介绍，几人又寒暄了一番。王孙熊将朱公和郑铎让进坐舱，分宾主坐定。船舱十分宽敞，装饰华丽，虽然比不上夫差和勾践的楼船，倒也不逊王侯。朱公打量了一番，不禁赞道：“好一座大船，真是富比王侯！不知王孙兄弟做何生意?”

王孙熊叹了一口气，幽幽地说：“朱公过奖了！我们兄弟无德无能，无非是托先人余荫，苟活于世罢了。”

“啊！令尊是……”朱公故作惊讶，明知故问道。

王孙熊摇摇头说：“我兄弟不肖，愧对先父，朱公不问也罢！”

朱公见王孙熊避而不谈，故意缠着这个话题不放，说：“听说吴国相国伍子胥有个公子也改为王孙氏，不知二位是否听说过，或许还有点渊源？”

王孙熊、王孙钺闻言都吃了一惊，互相对视了一眼。王孙熊似笑非笑地问道：“朱公与伍相国熟悉吗？何以有此一问？”

“在下经商有年，往来于吴越之间，有幸与伍相国有过数面之缘。因见王孙兄弟与伍相国面貌相似，故有此一问。”朱公仿佛随口说出，简单轻松。

王孙钺向王孙熊使了个眼色，说道：“我们兄弟与伍相国并无渊源，只是对伍相国一向敬重而已。”

朱公见他俩不愿坦然承认，看了郑铎一眼，又说道：“是啊，我等对伍相国也很敬重，他满腹经纶，一片忠心，却落得个在属镂剑下身首异处的下场，实在令人惋惜痛心。”

郑铎在一旁补充道：“倘若伍相国不遭此奇冤，夫差又何至于身死国灭，落得如此下场！一切都是夫差的错！夫差残害忠良，自毁藩篱，不亡国真是天理难容呀！”

王孙钺闻言黯然神伤，压住满腔怒火说：“夫差固然该死，但越国大夫范蠡也该杀，还有妖女西施，他们都是凶手，孽债难逃！”

“伍相国精忠报国，吴人三尺孩童莫不有口皆碑，幸运的是吴人中有不少正义之士，誓死为伍相国和吴国报仇雪恨。”一个剑士说道。

郑铎点点头，赞道：“这位兄弟说的是！伍相国于国于民之功德，如泰山之巍巍，万民仰止。自伍相国被抛入钱塘江之后，钱塘江畔的百姓一直尊其为潮神，不仅四时祭拜，端午节更是隆重。可见民心不可欺！”

朱公担心把气氛搞得过于悲愤紧张，说道：“听说伍相国被害以后，其次子伍雄隐居太湖，原本是想伺机先杀夫差，再杀范蠡和西施，为父报仇。不料没来得及动手夫差就死了，西施也不知所踪。据说他现在的头号仇人是范蠡，不惜一切代价想要其性命。他还极力鼓动吴国遗民的反越情绪，尤其是那些在战争中死去亲人的吴国百姓，燃起他们复仇的怒火。有一批从战场上逃出来的士卒也加入了伍雄旗下，甚至‘五湖四蛟’也被他拉拢过来，势力很大。不知王孙兄弟听说没有？”

王孙兄弟闻言面色大变。此时船恰好到了夫椒岛，为了掩饰自己，他们借口说：“请几位下船上岛，莫让这些闲话坏了大家的好心情。”

夫椒山在西洞庭山，后人称西山。它的主峰叫缥缈峰，是太湖七十二峰之一，也是七十二峰中最高的山峰。但它实际海拔不过三百余米，只因兀立水面，才显得十分高峻。夫椒山上重岩叠障，怪石嶙峋，林深草茂，藤萝缠绕。

他们走过曲曲折折的花径，来到绿树掩映下的精巧庭院。进到庭院，便有数十人相迎，一时显得十分拥挤。

红蕖有些担心，悄悄说：“朱公，这个场景好像是特意安排的，他们会怎样对待我们这些不速之客？”

朱公说：“来这里不正是我们的意图吗？正常的话，情况不会出我所料。”

正值晚饭的时间，王孙兄弟去吩咐仆人们开饭。

仆人安排客人们入座，但王孙兄弟却迟迟没有露面。朱公三人互相看了一眼，朱公以手扶碗，凝神静思。

红蕖快人快语地说：“朱公，情形好像不太对劲，我们得马上走！”

朱公点点头，站了起来，叫道：“王孙兄弟，王孙兄弟！”他连叫了几声，王孙钺出来了。朱公对他说：“谢谢二位的热情款待，不过我等临时有点急事，告辞了！”

忽然，院子外有人接口应道：“范蠡，你还走得了吗？”

朱公三人一听，纵身一跃，跳出门去。他们刚在院子里落脚，门便一下子关上了，整座房子轰然倒塌。好险！

“动作倒快！不过你们看看四周，还是乖乖就范吧！”说话的是王孙钺，院外埋伏的是王孙熊。

朱公哈哈一笑，说道："我等应邀而来，你们就是这样待客的吗？"

王孙钺也哈哈一笑道："如果真是客人，山庄自然以礼相待。你装得倒蛮像的，可惜你不是朱公，而是范蠡！"

朱公故作惊讶地说："朱某实在搞不明白，你为何认定在下就是范蠡？"

王孙钺说："久闻范大夫足智多谋，果不其然。你到山庄来不过是想证实一下你的判断。不过，你觉得你就没有失算的时候吗？"他晃动着手中的长剑，那剑白如冰冷如霜，刃口青光流转，可见不是凡品。

看样子他们早有准备，要想离开并不容易。郑铎见王孙钺挥剑而起，迅速拔剑迎击。

朱公口里说着"别误会"，便向院外撤去。一群剑士一拥而上，把朱公围在中间。王孙熊则直逼红蕖。

红蕖手无寸铁，纵身一跃，从一棵大树上折下一段树枝，像扫地一般在王孙熊面前乱划，顷刻间，他的脸上便布满了血痕。

这时，朱公大叫："住手！伍雄，你真以为能挡得住我范蠡吗？"

王孙兄弟在惊讶中住了手。王孙熊问道："你如何认出我就是伍雄？"

朱公道："你我虽未曾谋面，但我从你的剑法已经断定你是谁了。"

王孙熊说："那好。听说范大人剑法如神，是否能与伍某比试一番？"

朱公说："你我辈分不同，岂能与你比剑？"

王孙熊说："你是小瞧伍某吗？"

朱公说："伍家剑法，天下奇门，怎可小瞧？只是你的父亲伍相国当年与我有约，只在战场上一见高低。"

王孙钺说："你还有脸说起我父亲。除非你拿命来赔！"

朱公说："你就是亡命齐国的伍家小公子，为何不请鲍公出来一见？"

王孙钺说："你又怎知道鲍公？"

朱公："他受你之托悄悄打听范某的下落，他还找我买过扫帚呢。"

这时，一个白发老翁从一棵大树后走出来，步行飘然、衣衫带风。他说："范大夫果然眼力非凡，既然那时就知道我是谁，为何不拆穿？"

朱公笑道："当时我还不敢确定伍公子这样做的目的是什么，既然下了那么大功夫，背后的事情肯定小不了，所以我要查清楚。"

"范将军虽然神勇，但今天也难逃一死！血债必须血偿！"王孙熊嚷道。

朱公知道这一切皆因血仇而起，便劝说道："范某与伍相国并无家仇，他与我各为其主，自当尽本分行大义。伍相国的悲哀，正是他太重家仇，倘若他不公报私仇，领兵攻打楚国，使楚国生灵涂炭，我或许会投到他门下，为吴国效力。他是楚国的罪人！我敬重他，是因为他对吴国、对吴王忠心耿耿，至死不渝，还有不畏权贵、刚烈正直的大丈夫气概。"朱公深情地说。众人见他面目黑瘦，已有许多皱纹，须发也白了不少，唯有他的目光还是像当年一样睿智、机敏、柔和与多情。

全场静默半晌，王孙钺打破了沉默："就算你范蠡逃得脱我伍氏兄弟之手，也逃不脱亡国后满腔仇恨的吴国遗民之手。所有跟范蠡有血仇的兄弟们，让我们拼死一战吧。"

"慢着！"人群外有人喊了一声。众人回头一看，原来是百里婉玉。她对王孙兄弟说："二公子、三公子，真的是你们？要说有仇，我算第一个。"

王孙兄弟见来人是他们母亲身边那个机灵可爱的丫鬟，惊奇地说："你怎么也会在这里？"王孙熊是在父亲死后才离家隐居岛上的。

婉玉接着说："多少人因战争家破人亡、流离失所，吴越有几家没有父母兄弟姊妹死于战场的，但我们能找谁去讨回血债？一介草民，有几个能主宰自己的命运？"

王孙兄弟无言以对，他们望了望四周，发现那些受他们鼓动而来的剑士都已不知所踪，不由得心慌起来。

这时，朱公带着一个人走过来，对他们说：“这位是越国将军雨来，他已经把‘五湖四蛟’及那伙强人剿灭，你们指望不上他们了。”

雨来对伍雄、伍钺说：“看在死去的伍相国份上，你们还是到别处谋生去吧！”

2. 范智开荒

会过伍氏兄弟后，朱公回到陶庄，心情依然十分沉重。他思来想去，觉得自己确实对不起伍子胥、对不起吴国百姓。他一个人坐在石桌边独饮，回想着往事，艰涩地扯了扯嘴角，重新端起酒盏，一口饮尽盏中残酒，却觉手背倏然一凉，低头一瞧，原是一颗水珠自手上滑过，他抬手抚上面颊才发现，不知道什么时候开始，自己已满脸是泪了。

公元前467年（周贞定王二年）暮春，朱公计划夜里从黄龙山出发，准备入太湖，北出梁溪河，入长江，经过高邮湖、洪泽湖，再转入骆马湖至齐国。这正是当年往徐州会盟的线路。

朱公原本只想带上夫人婉玉和两个儿子，没想到上船时，船上已有好些人了。范成、红蕖、春喜等都执意要与他们同行。朱公劝不住，只得说：“那好，今后我们将重新开始，朱公已留在了太湖，你们以后都叫我鸱夷子皮吧。”

春喜嘟囔道：“这么难叫的名字，是什么意思啊?”

朱公想，鸱夷子皮的含义太复杂了，一时半会也说不清楚。伍子胥因死谏而被夫差赐死，遗体被裹进牛皮袋里，抛到钱塘江中，名曰“鸱夷浮江”，意在使其葬于鱼腹。伍子胥这位有功于吴国、有恩于夫差的老臣忠臣，落了个被赐死的下场，实在令人惋惜、痛心。还有西施，有功于越国，会不会也是如此……他不敢再想下去，于是随口应道：“酒囊饭袋而已。”

一个细雨蒙蒙的清晨，黄龙山下的百姓突然发觉，朱公和陶庄的几人已经悄然离去。后来，郑铎按朱公的吩咐，把朱公留下的全部财产分给那些穷苦百姓，尤其是在战争中失去亲人的人家，都得到了一笔可观的财产。

这下，鼋头渚、荆溪、吴兴、白马邑都知道越国大夫范蠡经商致富，于是经商之风盛行。他们还以范蠡之名，取地名，号商铺，立寺庙，将他视为几个行业之祖。吴人对范蠡的感情之复杂，令人难以置信。宋朝人刘寅因此而感叹道：

人谓吴痴信不疑，
建崇越相果何如？
千年亡国无穷恨，
只合江边祀子胥。

吴国的遗民，理应纪念他们的英雄伍子胥，没有理由去纪念越国的上大夫范蠡，但范蠡却成了吴人心目中的财神。

再说，鸱夷子皮一行人十几天后顺利进入了齐国境内。不料一天夜里天气骤变，湖上忽然起了风浪，暴雨倾盆，风高浪大。船工们再也无法让船只前行，加上四周一片漆黑，他们只能凭感觉尽量让船往岸边靠去。

第二天天亮后，风浪过去了。鸱夷子皮来到船头甲板上，只见面前好长的一片滩涂，沿着湖岸向两边延伸，几乎看不到边际。滩涂上面长满了芦苇，比人还高，所幸船头高过芦苇，鸱夷子皮依稀看到远处有片湖，湖边是一块空地，还盖着几座茅屋，而且似乎有几个人正往湖边方向走来，一会儿就钻进芦苇丛不见了。

鸱夷子皮一边让随行的范成、春喜保持戒备，一边注视着芦苇丛中的动静，但芦苇随风起伏，根本无法分辨人的踪迹。不久，那几个人终于钻出了芦苇丛，他们似乎也看到了搁浅的大船，向船走过来。

来者一共有四人，等他们走到近处，可以看到每个人的手里都拿着捕捞鱼虾的工具，显然他们是来滩涂捕鱼抓蟹的。范成、春喜不禁松了口气，只见他们在离船一丈多远的地方停下了脚步。

其中的一个年轻人问道："需要帮忙吗？"

鸱夷子皮问他们："请问，你们是齐国人吗？"

"是的。"那几个人回答。

鸱夷子皮又对他们说："我们是从越国来的商人，昨夜遇上风浪，被吹到了这里，不知这是什么地方？"

"这个地方叫微子湖（今称微山湖），因由四湖构成，而北面不远还有五湖，所以又称南四湖。具体是什么湖名，我们也不知道。因这里到处都是芦苇，又靠近北面，就叫它北苇滩（即独山湖）。"

范成问道："小兄弟，平日涨水时，湖水能到这里吗？"

年轻人说："昨夜的风是很大，又赶上暴雨，你们才会搁浅在这里，平时湖水很少到这里来。只有等再下几天大雨，湖水才会涨到这里，但你们这么大的船，恐怕没办法推进湖里去了。"

中年汉子接口说："这微子湖据说有十几条河通往这里，一遇暴雨，湖水猛涨，雨停后，湖水又落得极快，难怪你们会搁浅了。"

鸱夷子皮也不着急，把他们几个请上船来说话。这些人看上去都很善良朴实。

上船后，鸱夷子皮一一问了他们的姓名，刚才说话的叫国仲，其中有两人是他的弟弟，分别叫国季、国贤，还有一个中年人叫安青子。

鸱夷子皮问国仲："国氏乃齐国贵族，怎么这荒野之地也有不少国姓啊？"

国仲闻听此言，显得有些不安起来。国季则故作掩饰，说："我们原本住在离齐国国都不远的一个江边的村子里，后来吴国和齐国交战，为了逃避战乱，村里的一些人就沿淄河顺流而下，又经一段旱路，寻找安身之处。但一路都没有什么好去处，于是又乘船经北五湖来到这里，见此地有这么大的滩涂，四周又无人迹，就在这里下了船。穿过芦苇丛后，发现里面有更大一片湖，就在湖边住了下来。"

鸱夷子皮心想，吴齐征战对都城临淄的影响并不大，周边的百姓怎么会逃到这么远的地方来安居呢？这其中定有隐情。但他不便多问，只跟他们谈这里的环境、物产之类。

国季说："此湖水面像海一样宽阔，望不到尽头。湖中的鱼类数不胜数，夏天荷花铺满湖面，似乎见不到底下的水，莲藕多得根本吃不完。还有禽鸟，闭着眼睛射出一箭，都能射下一只野鸭或野雁来。"

"是吗?"鸱夷子皮从船舱中拿起一把弓，"嗖"的一下射出，接着便传来一阵鸟的哀叫声。"还真是啊!"他兴奋地说，"那这一带没有人种稻子吗?"

"北五湖那一带全是种稻子的，这里草荒、水荒，人迹罕至，哪有什么人种。"国贤抢先说道。

鸱夷子皮下船看了看，湖中的沉积物很少很薄，篙草下不是淤泥，而是比较结实的沙地，开辟成粮田并不难，只要一把火烧掉芦苇、篙草，再围上土坝即成。

他还想到湖中看看，但船搁浅在湖岸上，离大湖水面约有三百步远。他只得让那个叫安青子的中年人带他到一条小船上，由国仲、国贤陪着，一览湖光山色。满湖的莲花，争奇斗艳，荷香袭人，沁人心脾。红的嫣然如霞，白的清丽典雅。芦苇荡和成片的绿荷，使湖面一片碧绿，甚至连空气也带着绿意。偶见几只渔船，恰似碧海花丛中的点缀。这里水乡泽国，比太湖更具渔乡风情。

这时，两只白鹭从芦苇丛中走出，拍了几下翅膀，然后在水面上翩然起飞。鸱夷子皮一直看着这对白鹭，直到它们飞出自己的视线。

乐山好水的他顿感此景缥缈，有点流连忘返了。人生若得此仙境，远离尘嚣，置身事外，该是何等美妙啊！然而，鸱夷子皮又觉得自己还没修炼到如此程度，还在操心不少人间俗事。

经过一番倾心交谈，鸱夷子皮和国氏兄弟及安青子成了好朋友，并希望能与他们共同开辟这片篙草之地。国氏兄弟正愁势单力薄无所作为，听鸱夷子皮这么一说，都十分高兴。

鸱夷子皮回到岸上，对随行的众人说："这里如人间仙境一般，躺在这里不干活都饿不死。你们有谁愿意留在此地？"

众人听了都觉得莫名其妙，不禁面面相觑。过了一会儿，范哲说："我倒是喜欢游山玩水的，可这里太荒凉了，一整天都见不到什么人，我不喜欢。"

"你不是喜欢行走江湖吗？现在我们就是江湖中人。"鸱夷子皮打趣道。

百里婉玉知道他不是在开玩笑，一定又有了什么好主意，说不定是想在这里安居，但这里水路难通，旱路难行，物产再多，也没有人来交易。她又有孕在身，帮不上什么忙，只能以沉默来表示反对。

红蕖是决计要去临淄的，因为她出身于最原始的南林，一生所愿就是要见识大山之外的世界。她表态不会留下。

春喜来自边角水乡，确实很喜欢这里，他表态说："虽然我除了捕鱼捞蟹，没有什么本事，但在这里一定可以干出点名堂来。"

这时，范智站起来说："你们都不用留了，我一个人在这里就行。我愿意在这里开荒种地，养鱼养禽。我肯定会把这里变成一个金银满屋的大庄园。"

婉玉觉得儿子年纪尚小，有点于心不忍。但范智生性倔犟好强，一旦打定主意，谁也劝不住。

鸱夷子皮笑了笑，点头说："还是大智有志气，那就留下吧。我把你托付给国氏兄弟，这只船就是你的老本。"

这番动员，只留下了大儿子范智。鸱夷子皮打算改乘小船北上。临行时，春喜突然改变主意，请求留下来与范智作伴，一起奋斗。他俩有着相似的个性，不喜欢人多热闹的地方，觉得靠一双勤劳的双手养活自己，比什么都踏实，他们都相信自己是很能干的人。

随后，鸱夷子皮带着其他人转入北五湖，满帆顺风，船行如飞，三日后登岸，再经旱路车行六七天即到达齐国国都临淄。

3. 眼光独到

齐国国都临淄传说是闻名九州的商业都市，子城周十里，大城周四十里。

鸱夷子皮虽然奔临淄城而来，但并没有住到临淄城里，而是选择了城外淄河边的一个小邑镇，借一民房暂居。这儿离临淄约十里。几天后，他带着范成进城，恰巧遇上了陈光。

意外的重逢让二人惊喜交加，他们不可置信地对望了半晌，甚至有些小心翼翼，生怕错认了。

原来，陈光在越国迁都后，便受人引荐来到齐国，现在是临淄城的守城将军。陈光听鸱夷子皮说明来意，便主动当起了向导。

临淄街上很是热闹，行人熙熙攘攘，各种商品琳琅满目，有丝麻织品、玉器、陶器、竹器、木器、铜器、粮食、食盐、山货、水产品、牲畜等。大摊小摊上摆着堆着，商贾们蹲在地上，经过一番讨价还价，货物就换成了各国货币。

他们走到一条街道的尽头，看见前面有块空地，很多人围在那里，一打听，才知原来是交易奴隶的市场。鸱夷子皮一时好奇，便挤进去瞧个究竟，只见大约有四五十名奴隶双手被缚地站在那里被叫卖。

鸱夷子皮见那些奴隶大多是青壮年，而且体格强健，一问才知原先是被俘的士兵，被分到一位卿士的封邑做了奴隶（面上都有烙印）。后来集体逃跑时被抓住，主人杀了为首的几个，其余的也不敢再留用，杀了又可惜，于是就拉到这里来卖了，此时已陆续成交了几十人。

鸱夷子皮自己也是行伍出身，自然知道这些士卒的辛酸，同时又想起了微子湖边的那片滩涂。那个地方正缺少人手，如今这里有现成的人，正好可以送到那里去。，他上前打听价钱，一听才要价三至五个刀币，就将剩下的五十人全部买下来。

鸱夷子皮让人给他们解开绳索，然后对他们说："从现在起，你们自由了。本人叫鸱夷子皮，为你们的生计着想，派你们到一个美丽的鱼米之乡去耕种农田，只要出力气干活，大家都会过上富裕的日子。不过，如果有谁不愿去的，也不强留，脱下奴隶的衣服，就可以回家去了。”

这些奴隶都是因为不堪忍受虐待才逃跑的，现在即使回国，也会因脸上有奴隶的烙印而被人看不起。他们听鸱夷子皮这么说，都表示愿意留下。

陈光得知鸱夷子皮要把这些人送往微子湖，想派几个士卒护送，但被鸱夷子皮拒绝了。次日，鸱夷子皮从获释的奴隶中选出两个头目，一个姓邹，一个姓鲁，对他们说：“你们都是士卒，知道怎么生存和管束自己，这些人就交给你们，我相信你们。”鸱夷子皮领着这些人，把他们送到河边，又雇了两条大船，将他们全部送上了船。

因婉玉有孕在身，鸱夷子皮不便出远门，几个人在家里实在闷得慌。趁着无事，他想带婉玉、范成、红蕖一起进城去逛逛。

“要出门吗？我可以吗？”婉玉欣喜地望着他，眼里充满了兴奋和期待，可转念又想到了自己现在那浮肿的脸和沉重的身子。

鸱夷子皮笑着说：“不要担心，我准备了东西给你。”说着从身后拿出一方纱巾，“这是吴兴的新品，蒙在脸上正好。”

婉玉拿过丝巾左看右看：“太好了，以后我可以常出门了。”

城里每天都很热闹，南来北往的商贾都汇集于此。在大街上，红蕖十分活跃，见到什么都觉得新鲜，她站在人群中就像一只蓝色的蝴蝶，一会儿看看这，一会儿摸摸那，像个十足的调皮孩童。

不一会儿，红蕖跑到前面停了下来，两眼盯着一匹雪白的小马驹。

“怎么？”鸱夷子皮上前轻声问道，“好几年没骑马了吧？”

“爷佬，你不觉得这马儿很漂亮吗？我好想骑骑它。”红蕖自朱公改名后，不知该怎么称呼他，于是就按南夷的习惯叫他，带个“佬”字。

旁边卖马的汉子脸黑黑的，也就二十几岁的样子，憨厚地笑着说：

“姑娘好眼力，这匹小马是俺家的母马生的，它力大跑得快，又温顺乖巧，姑娘骑最合适了。”

鸱夷子皮看了一眼那黑脸的汉子，觉得他是个老实人，应该不会说谎，又上前去拍了拍小马的背，小马果然温顺极了，而且身躯粗壮，四肢很有力，胸廓深长，看得出确实是匹好马。

“好，买下了。等会儿我叫人来牵。”说完交了两枚铜币的定金。

“大爷，用不了这么多，这匹马只要几十个贝币。”

“哦？这马如此便宜？”鸱夷子皮来了兴趣。

“我们那儿的马都是这个价，就是一匹母马也值不了几个钱。”

“那你家是哪里？有多少人家养马？”

“俺家在莱夷胶莱河（山东莱州境内）边，庄子里的人家都有好几匹马或有几头驴呢。”

“你叫什么名字？你每天卖马能赚多少钱？够三餐温饱吗？”

“俺叫二黑。不瞒您说，这马卖不了几个钱，我家中还有父母妻儿，日子过得有些艰难。唉！但母马年年生马仔，太多了也没法养，到市上好歹能卖几个钱。”二黑显得既羞涩又无奈。

“二黑，那你以后跟着我干怎么样？我每匹马给你现在赚的钱的双倍，如何？”

“这……可我只会养马，不会做生意啊！”二黑一脸惊讶和疑惑。

“我就是要你养马。”

“怎么个养法？俺家还远着呢。”二黑仍一头雾水。

“远不要紧，骑马一天能到吧？我先给你一些钱，你回家把你庄子里的人都鼓动起来，养一批良马。把你们庄子的名字告诉我，我需要马的时候就上你们庄子去运。”

“好，俺跟你干。可是……您不怕俺拿钱跑了吗？”二黑坦诚地说。

“你既然答应了，那我们现在就是合伙做生意，我怎么能不信任你呢？大丈夫一诺千金，还怕丢这几个钱？”

“行，俺以后就听您的，您让咋干就咋干！”二黑有了这么好一个主家，又得了一大笔订金，激动不已。

鸱夷子皮几人逛完后，天色已晚，又累得不行，便回来牵那匹马，二黑果然还在那儿傻等着。

红蕖得了一匹漂亮的小马驹，高兴极了。由于婉玉身子不方便，红蕖便自己骑。她一跃上马，小马驹奋蹄飞奔，完全不输越国的成年马。

鸱夷子皮突然想到，时间一晃，红蕖已成了二十二三岁的老姑娘了，也不知道雨来那边急不急。他对婉玉说："红蕖跟着你差不多有七年了吧，该找个机会，打听打听那边的消息了。"

婉玉还没反应过来，问道："打听什么消息啊?"

"问问雨来，什么时候把红蕖娶过去啊!"

婉玉不好意思地笑了笑："都怪我，一直把红蕖当孩子，竟忘了她的终身大事。"

几天后，婉玉打听到有熟人要去姑苏，便托他带话过去，让他去看看雨来。

说来也巧，过了一两个月，雨来那边就有好消息传来：越王勾践又回姑苏犒军，奖励雨来剿灭强人之功，赏给他白马邑附近几十亩田地，他已在那里建好宅院；越王又令姑苏城将军购买一批良马备战。据说楚国准备到陇西购军马五百匹，越国自然不能等闲视之。

鸱夷子皮心想，勾践怎么老是跟楚国过不去呢，虽然几个楚君都昏庸无道，但没有楚国又怎会有越霸王。也说不定是季爰王后跟自己的娘家过不去，想让那些芈姓王族别再小瞧和欺负她这个霸主夫人。不管是何缘故，鸱夷子皮身为商人，从中悟出了巨大的商机：贩马的生意好做。

此时婉玉只想尽快促成雨来与红蕖的婚事，没想到夫君又打起了生意算盘，她立马在一旁泼冷水："从莱夷运马到吴越，少说也有两千余里，数百匹马用船运也好，走陆地也罢，需要费多大的事啊，沿途的吃喝不说，一路上盗匪也不少，这桩买卖风险太大了。"

鸱夷子皮也考虑到了这些，路途遥远，马匹多不好照管，成本高了便无利可图，风险又大，这种生意谁会做呢？

那么，能不能找个大商家合作呢？但在齐国，除了老朋友端木子贡外，恐怕也没有什么大商家了。但即使子贡愿意合作，也会暴露自己的身份，何况子贡常居鲁国。

鸱夷子皮一时也想不到什么好主意，便去找陈光饮酒，闲聊中谈起贩马之事。陈光一向佩服鸱夷子皮的眼光，对他说："您的运筹之术无人能及，怎会没计谋？在我们这个地方，倒是有一个很有势力的富商，叫姜子盾，此人经常贩运麻布、皮货到吴越去，因为经常往来于两地之间，他用钱财收买了沿途的盗匪。您若能跟他合伙，估计就顺畅多了。不过，此人出身于齐国贵族，生意做得又大，看不起一般的商贩。"

鸱夷子皮说："陈将军这样讲，我倒有了主意。事不宜迟，我马上去会会他。多谢你了！"

翌日清晨，人来人往的临淄城门聚集了一群人，只见城门上贴着一张绢布告示，上面写着：鸱夷子皮新组建了几支马队，时值开业酬宾，可免费帮人向吴越运送货物，托运人只需负担点马料费即可。

鸱夷子皮贴出告示之后，便亲自去胶莱河挑选马匹。原来这一带并不产良马，只因有人从辽河那边浮海运来良种，才使得这里的马匹大大改良。鸱夷子皮非常高兴，一下子挑了三百多匹，然后让二黑带人将马送到临淄。

回到家里，鸱夷子皮坐下来品茶，嘴角的浅笑说明他已成竹在胸。范成、婉玉则很担心，倘若没人运货，这三百匹马可没人照料得了。

就在这时，一个衣着华丽的中年男了找上门来。

鸱夷子皮起身迎了出去。来人正是富商姜子盾。他体型微胖，短须，贵族装扮，一点也不像商人。见到鸱夷子皮后，姜子盾也不多礼，开门见山地问道："听说你新建了一支马队，能免费帮人运送货物去吴越，不知一次能运多少？"

鸱夷子皮并不急于回答，只说道："贵客是大富商姜子盾吧？久闻大名，今日一见，果然贵相。"他顿了顿又说，"若是一般商人可能一次只有十来车货，不过像姜兄这样的贵人，怎么说也得有个百十来车吧。”

姜子盾心想，听他口气还不小啊！原本一年要运两次皮毛、玉器、麻布等货物去吴越，一次大概五六十车，但这样是不是显得自己小家子气了，干脆两次合为一次算了。于是对鸱夷子皮说：“本人正好有一百二十车货物要运往江南吴越，但我想不明白，此去遥遥千里，路途辗转周折，你只要一点马料费，图什么呢?”

“商人皆图利，赔本的生意谁都不会做，这其中的奥妙恕暂时不便说透。不过，有姜兄的威名在，鸱夷子皮保证货物绝对平安送达。”

“看得出来鸱夷子皮先生也不是一般的商人，如此大手笔，在天下狼烟不断、盗匪四起的情形下，确实少有人为。”姜子盾改变了对鸱夷子皮的印象。

鸱夷子皮笑了笑：“哪里，全仗姜兄您的威势啊。”

姜子盾是个豪爽之人，当即道：“好，就将货物托付给你，我亲自陪你去。什么时候起程？最好快一些。准备好后派人到我府上通知一声即可，先告辞了。”

姜子盾前脚刚离开，家里的人全都围过来打听何时起程。

鸱夷子皮说：“明天准备，后天就起程。”

红蕖着急地把鸱夷子皮拉到一边，低语道：“爷佬，夫人马上就要生产了，您少说也得等上半个月再起程。”

鸱夷子皮说：“这哪能行？剑法云：静若处子，动如脱兔，趋势若猛兽鸷鸟之发。商人趋时逐利，得时无怠，时不再来；天予不取，反为之灾。哪有遇机而不发之理?”

婉玉听了，泪水在眼眶里直打转，但她也知道鸱夷子皮言之有理，于是深情地对他说：“我有红蕖照顾就够了，不用担心。只是路途遥远，你已不再年轻，凡事小心，赚钱不重要，平安就好。”

鸱夷子皮也有些激动，不顾众人在场，亲昵地用双手抹去婉玉的眼泪，抱了抱她。

两天后，一支由四十九人、四十一辆马车和三百匹马组成的庞大马队，拉着和驮着各种货物由临淄城出发，一路向南，浩浩荡荡，尘土飞扬。因为打着“姜”字大旗，马队穿越齐境，越山过水，历时二十余日，竟通行无阻。

鸱夷子皮的马队顺利过了齐境，很快进入越国的骆马湖区。现在他搞清楚了，原来由姑苏去临淄，根本不需要经过微子湖。他不时打量东西水畔，见人烟绝迹，心中默想：生民流落，竟凄凉至此！倘若沿途有些旅店，该会给奔波在外的商人带来多少方便，但现在他们只能风餐露宿。人们只知商人富，哪知商旅苦。一个新的念头又在他的脑海中浮现出来。

马队过长江到达梁溪河岸后，鸱夷子皮一边吩咐范成按既定计划，悄悄去拜见姑苏守城将军，一边让其他人用马车分批把货物运进城去。一切安排妥当后，他自己另外找了个去处。

4. 购买客栈

鸱夷子皮这次运来的良马，正好可以解决越军的燃眉之急，所以范成与守城将军及越王使臣很快就达成了交易。他们给出了好价钱，鸱夷子皮大赚了一笔。不过，由于军中挑选马匹十分严格，有些马一路上累着了，有二十几匹被淘汰了下来。

生意是范成谈下来的，他这几年经商学到了一些门道，他向鸱夷子皮建议将剩下的马匹牵到白马邑集市去卖，看看普通百姓有没有需求，如有，贩马就是一个长期生意了。

鸱夷子皮笑道：“你居然有生意经了。不过，马全卖光了，这些车和人怎么回去？这次贩马是赚了钱，但这种好事可遇不可求。我倒有个主意，挑十几匹马送给这边的朋友，看能不能作种马，倘若能成，我们以后就只贩种马。”

范成一听，眼界大开，夸道：“还是老叔想得深远，这我恐怕一辈子也学不来。”

鸱夷子皮说：“人我已经找好了，他叫东戟。”

范成说：“这个名字好耳熟，我见过他吗？”

鸱夷子皮说：“你怎么可能见过他，但应该听说过，他就是美女郑旦的初恋之人。自从郑旦入吴后，他就在吴江边上以放牧为生。这件事还得你去跟他商谈。”

原来，上次鸱夷子皮去胶莱河，意外发现骡子在北方特别受到青睐，因为骡子特别能干活。骡子是驴配马或马配驴而生的，本身没有生育能力，但是它比马有优越性：骡子比马容易饲养，不易生病，骡子干活的耐力超过马。另外，骡子比驴也有优越之处：骡子比驴力气大，干活顶用，拉碾、拉磨、拉车都比驴快得多。在北方市场上，一头骡子的价钱高于一头马，一头骡子抵得上两头驴还多的价钱。若头年两匹母马一头公驴配种，第二年就是两头小骡驹。卖掉这两头小骡驹，又可以换回一匹公马、一匹母马和一头母驴。依此类推，这是一笔利滚利的生意。因此，他想让东戟尝试一下。

鸱夷子皮这次并不想在吴越之地多抛头露面，只想转转白马邑，再悄悄与雨来见个面，之后就返回临淄。

这一天，鸱夷子皮、范成和二黑三人悄悄走进一家酒馆，挑了一个临窗的桌子坐下。二黑显得有些拘谨，范成对他说：“来吃饭，你紧张什么？”二黑见鸱夷子皮和范成都气定神闲、泰然自若，心里这才踏实了许多。

三人刚坐下，就有一个小二过来热情地招呼：“几位客佬，要点什么？”

“你们这儿有什么好酒？”鸱夷子皮微笑地看着眼前的小二。

“客佬，您可算是问对了，咱这陶然居有的是好酒，不是小的自夸，整个集上没有比我家酒更好的了。看，这是从绍兴运来的，范蠡大将军都常饮此酒。当年越王伐吴，出发前倒了这酒在河里，三军将士饮河水后，斗志昂扬，奋勇杀敌，一下子就打败了吴国。”小二激动地夸赞着自家的酒，听得鸱夷子皮他们几个一阵窃笑，笑过半晌才问道："什么？你说这家酒楼叫什么？"

小二也愣了："陶然居啊！几位客佬……"

范成轻拍了一下桌子："我说呢，原来这也叫陶然居，难怪进来的时候觉得有些眼熟。"

"几位客佬这是……"小二有点莫名其妙。

"没什么，只不过我们入住的客栈也叫做陶然居，故而有些惊讶。"鸱夷子皮笑着解释。

"哦，那个陶然居客栈离这儿不远，我们本来就是一家的。"小二热情地说。

"那为何有两个陶然居呢？"二黑好好奇地打量着这个小小的酒馆。

"客佬有所不知，我们老板起初只开了这家陶然居酒馆，后来客人太多，生意好，就在不远处另开了一家客栈，但不知为何，新开的客栈生意并不好，客人少，老板这会儿正愁着呢。"小二叹了一口气，看上去他更像老板的样子。三人看着又都笑了起来。

"那这家怎么就生意好呢？"鸱夷子皮又追问了一句。

小二见有人拿他当行家，就滔滔不绝地说道："商地不差寸，小饭馆的位置选得好，正位于集市十字大路的角上，是人来车往最集中的地方。赶墟的人，拉货车的、挑担子的、步行的，上午买卖时都忙得晕头转向，顾不上光顾饭庄，头晌午，饭庄开始上客，直到未时，都络绎不绝。卖完东西手头有点钱的，买完东西手头还有余钱的，就在这里吃一顿中午饭再回家。一来二去，他们对这家饭馆熟悉了，加上饭馆物美价廉，就招来了不少回头客。"

"喔，小二哥，你们这白马邑倒是十分热闹啊。"鸱夷子皮觉得可以切入正题了。

"那是当然了，我从小在这里长大。白马邑算是连通吴越的枢纽，北接姑苏，南连余杭，西至荆溪，东达边角，许多客商从这儿经过，货品应有尽有。客佬，您几位也是远道来我们这儿做生意的吧？"小二上下打量着他们几个。

“哦，你看我们像做生意的？”鸱夷子皮微笑地看着这个有趣的少年。

“看着倒是不像，几位若不是来这里做生意，难道是寻亲？”少年皱着眉头问道，“寻亲可不大好办，前些年吴越交战，很多士兵都逃到外地去了。”

“你小小年纪，想法倒不少。我们的确是来做生意的，叫你们老板出来吧，我有一件要事要和他商议。”

小二答应了一声，就进去叫人了。

一旁的范成看了鸱夷子皮一眼，两人相互点了点头。二黑不知道他们打的什么主意，心里纳闷，却又不好直问，只好自己在心里猜测着。

不一会儿，陶然居的老板出来了，只见他人到中年，留着长胡须，穿着一件灰色的左襟长袍，眼睛很小，却闪着明亮的光芒。他见鸱夷子皮几人打扮不俗，行了礼，说道：“不知几位客佬找我何事？”

鸱夷子皮笑了笑，客气地回道：“得罪，请您坐下慢慢说吧。”

“几位不是本地人吧？”老板精明的眸子里有光芒一闪而过。

“老板好眼力，只是不知您这么聪明的一个人，为何会养着那么大一个赔钱的客栈呢？”

“我的饭馆好好的，哪有赔钱的理！”老板生气地哼了一声。

“哦，我们说的是北边的那个陶然居客栈，那不是您名下的吗？”范成故意问道。

老板大为惊讶，忙问：“你们如何得知那个饭馆生意不好？”

“我们在那边住了好几天，眼见为实，生意人谁不会看场景呢？”鸱夷子皮说。

“原来如此，多有得罪，是我误会了。这么说你们是想买下那个客栈？”

“原本是想跟老板商议一下能否将客栈转给我们，现在看这样子是不可能的了，打扰了，告辞！”鸱夷子皮说完，看了范成一眼，两人起身就要走。

“慢着，生意还没谈呢。”老板打量着眼前的几个人，心里琢磨着他们是不是有钱的主，“几位真想买我的陶然居客栈吗？”

鸱夷子皮点点头，复又坐了下来。

老板的眼睛亮了亮：“这位客佬贵姓？您能出多少？”

“鄙人叫鸱夷子皮，不知老板您想要多少？不过您可要想清楚，既然我们打算买您的客栈，说明我们已经打听过底细了，您千万不要漫天要价，我们也并非是财大气粗的商人，您报个地道价来听听吧。”

“本人是个正当商人，怎么会漫天要价呢？经商之人谁敢不讲诚信？”老板僵硬地笑了笑。

“我们可是听说您的客栈自开门后一直都在赔钱，也不知是怎么回事。”范成脸上是一本正经，心里却止不住地笑。

“这……”老板心里一沉，暗想：那个客栈是有些不吉利，据说很多战死的士卒都葬在那边，当时买那个地方就是图个便宜。其实位置也不差，但就是不赚钱，难不成跟这个还有关系？别管多少了，拿到现钱才是对的。想到这里，老板豁出去了：“几位看着给个价吧，只要说得过去我们就成交。”

在这种情况下，谈判十分顺利，几乎没费什么周折，最后鸱夷子皮给了个价：戈币五百。跟老板买的时候差不太远，事情便成了。

等出了酒馆，鸱夷子皮袖里已装着那间客栈的房契。范成叹道：“老叔真是一个精明的商人，佩服之至！”

天气晴朗，远远地飘来一阵花香，前面就是槜李了，鸱夷子皮深深地吸了口气，说：“不错，是个好天气！”

二黑见鸱夷子皮心情愉悦，反而担心起来，问道：“我们真要在这里开饭庄，不回齐国了吗？”

范成取笑他说：“二黑是想老婆了吧？”

一句话倒把鸱夷子皮点醒了。他赶紧对范成说：“快骑马去把雨来找来，这事不能再耽搁了。”

几天后，白马邑又多了一家白马饭庄，饭庄的老板叫雨来。

鸱夷子皮离开越国的时候，不想让四十辆马车空着，就到自己原来的“村子”去，把那些不用花钱买的楠竹装了好几车带到临淄去。范成不知道一向花样百出的鸱夷子皮又想干什么，但他却并没有直问，因为一问就显得他没有头脑了。这一回，轮到他在心里拼命地猜想了。

自从这次离开越国后，鸱夷子皮再也没有踏上这块他生活了二十多年的热土。

第九章　廊庙之器淡功名

1. 访独山湖

当鸱夷子皮回到临淄家里时，他的第三个儿子已经会爬了。他给小儿子取名叫“祈”。

鸱夷子皮两眼望着百里婉玉消瘦的脸庞和额前的几丝白发，愧疚之情无以言表，他抚摸着婉玉的头说：“让你受苦了！你要我办的事情我已经安排好了。”

鸱夷子皮说的事情，就是红蕖的婚事。白马饭庄其实是他送给红蕖的嫁妆，那是一片深情的土地，是他永远怀念的地方。他找了几个年轻男女，择吉日把红蕖送过去，好似千里嫁女。

范哲一直在跟红蕖学剑，把她当亲姐姐看待。听说她要走，他抓着她号啕大哭，拼命不放手。红蕖只得哄着他说：“大丈夫怎么能哭？姐姐以后还会常来教你剑法的。”范哲这才迟疑地松开手。他还不知道红蕖这一去两千余里，“常来”二字是一个多么不现实的承诺。

红蕖走后，鸱夷子皮和婉玉也失落了好一阵子，待到心情平复下来的时候，鸱夷子皮又一头扎进他的生意里。他在临淄城内的一条横街上，搭建了五间竹屋，每间都是很别致的货档。这样，他与人谈买卖不用蹲在街上了，货物也不怕被风吹雨淋了。

其他生意人见鸱夷子皮这种办法不错，纷纷仿效，以竹子搭建货档成了一种商业时尚，使竹子的价格长时间飙升不落。

公元前465年（周贞定王四年，越王勾践三十二年），越王勾践病逝，王子鼫与继位。鼫与的童年在战乱中度过，离乱之苦对他来说可谓刻骨铭心。因此，勾践酝酿了七年之久的楚越之战终究没能打起来。

这一年，文种的夫人也在会稽城去世了。她在病中的时候，就听人传言范蠡隐名五湖，经商致富。临终的时候，她留下遗嘱，让自己的小女儿一定找到范蠡，托他把小女送回楚国老家去。

鸱夷子皮和婉玉一直对文种夫人深怀感恩之情，得知此事后，便商量找一个最合适的人来了却文种夫人的遗愿，但他们思来想去，始终找不到合适的人选。

这时，范成从外面回来说，货档的生意太好了，恐怕人手不够。鸱夷子皮突然眼前一亮：这不是最好的人选吗？他对范成说，有件很特殊的事情要交给他做。范成很高兴，还以为是做什么大买卖，当听说是送个女孩回楚国，他心里一百个不乐意。

鸱夷子皮劝道："你离家已经十一年了，难道一点都不想家？你这次正好回去看望父母，也好让我知道他们的一点音信。"

范成哪里会不想家，只是舍不得离开鸱夷子皮，舍不得丢开生意……他心里有很多不舍。

婉玉见他这样，也劝道："像你这年纪也早该成家立业了。你这趟回去，说不定会有奇缘哦。那个女孩不是太小，算来差不多有十七岁了。"

范成无奈，只得硬着头皮去跑这趟差事。从临淄到越国会稽，再到楚国的郢城，没有八九个月恐怕回不来。范成依依不舍，第一次因为离别掉下了眼泪。

红蕖走了，范成也走了，婉玉觉得家里格外冷清。她想起了大儿子范智，整天说要去把儿子领回来。鸱夷子皮由于生意缺少人手，于是从朋友那里雇了四五个人来打点生意，自己则去看望在蛮荒之地生活的儿子。

七天后的一个清晨，鸱夷子皮已经走在了独山湖边。远处天边的一轮红日冉冉升起，映照得湖面波光粼粼，一片金黄。那残荷，那芦花，也被渲染得风情万种，分外妖娆。水面不时跃起一个鱼来，画出一条完美的弧线，又轻巧地落入水中，溅起朵朵浪花，一圈圈散开来。人所至之处，水鸟啼起而飞，绕行于水面，使整个微子湖充满了生机。

“站住，干什么的?”鸱夷子皮正陶醉其中，突然传来一声喝问。他回头一看，见喊话的人是个三十左右的汉子，有点面熟，他猛然想起去年送过来的那一批奴隶。

“你是姓邹还是姓鲁?”鸱夷子皮转过身来问道。

汉子愣了愣，定眼一看，连忙下跪行礼：“原来是恩公，请恕小人无礼。”这汉子正是那个姓邹的奴隶头目。

“我也是一介村夫，何须多礼? 你带我上你们那儿看看吧。”鸱夷子皮扶起姓邹的汉子。

他们穿过一片枯黄的芦苇丛，面前是一方方水塘，水稍有些浑浊，但仍可见一群群鱼在游动。

“这是我们开挖的鱼塘，今年鱼长得特别好。”姓邹的汉子介绍说。

“湖里的鱼便多得吃不完，你们还用挖塘养鱼?”鸱夷子皮疑惑地问道。

“我们这儿有个养鱼高手叫春喜，他说他的师傅教他分类养鱼之法，就是将鲫鱼、黄鱼、鲤鱼、红鳍鲌等按鱼性分别喂养。这样，鱼互不相食，所食之物相同，便于喂养，捕捞也可以按需而捞，比在湖中捕捞便利多了。”

鸱夷子皮听了心里暗自发笑，这春喜还真成养鱼高手了。

过了鱼塘，便是一片整齐的田畴，田里的稻子已经熟了，煦风之下金浪滚滚，似乎一眼望不到尽头。鸱夷子皮深吸一口田野里充满枯草味道的空气，又想到了自己的故乡、自己的童年，这种气息是多么熟悉啊!

姓邹的汉子见鸱夷子皮兴致盎然，又带他去参观房舍。两排茅舍夹小道而建，鸱夷子皮数了数，发现茅舍有六十座之多。茅舍虽然简陋，所处地势也偏低，但整齐壮观，俨然一座精心设计的庄园。这个人烟稀少的地方，竟然成为居民最密集的农庄。姓邹的汉子告诉鸱夷子皮：

“这儿是国氏兄弟等人带领一百多个奴隶开辟出来的，大家把这里叫作独山农庄。”

庄子里的人听说鸱夷子皮来了，都欢呼雀跃，沉寂的乡野顿时沸腾起来。

国仲派十个人骑快马去四十里外的小邑镇买酒，十个人去打野鸭、野雁，十个人去摘野菜、捞鱼，十个人准备生火做饭。

“你们庄子怎么像军营啊？我以为他们会像普通农夫那样自由自在。”鸱夷子皮不解地问道。

“邹昰怕奴隶不好管，就想了个办法。哦，他就是带您逛湖的那个奴隶头目。我们这里现在有四个头目，分工管着这个庄子。安青子负责种植，春喜负责养殖，邹昰负责人事和财物管理。”

鸱夷子皮笑道：“看得出来，你就是这庄子的‘庄主’了。”他早就推断出这国氏兄弟就是齐国大夫国书的后人，只因当朝相国田常是他们的仇人，所以不便明说。

国仲不好意思起来，说道：“哪里，大伙推选的，我推辞不掉，才勉为其难。”

这时，范智过来了，他挎一张大弓，拿一把长叉，看上去像个精壮的猎人。他看见鸱夷子皮后既不叫爹，也不激动，只行了一个跪膝叩首至地的大礼。

鸱夷子皮把儿子扶起来，仔细端详：身子骨越来越壮实，个子也长高了，眼神依然憨厚诚实，下巴上已有细绒似的黑须。“大智，喜不喜欢这儿？习惯么？你的箭法是不是有所长进啊？”

范智学的是弓箭，跟范哲学的青铜剑不同，他的弓箭是谋生的工具，练得不好就可能会饿肚子，他怎么敢有半点马虎呢？因此，范智回道：“爹看到孩儿活得这么好，箭法肯定不会差到哪儿去吧。”他还是那么自信。

国仲在一旁说道：“大智很勤快，每日早出晚归，如农家孩子一样。放马、砍柴、种稻、养鱼，跟大人一样很卖力气。他没事便在家翻看书简，清晨还练几招把式。”

“还说呢，就是胆子太小。”春喜不知什么时候过来了，插嘴说，“去年放火烧荒的时候，第一把火是他放的，但后来篙草、芦苇成片成片地烧起来，一连烧了三天三夜，他见大火不灭，吓得大哭起来，谁都劝不住。”春喜的话，使所有人都笑了起来。

鸱夷子皮知道儿子不是胆小，只是有点小家子气，见了大场合会心虚。但他很朴实，心里怎么想就怎么做。

众人又说了一个多时辰的话，一个大规模的聚餐就开始了。桌凳不够用，于是就把芦苇编制的席子铺在地上，百余人席地而坐，每人面前都有一卮烈酒。鸱夷子皮站起来说：“这个农庄是你们辛辛苦苦共同建立起来的，这里所有的人一律平等，有事大家做，有饭大家吃，有酒大家喝。来，我们先一起喝了这卮酒！”

所有人都放开肚子畅饮。不一会儿，酒量稍差的人就倒在草席上，而酒量大的人仍意犹未尽，不知是谁说鸱夷子皮箭法如神，一个奴隶仗着酒意，提出要跟他比试一下。邹昰立即喝道：“大胆，怎么敢对恩公如此无礼！”

鸱夷子皮说：“无妨，我们都是一介村夫，以后对他们也不用管得那么严格，应该让大家都过一种轻松自在的生活。”

国仲介绍说，提出比箭的奴隶原是鲁国士卒，战败被掳成了奴隶，他的箭法在百余人中稳居第一。

鸱夷子皮世来了兴致，问道：“怎么个比法？射野鸭吧？”

有人提出异议说，射野鸭不太好，野鸭笨，飞的是直线，容易射中；不如射大雁，大雁精明，飞的是弧线。

于是，众人来到湖边，一场别开生面的射雁比赛开始了。

鸱夷子皮让那个士卒先射，只见他拈弓搭箭，等待水面的大雁起飞。不一会儿，一群大雁从湖面腾空而起，划出优美的弧线。士卒将箭射了出去，只听得一声哀鸣，一只雁栽落水中。接着，士卒又迅速在弓弦上搭上双箭，没等大雁逃出射程，便两箭齐发，随着“嗖、嗖”两声，又有两只大雁应声而落。众人对他精妙的箭法都佩服不已，喝彩连连，同时也为鸱夷子皮担心，要超过那个士卒恐怕太难。

鸱夷子皮倒显得神态自若，他从范智肩上取下大弓，并不搭箭，只静等大雁再次起飞。但好一会儿也没大雁飞起，众人正不知如何是好。这时，不知是谁大咳一声，五六只雁突然腾身而起，迅疾地划出半弧，眼看就要飞远，鸱夷子皮深吸一口气，拉开满弓而弹，嘴里发出一阵刺耳的大雁哀鸣声。没等大家反应过来，只见那几只大雁的下弦弧还未来得及划完，就纷纷栽入水中。

众人目瞪口呆，惊讶失声，纷纷为鸱夷子皮的神奇箭法叫绝，并询问其中奥秘。鸱夷子皮解释道："大雁都结群而行，听力超强。这位兄弟的三箭三中，早把这群大雁吓呆了，它们因不忍丢下同伴，只得等待时机。待它们再次被迫起飞时，已惊弓失胆，空弓弹起使大雁感到气流的震动，哀叫声使它们误以为被射中，故而纷纷落水。"

他见众人仍张口结舌地望着，接着说："箭法固然重要，但了解被猎之物的生性更重要，将二者合而为一，才是箭法的最高境界。"

众人终于明白过来，发出一阵阵呼喊声。

鸱夷子皮在独山农庄逗留三天，准备带范智回临淄，但范智死活不愿意回去，尽管鸱夷子皮把婉玉的思子之情说得十分殷切，也没能使范智改变主意。

其实，鸱夷子皮也特别喜欢这里，很想在这儿多过几天神仙般的生活。因此，他又多留了些日子，每天在湖边转悠，或是到附近走访乡农。附近没有什么人家，四十里外的小邑镇也不过三四百人常住。

鸱夷子皮想，这里物产丰富，光周边和农庄的人是吃不完用不完的，只有到市场上交易，才能让农庄积聚财富。他想尽快为农庄开辟商道。

在离开农庄的前一天，鸱夷子皮独自来到湖边，静观天象。秋夜的星宿高远但特别清晰，他隐约发现有几颗星宿有异动，从变动的方位来看，灾象已现；再掐指一算，又得到了佐证。

次日，鸱夷子皮把国仲、邹昰、安青子、春喜等人找来，向他们提了几个建议：一是在高坡地带建几个大仓库，都把粮食储存起来；二是把鱼塘的坝子加高两米，并把所有房舍移到高坡上去；三是在小邑镇设置一个粮食收购处，以略高于目前市场的价格收购周边所有的余粮，这笔钱由他来出。

众人听了都感到不解。国仲说："这几年风调雨顺，我们自己的谷子都吃不完，哪还用到镇上去收购粮食啊？如果您担心湖水春夏猛涨，淹没了鱼塘和房舍，大可不必。我和安青子已在此生活七八年了，还从没见湖水涨到那么高。"

鸱夷子皮说："年岁丰歉轮回，依照阴阳五行的变迁，岁星正在金便丰收，正在水便歉收，人民便会饥馑，正在木便会风调雨顺，正在火便会出现水患；并且依照岁星（木星）每十二年运转一轮。每六年出现一次丰收，每六年出现一次干旱，每十二年出现一次大的饥馑。只有做到有备才能无患。"

众人仍将信将疑。安青子说："我相信先生说的理是对的，但您是如何得知的呢？"

鸱夷子皮这下有些为难了，这些东西哪能一下子解说清楚呢。他回道："是一个会测天象、断农事的仙人告诉我的，他十算九准。反正农庄秋谷收完就农闲了，大家把这几件事做了，心里也踏实。"

鸱夷子皮没有太多的时间跟他们讨论这些问题，话已说到，一切不可强求，顺应天意吧。

2. 何谓商道

几天后，鸱夷子皮离开独山农庄，回了临淄。婉玉见他没把范智带回来，思子之情更加迫切，但也没有什么办法。

此时，鸱夷子皮在临淄的货档生意做得很顺利，卖什么货物都有赚头。他把货档一下增加到二十间，除了卖陶器、丝绢、铜铁器及水产品外，还卖各种粮食，如稻谷、粟子、麦子等。

临淄城首富姜子盾自上次跟鸱夷子皮合作成功后，就经常主动找他继续合作。上次直到鸱夷子皮只带二十辆马车而回，他才知道鸱夷子皮是千里贩马，但自己怎么说也是得了便宜，所以生意还是合作更有优势。鸱夷子皮见姜子盾主动找上门来，也让二黑继续与其合作，只是每次只贩三四十匹马或驴。姜子盾尽管精明透顶，但怎么也想不明白，鸱夷子皮第一次贩马冒那么大的险，现在路子通了，反而这么谨慎，生意越做越小？难道那么大的吴越之地只有这么点需求？他哪里知道二黑贩的马是种马，而种马的价格比良马的价格高出三倍。由于不知道底细，姜子盾认为鸱夷子皮是个很怪异的商人。

还有一件事更让姜子盾想不明白：鸱夷子皮在城内有两间货档是卖粮食的，因为市面上卖粮食的人过多，买粮的人太少，尽管粮价已经十分低廉但仍然滞销，商家都愁粮食积压卖不掉，鸱夷子皮却反其道而行之，将两间卖粮食的货档改为购粮的货档，大张旗鼓地收购粮食，购入时也不刻意压低价格。同时，他又在淄河边新建了六座很大的粮食仓库。

这年春夏之交，齐国的天气跟往年一样，并没有像鸱夷子皮预测的那样出现异常，而且春粮的收成比去年还好，夏秋粮食作物也丰收在望。独山农庄那边传来消息说，他们去年年底已按鸱夷子皮的建议加高了塘坝、挪了房舍、建了仓库，白费力气。这倒没什么，只是邑镇上的购粮行动要不要先停下来？鸱夷子皮马上给他们送去钱币，并十分肯定地表示，购粮行动不能停。

鸱夷子皮回到家里，婉玉也表明了她的担心："你真的要继续收粮吗？万一卖不掉，时间长了，粮食是会坏掉的啊。"

鸱夷子皮耐心地解释说："农事有很强的季节性，每年气候不同，产量就不同，对市场价格也会有重大影响，但是，季节和气候变化是有规律的。《计倪内经》中说：'六岁穰、六岁旱，十二年一大饥'，意思是说，每六年有一年风调雨顺的上好年景，也有一个旱年，每十二年有个大旱年，也有一个水年，因此'夏则资皮，冬则资絺，旱则资舟，水则资车，以待乏也’。只要我们掌握了这个规律，就可以把农事和粮食价格平衡好。”

“可这是官府应该考虑的事情，你现在只是个商人，哪操得了这份闲心?”

“真正的商人不只是赚钱，而应该以天下为己任，担负道义于双肩。商人买东西，不是说自己需要就买，而是什么时候物价低就买进；卖东西也一样，不是自己多得用不完了就卖，而是什么时候很多人需要它才卖。按照时节、气候、民情、风俗等变化，就可以找出价格变化的规律来。当遇到农业丰收之年，粮价跌落时就大量地收购，储存粮食。等到农业受灾之年，再把储存的粮食以市价出售。而且丰歉直接影响到谷物价格的涨落，谷物价格的涨落又必然引起其他各类商品的一系列波动。夫子计倪说：‘论其有余不足，则知贵贱。贵上极则反贱，贱下极则反贵。贵出如粪土，贱出如金玉。’因此，掌握了谷物价格的规律也就掌握了天下商品价格变化的规律，若能顺应这种变化规律进行交易，自然能获取巨利。这不仅能利己也能利民，何乐而不为呢?”

“道理是你想得透，我只担心实际的事情，我们把钱都花在粮食上了，如果粮食一直卖不出去，以后的生意就没法做了。”婉玉还是不太放心。

“没钱了，大不了重新开始，至少我们还有粮食可吃，你不用太担心。”鸱夷子皮安慰她说，“我现在想的是，粮食是百姓活命的根本，各地粮食买卖不仅价格不统一，量器也不一样，有的斗大，有的斗小，这样就容易出现混乱。”说到这里，他停下来，苦思着解决平衡粮食价格和统一度量的方法。

有一天，鸱夷子皮从一个村庄收粮回家，在路上偶然看见一个农夫从井里汲水，方法极为巧妙：井边竖一根高高的木桩，一根横木绑在木桩顶端；横木的一头吊木桶，另一头系石块，此上彼下，轻便省力。鸱夷子皮顿悟：石块虽小，却可以通过支杆，把比它重数十倍的物体吊起来。这二者的比称会不会有固定的样式可循呢？他回家仿照着用一根细直的木棍，一头钻上小孔，小孔系上麻绳，用手来掂；细木一头拴上吊盘（似汲水的木桶），装盛货物，一头系鹅卵石为砣（似压杆的石块），调整鹅卵石至提绳的距离，就能使二者保持平衡；而且发现鹅卵石移得离绳越远，吊起的货物就越多。这说明保持这种平衡，二者之间存在某种比例关系。但是，如何确定这个比例呢？用什么东西做标记呢？他苦苦思索了几十天，仍然不得要领。

后来，他又去收粮，发现量米用的升或斗应该是大致相等的，于是，他将升和斗拿回家中，先装一升米在盛物吊盘一边，然后移动提绳另一边的鹅卵石，使二者平衡，并在杆做上记号；再将吊盘那边加上一升米，又移动鹅卵石至二者平衡，再做上记号，直到装满一斗米做上十个记号为止。可是，将吊盘那边换成谷子再称，一升米和一升谷子刻下的记号又不一样：称一升谷子时，鹅卵石离提绳近，说明谷子比米轻，即使同样是米，不同的一升米重量也不同，那如何刻记号呢？他经过对各种实物上百次的反复称比，最后发现，清水的重量基本相同。于是，就以一升清水为一个度量标准来做记号。

由于金刻的篆体字太繁琐，他又想到观测天象时的星宿，突发奇念，用南斗六星和北斗七星做标记，一颗小星表示一两重（即十三分之一升水），十三颗星或一颗大星表示一斤（一升水）。

从此，从粮食市场上开始，便有了统一计量的工具——秤。衡量大米或谷子的时候，先用斗量，然后用秤称，这样不仅可以准确称出粮食的重量，还可推算出其中的杂质水分等。

后来，秤不断改进，分为十六两、十二两或十两一斤，并被用来衡量其他物品的重量，此乃后话。

就在鸱夷子皮倾尽家财，不断收购谷子、麦子等粮食的这一年冬天，齐国境内大部分地区下了一场几十年不遇的大雪，并且连下十多天，地上的积雪达四五尺厚，到处冰天雪地，寒冷至极。所有冬季作物全部冻死。转年开春，又一场冰雹和大雪几乎席卷全国。很多百姓的房屋被毁，牲畜被冰雹砸死，连树枝都被砸得七零八落。春粮颗粒无收、青黄不接时，民众发生了饥荒。

这几年一直为风调雨顺、粮食年年丰收感到得意的齐平公对此慌了手脚，忙召集大臣们出策救灾。但除了从国库拿钱出来贴补购粮外，还有什么更好的补救办法呢？国家出钱购粮，使得粮食价格飞涨，原来一直担心粮食卖不出去的临淄商家，早在鸱夷子皮购粮时便全数卖出，现在已无粮可卖；农家的粮食，一年种一年吃，略有余粮，多了没地方存放也大都卖掉了。

这样一来，鸱夷子皮成了屯粮大户，甚至比齐国国库的粮食还要多。

姜子盾第一个找到鸱夷子皮，称他诡异莫测，想必能大赚一笔。鸱夷子皮却摇摇头，说："我无敢居贵。《通玄》中讲：'农不出则乏其食，工不出则乏其事，商不出则三宝绝，虞不出则财匮少。财匮少而山泽不辟矣。此四者，民所衣食之原也。原大则饶，原小则鲜。上则富国，下则富家。'而我觉得，农民和商家都获得利益，市场价格稳定，流通而不壅塞，才是真正的商家之道。"

姜子盾张大嘴巴，问道："难道你要平价售粮？这样好的机会怎能白白放弃呢？"

鸱夷子皮觉得自己跟这位富商的思维方式不同，很难谈到一起去，于是把自己"平粜"的想法细说了一遍："掌握年岁丰歉的循环知识，就可预测五谷及其他商品价格变动的趋势，可以利用它使一个国家财政丰裕或使个人致富发家。出售的谷子如果每斗价格为二十钱，农人就要吃亏；如果每斗卖到九十钱，商人就要吃亏。商人吃亏了，钱财就不会流到社会上；农人吃亏了，田地就会荒芜。因此，谷价最高不得超过八十钱，最低不得少于三十钱，这样农人、商人才会各自得利。我之所以屯粮，是为了使这个市场保持相对平衡，而不是为了居奇。"

姜子盾终于明白了，由衷地赞道："没想到你作为一个商人竟有如此胸怀和境界，实在佩服！"他对鸱夷子皮刮目相看。

但是，鸱夷子皮在春天并没有卖多少粮食出去，因为农家还有余粮可以度日，只有非农户才急于买粮，而这些人大都是有钱人，让他们多花点钱在外地买粮，没有什么不好。何况以他的预测，更大的灾难还没有真正到来。

果然，春夏之交，十天九阴，全国各地细雨绵绵，旱地作物闹草荒，野草比庄稼长得还要好，根本谈不上收成；入夏以后几天又下了几场暴雨，把水田淹成一片汪洋。南四湖等大湖区不仅受雨水侵袭，而且海水倒灌，湖水一下子高过往年最高水位五尺有余。独山农庄的稻田和鱼塘虽然采取了一些措施，但还是被湖水淹了，所幸仓库里有足够的储粮，总算躲过了一劫。这下，国仲、安青子他们才对鸱夷子皮佩服得五体投地，叹其神机妙算。

入秋后，临淄街上出现了逃荒的饥民。齐平公不得不急令各县城邑打开粮食储备仓库放粮，又从国库拿一大笔钱出来救济，但有钱无粮，只能干着急。都城贵族都悄悄前往晋国、鲁国购粮，平民则流离失所，忍饥挨饿。在城内灾民日益增多、官府焦头烂额的关口，有人向齐平公禀报说，临淄城外有个叫鸱夷子皮的人平价售粮，还白拿出一些粮食施舍灾民。齐平公闻讯十分高兴，马上派人去打听他鸱夷子皮什么人，要给予奖赏。而灾民们听说城外有人施舍、售粮，都蜂拥出城，这样一来，灾民最多的都城反倒变得清净了。

3. 齐燕交好

在鸱夷子皮的慷慨布施及平价售粮等举措下，齐国因数十年不遇的水灾而闹了三个多月的灾荒，终于渐渐平静下来。

齐平公派出去打探消息的人回报说，鸱夷子皮只是一个商人，但家里很有钱，富可敌国。

齐平公不信，说："齐国义商只有端木子贡，豪商只有姜子盾，从来没有听说过鸱夷子皮呀。"

探报人又说："此人就住临淄城外，其所作所为，臣亲眼所见，从入秋至今，他每天都施舍、售粮，的确属实。”

齐平公喟叹道：“吾以国家之财力，施仁德于百姓，止于临淄。而鸱夷子皮，以一家之财力，施仁德于百姓，且大于齐国，足见其贤能。”

他经过再三思索，决定委派卿士子货去聘请鸱夷子皮入朝为相。

齐国的政体与吴越不同，齐国属于“天子脚下”（即周朝天子封赏的诸侯大国，姜太公是第一个受封者），国君称为“公”，其下还有侯和伯，皆是爵位，卿士也是周天子封的爵位；诸侯国国君也可以给国内的人封爵，高级爵位称“大夫”，分上、中、下三等，爵位不是官职。但有大夫爵位者，均可求见国君，或者参与朝议；齐国官职之中以相为最高，原分左、右相，现由田常一人独相，称为相国。相以下有大司马、大司寇、大司空、大司农等职。而吴越以前不是受周天子封赏的诸侯国，国君自称王（已僭越礼数），国王所封的大夫爵位不被其他诸侯国认可，只能算作是担任某一官职的资格，如此，吴越的大夫往往直接与官职联系在一起，比如掌兵大夫、司农大夫等。

齐平公让卿士子货去请鸱夷子皮，无疑是给了他很高的礼遇。而且，子货行前还沐浴更衣，整理好冠带，刻意梳洗打扮了一番，以示尊重。

这一天，鸱夷子皮在淄河边的家中静坐饮茶，见紫砂杯中一茶梗直立杯中，右眼无缘无故跳动不止，他掐指一算，知道今天有要人来访，正准备回避一下，没想到子货已经来到了家门口。

子货是个见多识广、能言善辩之士，见过礼后，他从称赞鸱夷子皮势如辐辏、扩展八荒的经商之道开始，说到富行其德的大仁大义，再说到鸱夷子皮的货物通达江海的兴旺景象……

鸱夷子皮见子货说得口累，微微一笑道：“过奖了！齐地沃野千里，诸侯四通，我只是顺应天时地利人事，按自己的想法做点事情，以正世人对商贾的偏见。”

子货见自己的话引不起鸱夷子皮的兴趣，便直接表明来意：“平公治国已经十九年，但齐国国力不见增强，反而有逐渐衰落之势。因而，邻邦常常以武力相威胁，使齐国只能居于他国之下，平公因此日夜忧心，难以安枕。今闻先生贤能，胸怀雄才大略，平公有意招贤，邀鸱夷子皮先生入朝为相。”

但鸱夷子皮毫无做官的兴趣，他“平粜”救灾只是觉得商人应该以天下为己任，负道义于双肩，而不仅仅是为了赚钱，更不是为了做官。因此，他客气而明确地回绝道：“鄙人乃一介草莽商末，实无举国为相之才。齐平公招贤纳士，应前往大的诸侯国寻求高人为是。”

子货心思细腻，见鸱夷子皮神情肃然，态度果决，诚心不愿位居高官，也只好就此打道回府。

齐平公闻子货回报后，很不满地说：“寡人亲带甲士前往。”

三天后，齐平公带着数十甲士，鼓号齐鸣，鸣锣开道，来到淄河边鸱夷子皮的住处，却惊讶地发现早已人去屋空，不知鸱夷子皮迁往何方。

齐平公好生懊恼，回宫后即召将军陈光入见，令他哪怕搜遍整个都城，也要把鸱夷子皮找出来。陈光知道，鸱夷子皮就是范蠡，这个秘密肯定不能泄露出去。但他也知道鸱夷子皮绝对不会留在城内，现在最有可能去的地方是南四湖（独山湖）。然而君命难违，他只得回禀道：“既然他无意为官，肯定不会继续藏匿在城内，要躲也会躲到人迹罕至的地方，比如胶东、独山湖。主公不妨派人去那样的地方查访。”这样也算是给齐平公一些暗示，如果他够圣明的话，自然会派人去寻访。

齐平公也觉得陈光说得有理，但他转念一想，齐地荒凉之处很多，为什么偏偏就只去这两个地方？陈光也许知道什么隐情。他两眼看着陈光说：“寡人诚心招贤，而你讲话却吞吞吐吐，是何缘故？”

陈光无奈，只得说，鸱夷子皮曾在市场上买了一批奴隶送往微子湖，他走得那么匆忙，只有那里可以去。

“还有这种事？你马上随寡人去见。”

正如陈光所料，鸱夷子皮一家人果然去了独山农庄。

这一天，鸱夷子皮正坐在鱼塘的土坝上，望着刚刚开始返青的野草，正寻思着庄里的复建计划，忽听得一阵锣声，他站起来眺望，只见不远处有一队官兵模样的人马，正朝农庄方向开赴而来。稍近，他才发现这是国君出行的仪仗，难道齐平公亲自驾临了？

他知道自己无法躲藏了，干脆走上前去迎接平公大驾。齐平公由陈光扶着从马车上下来，面容和蔼地走到鸱夷子皮面前，先施一礼。

鸱夷子皮见状，忙下跪叩拜，把齐平公请入农庄最精致的茅舍中。

其实，齐平公曾经见过鸱夷子皮（范蠡当年曾出使齐国），只因时间过去太久，一时没能想起来。他见如此蛮荒之地，竟有如此整齐的庄子，更加坚信鸱夷子皮有治国之才。

子货前次已经说明了平公的意图，所以这次不用平公多说。鸱夷子皮见平公如此礼贤下士，不好再次推脱，只是向平公提了一个请求：赦除农庄百余名士卒的奴隶身份。平公感到很为难，因为这关系到一个国家的制度，但他还是答应了特赦。

鸱夷子皮再次叩首，为即将真正获得自由的奴隶们谢恩。农庄一时人声鼎沸，屋外传来“齐公万寿”的呼喊声。

齐平公之所以下如此大的决心，也是事出无奈。一是田氏势力日隆，相国田常专权，君权被削弱，若重设左、右相，可以对相权有所牵制；二是齐国经济、军事实力日渐衰退，抗击天灾人祸的能力较弱，此次赈灾，一国之力还不如一个商人；三是北方的燕国虎视中原，与齐国相互敌视，必须要有效防范和化解。齐平公希望鸱夷子皮能够帮助自己出谋划策，使齐国国富民兴，重振雄风。

相国田常听说齐平公不惜一切招贤纳士，原本是强烈反对的，曾想这鸱夷子皮竟如此胆大包天，敢来分自己的相权？等他见到鸱夷子皮后不禁大吃一惊，原来对方是自己的老熟人大名鼎鼎的越国上大夫、大将军范蠡。田常暗自思忖，范蠡毫无官瘾，其志如鹓鸰（古代传说中像凤凰的鸟），非梧桐不止，非练实不食，非醴泉不饮，完全不用担心他抢了自己的权位，不如趁机利用范蠡的计策来壮大齐国。因为田常一向视齐国为田氏天下。

辛苦隐姓埋名这么久，还是逃不脱命运的安排，就这样，旷世奇才范蠡出任齐国右相，又一次被历史的潮流推上了政治舞台。

公元前461年（齐平公二十年），齐平公派左相田常和右相范蠡秘密出使燕国，意在息兵罢战，化解齐国与燕国之间的仇视心态，订立和约。

燕国位于“周天子脚下”，但其属民以北戎民族（山戎）居多，因而立国以后与中原各地来往甚少，文化较中原落后，在春秋初年的外族入侵中更是险些亡国。

燕孝公在位（公元前492年立）期间，正处乱世之秋，各路诸侯表面上保持平静，实际上雄霸天下的野心没有丝毫消减，战事一触即发。不过，燕国没有加入到争霸的行列中，渐渐成为北方的大国。

这天，田常、范蠡及随从来到燕国边关，燕国关吏拦住他们，查验封传（边关通行证），并声称：凡齐人入燕者，每一封传只能一主一仆进入。田常和范蠡只好让众随从暂住在关外，他们两人一起入关。

田常与范蠡二人进入燕国后，一路上燕人对他们虎视眈眈，仇视而警惕，仿佛他们是入侵燕国的敌人。傍晚，田、范二人在一客栈住下，要了些酒菜，哪知店家端上来的都是剩菜残羹。田常一见，脸色大变，拔出自己的佩剑狠狠地扔在地上。小二吓了一跳，逃命似的跑了出去。

范蠡见状笑了笑，自己先吃起来。那边，店小二悄悄对店老板说：“那两个齐国人看上去很有钱，齐国人十分可恨，不如晚上……”小二做了个砍头的动作。

老板沉吟半晌，说道：“先别急，看他们的仪表神态像是官府之人，杀官差，我们吃罪不起。不如摸清他们的底细，再转告沿路的客栈，在他们所经之处，一律给点颜色看看，让他们知道我们燕国人不是好惹的……”对于这一切，范蠡不露声色，全看在眼中。

田常早窝了一肚子火，回到房间就大声嚷道：“燕人对齐国的敌意竟如此之深，再往前行，恐有杀身之祸了。”

范蠡说：“我们此行正是为化解敌意而来，如果无功而返，即使主公不怪罪，那也是我们无能啊！”

田常在房间踱着步，焦急地说：“这可如何是好？”他是个急性子，身材看上去像个武夫。

范蠡想了想，说道：“相国先别急，我给您讲个故事吧：有两条蛇要迁徙，因为要过大道，人来人往，担心被斩杀，小蛇就对大蛇说，你在前面走，我在后面跟着，这是常规，路人见了一定会打杀我们。如果我附在你的身上，你背着我走，人们见了就会感到这事很怪异，认为我是神，有大蛇护佑。于是，大蛇便背着小蛇上了大道，果然，路上的行人见状，纷纷传言说小蛇定是神君，争相看着大蛇驮着小蛇越过大道而去。”

田常耐着性子听完，仍不明其意，问道：“难道蛇能帮助我们吗？”

范蠡笑了笑说：“我们可以仿效蛇的做法。相国您衣着华丽，佩玉挂金，而我布衣装束，旁人一看便知你主我仆，平常得很。但是，若相国与我互换身份，犹如大蛇背着小蛇招摇过市，燕人定会感到惊讶、好奇，人们会以为我这布衣是千乘之君而崇敬我们，也就不会有如此这般的羞辱了。只是不知相国愿不愿意屈尊？”

田常无奈地说：“别无他法，不妨一试！”

第二天在通往燕都的官道上，人们看到一个衣着华丽背着封传包裹的仆人跟在主人的马后，马上的主人一身布衣，却气宇轩昂，处处显出王者的威仪。一路上，燕人莫不驻足观望。有人议论说：“仆人都如此富奢，主人的官职肯定小不了。国内少见，莫不是微服私访的齐国国君？”

晚上，主仆二人来到一个县邑，县令马上来到城门迎接，说：“不知齐公驾到，失敬失敬！”

范蠡微微一笑道：“我不是齐公，是齐公派来的使臣。”

县令连忙说：“不会不会，贵人多隐啊！”他把二人安置在驿馆最好的房间，又安排了丰盛的酒席进行款待。

次日一早，县令还派兵护送他们，一路鸣锣开道，燕国百姓都连忙避让。

燕孝公早已听说齐国出了个像姜子牙一样的人物，急于睹其风采，闻其谋断。当田常和范蠡顺利抵达燕国都城后，燕孝公马上接见了他们。

待双方礼毕，燕孝公说：“听说范相国能入两国卿相，又两致千金家产，是何道理？”

范蠡回道：“顺应万物发展的规律，持盈而不溢。”

燕孝公：“若一国处在危难之中，如何拯救它？”

范蠡：“君臣同德，百姓同心，应时待机而知变。”

燕孝公：“强国欺负弱国，又如何应对？”

范蠡：“智者之举事也，转祸而为福，因败而成功。”

燕孝公：“强国之君如何行霸道？”

范蠡：“霸道岂会长久？吴王夫差就是最好的证明。”

燕孝公：“霸道行不通，那王道呢？”

范蠡：“尧舜禹至夏商时代，民智初开，王权乃集权，王道即天道，这样的王道自然行得通；如今周天子权威日渐衰弱，群雄四起，民智大开，周王作为王者之王的霸主尚不管用，这王道又有何益？”

燕孝公：“那天下岂不就无道可行了？”

范蠡：“有，人道。秦地处偏隅，民风强悍，军力威猛，只是经济落后，国力不济。但能息兵养民，韬光养晦，能称王天下的，必然是秦国。”

燕孝公：“燕国如何行人道？”

范蠡：“燕国若无争霸天下之心，只需行人道。天之道，利而不害；人之道，为而不争。”

范蠡的一番答辩，使燕孝公觉得高深精妙，乃天下至理，于是打消了进军中原的念头，愿意与齐国进行文化与经济交流，并就此签订了盟约。

4. 偶至莱夷

范蠡出任相国后，成功促成齐国与燕国通好，并对齐国的国情民心进行了进一步研究。过去田桓子对贫穷孤寡的国人“私与之粟”，以及田常执政后以大斗出贷、小斗收进，都是为了争取民心。范蠡十分赞赏田氏的这些做法，进一步提出以农为本，劝农桑、务积谷和“农末兼营”、发展工商业的主张，使齐国的制盐业、畜牧业等百业俱兴；促进齐国与其他诸侯国之间的贸易往来，冲抵灾年对齐国物资短缺的困扰。同时，他还推行了一套“山木如市，不加于山；鱼盐蚌蜃，不加于海”的产销等价政策（即“平粜”之策）。这是一种薄利多销、为国家赚取财富的手段，结果使“民财为之归”，百姓也莫不对他交口赞誉。

列国之中，尊贤尚能的齐国有着最为悠久的养士传统。自姜太公开始，齐国就有“举贤而尚功”的基本国策和社会风尚。作为滨海国家的齐国，齐人广阔的胸襟、爽朗的性格和浪漫的精神，孕育了博大的齐文化。范蠡主张加强与周边国家的文化交流，齐国养士之风复盛。

范蠡的做法，不仅得到齐平公的夸赞、厚赏，而且很多举措都与田氏家族不谋而合，因而也得到了田常的大力支持，几年间便奠定了齐国经济与文化繁荣的基础。

日月荏苒，时光如流水，范蠡出任相国已经三年有余，他向齐平公许诺的任相期限已过，于是开始着手辞官还乡的准备，想重归以往经商治家的生活。

他把大儿子范智叫来，对他说：“你去胶莱河一带买一艘最好的海船，将派上大用场。”

范智不知买船派何用场，问道：“要多大的船呢？”

“能渡海的三杆帆船，越大越好。买到后在那里等着我们。”

在范智前往胶莱河的同时，范蠡便向齐平公辞官，但齐平公说什么也不让他离去。

范蠡仰望青天，慨叹道："居家则拥有千金之产，居官则达到卿相之位，对于一个白手起家的老百姓来说，这已是到了极点了。长久地处在尊贵的位置上，恐怕不是吉祥的征兆啊！"

于是，范蠡故技重演，把相印还给齐平公，然后悄然离去。他把自己的家产都分给了临淄的朋友以及国氏兄弟、春喜、安青子，还有在微子湖边垦荒种地的奴隶们。

一天清晨，一艘很大的三杆帆船从胶莱河下游出发，驶向渤海莱州湾。此时，一场不知何时到来的初雪将莱州湾过早地带入了冬天，昔日的海面变成了白色的冰雪世界。范蠡原以为入冬后海面风浪小，行船安全，没想到气温下降这么快。他伫立在船头，凝视着海面，轻声地自言自语："还是有些迟了。"他搓了搓手，冷得不行，便钻进船舱。

范哲问道："我们这是要去哪里？"

"北上离开齐国。"范蠡回答说。

"为什么不往南边走呢？"

"南面是个很大的半岛，绕行太远。"范蠡简单地回答道。其实，他只是不想绕道越国。

范哲不再问了，有过前两次背井离乡的经历，他已经知道这个奇怪的老爹要干什么了。

除了几个船工，船上其余的人都不再说话，蜷缩在较暖和的地方不动。

利用季风航海，风向至关重要，顺水行船，加上顺风，航行快速安全；但海上行船时常会遇到变幻莫测的风浪，稍有不慎就会迷失方向。他们在海上航行了五六天，终于靠近了海岸。此时船工也搞不清方向，便停了船。

范蠡上岸后，发现这里是个荒芜的岛屿，到处都是奇形怪状的礁石。他好不容易找到一个海边的渔民，一打听，才知道这里竟然还是南莱州湾（今山东烟台境内），且离出发之地不过三四十海里。

范蠡有些哭笑不得。如果重新出海，他心里实在没底，只得请求老渔民帮助他们。老渔民把他们带到自己低矮的泥草房里，让他们暂时住下。

一连几天，大雪纷飞。院子里有高高的茅草垛，成堆的树墩子，老渔民让他们取柴烤火。闲来无事，范蠡便跟这个比自己年纪稍长的老渔民聊天。

老渔民介绍说，这方圆几百里之地都称为莱夷，原本居住的是夷民，后来齐灵公灭了莱夷，将夷人全部列为隶臣隶妾，这差不多是百年前的事了。眼下夷人共分布在三个地方，一处是西莱夷（又称夜邑），在齐国境内；江淮之间靠海处是淮夷之后，称几黎，也叫九夷；据说东南大海之上有个大岛，岛上的居民也是夷人的后代，称为岛夷。

范蠡问："这夷人有何特点？以什么为生？"

"夷人九族各有不同，其中以东屠、夫余、高丽、满饰人数居多，这四族占了夷人的大半。玄菟和天鄙在夷人中数量最少，玄菟是夷人中身份最高最尊贵的族人，是原莱君的亲属；天鄙则是夷人中身份最低的一族，却最为忠直，所以莱夷一带的齐人喜用天鄙族人作为仆佣。东屠、夫余、倭人最为善战，东屠族嗜杀，夫余族好利，倭人族最多勇士。乐浪族善水运物，高丽族善种树畜养，索家族善渔盐，满饰族善猎。各族中互有征战，所以都有族兵，多者数千，少者数百。"

范蠡听了，惊叹道："莱夷人真是不简单啊！"

大雪一停，范蠡便踏着厚厚的冰，到周边去考察地理民情，他想见见老渔民提到的几种莱夷人。他放弃了冬季渡海计划，让人把那艘船拉到海岸上，之后便遣散船工，把船当成一个临时的家"定居"下来。

冬天很漫长，范蠡先后走访了夷人九族中的四族，在天鄙族找了一个十七岁的小伙子做随从，向乐浪族探询海上通道，向高丽族学畜养之法，向索家族讨教制盐知识。夷人见年过六旬的范蠡如此诚心好问，都十分乐意教他，很多人都成为他的新朋友。

范哲闲不住，居然在夷人中拜了一个剑术师傅，不管天寒地冻，每天都要练上几招。范智则每天背着制盐要诀，准备等来年天气转暖就煮盐或晒盐。

大海给了人类无数的恩泽，就像一个巨大的宝库，无所不有，尤其是晒盐，煮盐的海水取之不尽、用之不竭。岛岸的养殖业也很发达，畜养多为大驴、骡马、黄牛等。

“知地取胜”是范蠡的一贯经商原则，他认为此地“拥有鱼盐之利”，这么好的地方他怎么会放过呢。因此，他很快便弄清了周边的环境：沿海绕岛向东，可入东海；横穿半岛向南，可到达越国都城琅琊；向西五六十里地，是齐国边境，再往西一点，便是二黑的家乡胶莱河；向东北航海，可到“海外”——燕国东部（今辽宁丹东）；向西北可入渤海湾，到燕国内陆；出莱州湾，则可入黄河向西到中原各国。他决定在这片原始的土地上寻找商机，谋求出路。

次年春，范智便着手进行盐场开发。他找到几个夷人当帮手，利用天然大沙堤，围起了长几里的场子。靠海的沙滩平缓绵延，沙质洁白松软，形成了一道漂亮的沙坝，既可防汛，又可防浪。南边的岩石礁盘，缓缓平铺，犹如天造地设的屏障，挡住了海风和海浪。到了夏天，烈日当空，晴天少雨，强烈的阳光使海水从纳潮到成盐，仅用五十多天，范智便晒盐成功了。

一个夕阳西下的傍晚，范蠡伫立在海边的礁岩上，欣赏儿子的劳动成果。只见盐田长数里，雪白一片，就像上苍用巨手挥就而成的一幅巨大的画作，平铺在山海之间，在视觉上和心理上给人巨大的冲击和震撼。金钱有价，创业精神无价！

邻近的地方还有一个更大的盐场，属于一个四十多岁的索家族汉子，据说这个盐场已传了几代人。范蠡走过去跟他打招呼、闲聊，他身躯高大、皮肤黝黑，用粗壮的大手在雪白的盐堆上抓了一把盐，动情地说：“产盐并不难，可这里的盐比石头还便宜，晒盐的人都活不下去了，你们为什么还来干这种活计啊？”

“莫非岛上的人都不用盐？”范蠡感到很奇怪。

“岛上居民本来就不多，又分为不同的族，每个族的首领都管制着自己的领地，不许与外族人交易，所以这里的物品仅在族人之间交换，若要买卖货物，则要到胶莱去。”

范蠡想，这里偏于一隅，交通不便，物品不流通，过剩自然就不值钱。回到家里，他对婉玉说：“我们还是建个茅屋吧。这条船得重新修好，务必要从海上打开一条新的商道。”

婉玉问：“你已经决定在此长住了吗？”

“大智好像有此打算。不过还是等寻到了商机再说吧。”

范蠡一边动手建造茅屋，一边请人修理海船。之后，他又去了胶莱河，在那里找到了二黑。二黑已经成了胶莱河一带的首富，得知范蠡在半岛晒盐、养畜，他大为惊讶和不解。但二黑深知范蠡自有其主张和想法，因而也没有多问，只是给范蠡推荐了一个精通航海、熟悉海上航线的夷人，临别时又送给他一匹良马。

回去后，范蠡他们经过几次出航，先后到了半岛东面的几个岛屿，到了燕国最东部，到了渤海湾，到了黄河入海口。

折腾了大半年，经过一番比较，向东北、西北航行都没有好的出路，且航程远、风浪大；而由黄河逆流而上，海航路程近，往中原各国贩盐是个不错的选择，只是仍要穿越齐国。最终，范蠡选中了入黄河的商路，每次出门做生意时，又让仆从称他朱公。

不久，他们便将莱州湾的海盐和牲畜源源不绝地运往内地。

范智简直是个搞产业的天才，他不仅把盐场打理得井井有条，还花了不少时间喂养牲畜、捕鱼狩猎。他在这里如鱼得水，渐渐习惯了这里的生活。

范蠡原本也没有打算马上离开这里，但突然发生的一件事情，使他觉得很有再迁的必要。原来，与范哲一起练剑的东屠人，他的族人和另一族发生了地域纠纷，各族选出五十个族兵出来斗剑，胜者留，败者走。一场血战过后，双方死伤过半。此次范哲竟然扮成夷人参与了这场械斗，幸好命大，没有受伤。

范蠡觉得，这里民风淳朴，但也野蛮、剽悍，夷人尚武善射，莫不以武勇为荣；且语言难懂，文化落后，教化不训，崇尚“道”法。范哲若长期混迹其中，不仅学不到人道礼法，甚至性命堪忧。

有一天，范蠡找到两族的头领说：“为了一点小事发生争斗，死伤数十人，哪懂道法的‘不争’之理？我不忍你们再斗，你们两族各出一名最凶悍的剑士，哪一个能打败我，哪个族就赢；如果都打不过，你们必须就此罢休，不得再斗！”

两个头领见是个外来老头，都点头同意，并各自挑出一名最精壮的剑士。比剑时，两族都有很多人前来观战。范蠡手腕翻转，从腰间拔出一把短剑，只见寒光一闪，如一条飞龙长吟一声，在他周身划出几道令人眼花缭乱的弧线，转眼间便不见了踪影。再定眼一看，范蠡已飞身到场中，气定神闲，严阵以待。一个剑术高士看出了其中的门道：刚才那老头使出的功夫，就是传说中的越国大将军范蠡的独门剑法——无影龙吟剑的第一招起势。高士对两个剑士耳语一番，两个剑士上场后，只看着范蠡，然后跪地便拜。

几天后，当那些夷人再寻范蠡时，已经不见了他的踪影。在夷人口传中，都说这个不知姓名的老人是齐国来的一个得道的隐士。不同的是，有人说隐士上了崂山，有人说隐士浮海而出了。

第十章　为富有德留千古

1. 迁居陶邑

为了远离是非之地，范蠡再次改名为朱公，举家从莱州湾经黄河口逆流而上。这次，范哲再也不问去哪里了，因为他知道这次迁徙与他有关。但他不明白，为什么夷人还没有跟老爹比剑，就心甘情愿地服输。

范哲问道："久闻爹爹剑法如神，但从未亲眼得见，这次本想一睹为快，没想到是这样的结局。"

朱公心想，这事几句话对儿子讲不清楚，但不能放过教育儿子的机会，帮他提高思考分析的能力，学会做人的道理，于是耐心说道："剑者，凶器也；比者，争斗也，刀剑岂可说比就比？学剑首重心法，出剑之前，心里对即将产生的后果应该一清二楚。两族为小事死了那么多人，这是双方都不愿意发生的，但谁都不会主动服输。我从中调解，就是为了给他们找个台阶下。尽管两个族的剑士都想赢，但又不敢赢，因为无论是一个还是两个人赢我，械斗都会继续下去，只有都服输，才可就此罢战。"

"朱公您真比得道神仙还神。"那个夷人仆从说道。

朱公笑道："夷人的本性是好的，不过名字不大好听。你的名字也得改改，叫你齐鲁好不好？"

"好是好，但这是什么意思呢？"

"你是齐夷人，我们将到鲁国去。"朱公简洁地回答道。

“我们为什么要去鲁国？我听说鲁国很贫穷。”小儿子范祈不解地问道。

“那一带文风鼎盛，可以让你们知书达理。”婉玉对儿子说。

船行七日后，到达泰山西麓。朱公让范智和船工留在船上，其余人全部登岸，雇一辆牛车行数里进入一个村子。全部向路人打听，原来这里是古肥子国（今山东肥城境内），现属齐国，但离鲁国已相去不远。

又南行十余里，经过一个湖泊，朱公见水面宽阔无垠，周边河道纵横，湖边土地肥沃，便下车步行，沿湖岸来到一个集镇上。邑镇很是热闹，有各种各样的店铺，人流熙熙攘攘，连大树底下也摆满了杂货小摊，还有皮毛肉类和各种山货。

这儿便是昔日洪水横流时，大禹治水的熊耳山下古莘卢邑。当时禹王带领民工在山的东北角劈山开石，疏通河道，使洛水东流后水位下降，留下一片几十里的大湖，人们便在湖边安居乐业。

湖的东北不远处有座山，据说是挖湖的土石堆成的，后人称之为陶山。山南则一马平川，全是涝洼地的黑褐土。山地盛产桃、木耳、山参、药材、葛麻等物。

再细打听，这里地理位置得天独厚，东南是齐、鲁，西南通楚、越，西北达魏、秦，东北连赵、燕。这湖虽不太大，但直接连通汶河、济水、东平湖、微子湖等水域。朱公认为，“此天下之中，交易有无之路通，为生可以致富矣”，决定在陶邑住下来。

“这里不过是穷乡偏壤，什么也没有啊。”转了一圈，小范祈提出异议。

“小祈，这山这水就是上苍对我们的恩赐，怎能说什么也没有？这里其实是很富有的，只不过村里的人没有想到。”朱公兴致勃勃地说。

不过，这一带的百姓确实不怎么富裕，他们的主要水陆交通工具是竹筏、舢板和牛车、木拖，村民的住房低矮、窄小，下面用泥块和石头垒砌，上面盖几层茅草，许多人家都是五六人挤在两小间房屋里，生活十分不便。周边两个村子和邑镇上的人加起来，也不过一百二十余户，附近连客栈都没有。朱公找了半天住处都没有着落，只得在邑镇上挨家挨户地打听，看看谁家有空余的房屋。直到第三天，朱公才在邑镇南端找到一个卖房者，是个年过七旬的孤寡老人，他有一个宽敞的院落，却只有两间土石砌成的房屋。一间是老人住的，一间是灶房，烟熏火燎，墙壁、屋顶都漆黑一片。屋旁还有一偏房，与正房两间隔开，推开侧门，木柱发出一声残喘，抖下无数灰尘。偏房原为储存东西和粮食的仓库，老人一贫如洗，因此这间房等于空着。

老人说自己可能不久于人世，所以不要钱，能给他养老送终即可。

朱公与婉玉商量后当即应承下来。朱公说："现在只要有个栖身之所，我们就谢天谢地了。我们会像对待自己的长辈一样对待您。钱币还是要给一些，可做贴补，老人家手头宽裕些，办什么事情也方便。"

老人见他们如此慷慨，便说："院子旁还有个闲置的果园，是我祖上传下来的，因为我年老体弱，果园已经荒芜了，你们得闲自己可以种起来。"

"有多大面积?"

"估摸有二十多亩地，不少呢。"

"园子里都有什么?"

"几棵半死不活的橘子树、桃树，还有一些挨墙靠边的刺枣树，只有靠近院子的地方是一些种来自己吃的蔬菜。"

"这倒是个好地方，荒芜了实在可惜。"

"我们索性多付给老人家一些钱币，连这个果园一起买下来。"婉玉说。

朱公说："好是好，总要办个手续，免得日后起争执。怕只怕老人百年之后，会有不相干的人来生事。"

于是，他们根据朱公提议，请来陶邑的地方官吏，找来老人的四邻，丈量了庄院和果园的确切面积，写了个契约，由买方和卖方摁手印，证明人画押。

几天后，朱公将老人的房子修葺一新，同时又扩建了两间草房。

“靠山吃山，靠水吃水。”孤寡老人告诉朱公，正东的齐国多产布帛和鱼、盐等，北面的赵国则盛产鱼、盐、枣、栗，而南面的宋国和鲁国，是桑麻产业发达的国家。这里山货多，肉类、皮毛、粮食等货物都很丰富，但是村民缺少食盐、布衣、日用杂品等。

于是，朱公在陶邑镇上开了个山货行，做起了收购山货的生意。他还打听到这里有一个专门做山货生意的人，姓张，干这行已有几年时间。于是，朱公跟他商量：朱公负责供货，张掌柜则负责向外地的销售。张掌柜是个忠厚之人，听了朱公的想法后，两人一拍即合。

回村后，朱公贴了张告示，上面写着要高价收购各样山货。

一传十，十传百，供货人都往这里跑，还不到一个月，各种山货就把侧房堆得满满的，朱公不得不再次扩建两大间仓库。

由于山货越来越多，张掌柜外销不过来，朱公决定把每种货物进行挑拣分类，把上等货另放。他雇了村里几个健壮的小伙子，又买了几匹骡子，按各地商贾的需求，先把各类上等货用牲口驮运出山，送往那些要货的地方出售；得款后，他再到莱州湾购回食盐，或在鲁国购回桑麻布衣，或在魏、赵购回各类日用杂货等。

慢慢地，仅靠几匹骡子已经无法完成运送山货的任务，于是，朱公把货物运到村子外的河边，由竹筏运出。范智的海船更是发挥了它的优势，运货多，成本低，常年往返于海河之间，齐、鲁、魏、赵、韩、宋等中原各国，都买过这只海船运来的盐。

“贩贱卖贵”是远程贩运的经商之道，但朱公始终坚持只“逐什之一利”。结果，这些采购回来的货物很快就卖完了，他把往返一个来回的利润一盘算，还是赚了不少钱。

不出两年光景，朱公又积累了大量的财富。

这时，朱公制订了一个“治产积居，与时相逐”的十年计划。

他在陶邑湖畔搭起牲畜饲养栏；雇用当地大批人力，组织了运输销售队；开了屠宰、饮食、酿造、皮毛加工四个作坊；办起了一家杂货店、两家客栈。

有一天，朱公正在货铺盘点货物，一个书生模样的人进来对小伙计说，他前天在这里买了一把陶壶，没用两次就破损裂口了，要退货。小伙计拿起陶壶一看，不是本铺的货，不肯退。范智见了过来说：“客家，我们这儿从来不卖次货，肯定是你把别家的货拿到我们这里来了。”书生很生气，说他的记性特别好，背起诗文来灵光得很，怎么可能搞错。双方各执一词，争论越来越激烈。这时，朱公对范智说：“既然这壶品质不好，这位客家又记得是在这儿买的，那就把钱退给客家吧。”范智很不服气地把钱退给了书生。

几天后，书生又来了，他说，真的是自己记错了，特意来还钱。朱公说：“客家买了次货，心里恼火是人之常情，这没什么。以后凡是朱家的货，只要有次的，一律包退。”

这件小事使朱公得到了两点启示：一是货品必须品质好；二是以后朱家的货，能做记号的一律做上记号，以免和别家的货弄混了，影响声誉。

自此以后，朱家所有货品都有特殊的标记，商队出行一律打着朱家的旗帜。朱公之名很快家喻户晓。

仅过了两三年，陶山附近就热闹起来，方圆二三十里，车来人往，人欢马叫，犹如繁华集市，随之便自然形成了像临淄一样的“外城”。外城地处中原水陆交通枢纽，四通八达，成为各诸侯国货物交易的中心和最富庶的商业城邑之一，手工业和商业也非常发达。原来的邑镇则成为了内城。相对于繁华热闹的外城市集，内城显得特别清静幽雅。朱公又在内城建了房屋数间，屋旁绿树成荫，鲜花绽放，有石桌石椅藏于树下，竹篱环绕庭院，门前远眺小山叠翠，近望湖水青碧，景色十分怡人。

范智此时已娶妻生子，妻子是胶莱河畔一个非常质朴善良且勤劳的女子。

三年之后，朱公独据了陶地的五畜市场。五年之后，牲畜养殖作为产业推广到齐、鲁、宋、卫几国。

七八年后，范智成为闻名鲁、宋、魏、赵数国的大盐商。朱公则成了方圆百里的首富。

2. 猗顿求富

朱公几次迁居，每至一地仍能致富发家，自有其诀窍。

朱公行商，以远程异地交易为特色，东至大海，西至秦川，北至燕赵，南至楚越，一般商人很难有如此的胆识，也吃不了这番苦头。只有富商大贾才有实力舟车并用，辗转异域。

既然是异地交易，那么地方的选择就特别重要。从物产多的地方采购货品，价格就便宜，再到需求大的地方销货，价格肯定就高（这是常识，但那个时代的人连什么是商业都不懂，很少有人研究和实践）。治产也是如此，什么地方适合产哪种物品，哪些物品可能值钱，这些都需要调查。

有一次，朱公运货去秦地，打听到秦国上至豪门，下至百姓，都以使用青铜器为荣，需求极大。朱公想，青铜器只有商洛一带出产多，且是中原最早发明青铜鼎的地方，青铜器具十分精美，远近闻名。物以稀为贵，如果把商洛的青铜器运到秦国，肯定能够谋取高利。于是，他雇了很多牛车和人，到商洛地区去收集青铜器，再运到秦国卖。他们这货到秦国的时候，为了标明身份，还在牛车和青铜器上都贴个“商”字，表示是商洛出产，运到秦地是来卖的。

秦人看到牛头上写着“商”字，青铜器上铸着“商”字，加上所有器具都光亮耀眼、精美绝伦，于是人们都叫着“商人来了，商人来了”，很快就把器具抢购一空。

有人传言，朱公不仅富可敌国，而且有点石成金之术，实乃神人所授。朱公不愿别人把自己说得这般神奇，便一边做买卖，一边记录自己的行商心得。

“择地生财，知地取胜”成为朱公的一大商则，他把这一条写进了

《绝世富经》中。

朱公写累了便经常抚琴自娱。他在窗边种了一棵槐树，旁边是几丛竹子，暖暖的午后，新生的竹子翠生生的，配上之前栽下的兰花，煞是好看，足可怡情。

这一天，有个叫猗顿的人骑着一头老黄牛，一路奔波，来到了陶山脚下。

正值夕阳西下之时，猗顿看到集市繁荣，朱公庄园耕养有序，路上行人彬彬有礼，十分高兴，心想，这一趟总算没有白跑，朱公果然名不虚传。他来到朱公家门口，大叫道："我是鲁国的猗顿，我要见朱公！"

家人都知道朱公的脾气，对平日里来找朱公的穷人，从不阻拦，但见猗顿如此粗俗无礼且衣衫破烂，担心是强人，于是上前劝阻。

朱公听到叫声，停琴罢唱，面露喜色："哦，远方来的客人，快请进，快请进！"

猗顿被引进朱公的客厅，见过礼后，他仔细打量着客厅的布置。只见客厅正中高悬一幅太极图，图下鸟篆一个"易"字。厅内几案坐榻皆为粗木制作，原始简朴，土黄色的墙壁上挂有牛角、羊角、狗皮、兔皮之类的装饰。地上一角放有铁制农具、绳索之类，另一角有个兵器架，上面插挂着枪刀剑戟、弯弓箭囊……

这个猗顿原是鲁国的一个穷书生，本名王敦。他读了几年书后，周游列国，因入士无门，便想耕种治产，不料"耕则常饥，桑则常寒"，饥寒交迫，艰难地生活着。就在他一筹莫展之际，听说陶地有个朱公，白手起家，几年间就成为巨富，他羡慕不已，便想前来请教。

朱公让范智给猗顿搬来坐榻，又见猗顿面有饥色，便让齐鲁给猗顿拿来酒食。

猗顿边吃边说："朱公真是大好人，看到我心里去了，我已经一天没吃东西了。"

朱公听说猗顿是鲁国人，便向他问起公输班大师。猗顿说，前些时还见公输班用竹子、木片做了只飞鸟，在天上飞了一天一夜。朱公又问起鲁国的宰相孔丘。猗顿说他已去世好几年了。朱公听到孔丘已死，神情黯然。他所推崇的老子、孙武子、孔子，一个个都去世了，人命皆有定数呀！朱公陷入沉思之中，想着自己正在撰写的《兵法两篇》《绝世富经》与这几位大师相比，还有什么不足……

齐鲁见朱公沉默不语，终于忍不住了，问道："你找朱公何事？"

猗顿尴尬地笑了笑，说："听说朱公是天下首富，我想问个发财的门道。"

朱公听到猗顿的话，收回思绪，很高兴地说："想发财是人之天性，好啊！人为财走，鸟为食飞。财也，食也，人之需也，不可懈也，不可弃也；正心求之，不可责也；邪念追之，不可学也……"他顺口说出了《绝世富经》中的话。

但猗顿需要的不是理论，而是可以解决实际问题的方法。不过，他不好意思坏了朱公的兴致，就装出一副聆听的样子。

朱公又一口气讲了经商致富的十二条要领：勤快节俭；谨慎负责；规矩方正；价格讲明；钱财细慎；货分优劣；回验查明；期约限定；账目记清；随行就市；良机莫失；不负于人；富行其德……

猗顿耐不住性子了，打断朱公的话说："端木子贡也曾这样教我，可我到底该如何开始呢？"

朱公一下明白过来了，这位穷书生还没入行，怎么会明白这些道理呢，得实际一点才行。于是问道："你过去干过什么？"

猗顿说："我种过地，但庄稼都死了。养过桑蚕，但蚕子也都无法成活。"

朱公又问："那你打算再做什么呢？"

"听说朱公运盐致富，所以我想贩盐。"猗顿很干脆地说。

朱公笑了笑，说："你既没有产盐之地，又没有本钱，如何能贩盐？"

"我的确没有本钱，该怎么办呢？"猗顿焦急地问道。

朱公回道："没有本钱，就得择地生财。"他分析道，鲁地洙水、泗水以北地区，人多地少，没有山林水泽资源，又屡遭水旱灾害，种地自然得不偿失，饱腹都非常困难，还谈何致富？雨水太多，蚕桑也易死。于是指点他说："你想快速致富，当找个适当的地方牧养五畜。"

朱公又问他养过牛马驴没有。猗顿说，养过两条黄牛，一只公羊。有一头黄牛前年卖了，公羊去年杀了，现在全部本钱就剩下一头黄牛。

朱公一听，诚恳地建议猗顿沿黄河两岸寻块水草丰美的地方安顿下来，专养母牛、母羊，两年能翻番，五年能致富，十年能发家。猗顿一听十分高兴，但很快又失望了，说自己仅有一头母黄牛，即使一年生个牛仔，也养不起。

朱公对猗顿说："我知道白手治产不易，但既然给你出了主意，就帮你一把吧。"

他让婉玉给猗顿拿了三十个钱币作为盘缠，又让范智带他去牛栏羊圈挑母牛五头、母羊十只。

猗顿感动得跪地叩头，拜朱公为师。

范智领着猗顿去挑牛选羊，心里一直嘀咕：哪有这样收徒的，不仅没有得到大礼，反而倒贴蚀本。

尔后，朱公又置酒菜送别猗顿。

猗顿刚走，范哲就说："爹，我们并不清楚这个人的底细，您怎么如此慷慨？"

齐鲁今天好像有点醉意，也说："朱公出手也太大方了，顶得上我们渔场好几天的收入……"

朱公不高兴地说："都别说了，识人要有眼光，待人更要真诚，既然把他当朋友，就要以诚相待，给予最大的支持和鼓励。我看此人诚实、豪爽、可亲、可敬，从鲁国跑这么远来向我讨教致富门路，可见他决心之大、毅力之忍，若天下人都能像猗顿这样求富心切，哪里还会有穷汉饿夫？我相信一个吃过苦又有志向的人，肯定会奋发图强。说不定猗顿十年后能富比王公贵族。"

事实证明朱公没有看错人。猗顿听了朱公的指点，茅塞顿开，很受教益。回去后，他带着老婆孩子，沿黄河西去，一路风餐露宿，千里迢迢，来到临猗（今山西晋南一带）。他见峨嵋岭下水草丰茂，土地肥沃，景色宜人，是个理想的畜牧场所，就在对泽附近（今王寮村西）定居下来。他先牧养易于饲养的大的母畜：牛、马、驴；继而又饲养较小的母畜雌禽：羊、猪、犬、鸡。他在实践中逐渐懂得了良种繁殖对发展畜牧业的重要作用，“乳母好，堪为种产者，因留之以为种；恶者还卖，不失本钱，坐畜驹犊。还更买怀子孕者，一岁之中，牛、马、驴得两番，羊得四倍”。随着畜、禽头数的迅速增多，其牧地也大大扩展了。“西抵桑泉，东跨盐池，南达中条（山），北至峨嵋（岭）”，纵横百里之广。

猗顿大力发展畜牧业，除了供民食和祭祀之用外，还给西河之地的农民提供了大量的畜力和仔畜，有力地促进了当地农业和畜牧业的发展，使周边百姓的生活更为富足。

在经营畜牧的同时，猗顿注意到位于猗氏之南的河东，地势陡然由高变低，一座东西长、南北窄，纵横一百五十平方公里的湖泊赫然横亘在人们面前（今山西运城盐湖），这便是西河。这一带盐业已相当发达，尤以郇瑕（今山西解州）一带多产。由于盐业生产非常分散，众多小业主是盐业生产的主力军，从而为商人控制和支配盐业生产经营开辟了空间和道路。这些小生产者缺少资金和生产工具，猗顿就给他们提供生产工具和生产费用，换取他们生产的盐。许多小盐场的小生产者都很穷，不得不用自己生产的盐来换取生活费用。一旦家中出现什么大小事情，比如生病求医，甚至天灾人祸，他们就不得不到猗顿那里去预支用钱，而这些支取的救急费用，均要打入盐价里，所以盐价就很低，有时甚至是无价的，全由猗顿说了算。

这样，猗顿在贩卖牛羊时，顺便用牲畜驮运一些池盐，连同牲畜一起卖掉。在这个过程中，他认识到贩运池盐是一条获利更大的致富途径。于是，他在靠畜牧积累了雄厚的资本后，便着意开发河东池盐。河东池盐为“池水浇晒之盐，可直（接）食用。不须涑治，自成颗粒。”

猗顿利用当地丰富的制盐资源，改进制盐方法，运用池中蓄咸水晒盐、池中凿泉井取盐、池中滤雨水积盐等方法，制出池（畦）盐、井盐和花盐等盐产品种，开辟了历史上制盐的新途径和新方法，成为从事池盐生产和贸易的手工业者兼商人。

猗顿辛勤经营，畜牧规模日渐扩大，“十年之间，其息不可计，赀拟王公，驰名天下”。不仅如此，他还把视角转向海外，开辟了通往欧洲腹地的商路，进行对外盐业贸易。这也再一次验证了朱公非凡的眼光。

3. 痛失爱子

朱公七十多岁以后，远程行商已觉精力不济，便逐步把生意交给几个儿子打理，以便激励儿子们继续苦干，自力更生。同时，他自己也有了更多的时间去完成几本有待修改完善的著述。

掐指算来，他们到陶地已经十年多了，大儿子范智已三十出头，依然保持勤耕苦作、省衣节食的朴实生活作风，他的妻子也很勤劳，在管理家产上是一把好手，进出往来账目一清二楚，分毫无差。作坊、商铺、养殖场、商队的活计都由他打理。赚钱多少倒不要紧，重要的是要有吃苦精神和商业头脑，当朱公从范智身上看到了这种精神时，不禁高兴地笑了。

二儿子范哲已长成一个二十几岁的棒小伙子，但他仍没有改掉老毛病，对农商都没有太大兴趣，经常上泰山去求道，迷恋仙道而又好勇斗狠，修仙不成而经常惹事，朱公很为他担忧。

小儿子范祈出生于齐国临淄，从小娇生惯养，快二十岁了，依然游手好闲，不拘小节，特别讨厌读书。他除了会花钱、好结交朋友外，几乎别无长处。朱公准备给他在鲁国找个老师好好管教他。

有一天，朱公写书有些累了，便去养殖场看了看，感到牛的品种有些退化，想起了家乡宛邑的黄牛。在他的印象中，宛邑黄牛个大毛亮，身挺尾长，性情温顺，耕地拉车都不在话下。他决定派范哲到宛邑去买一批回来，用作良种。这也是一次锻炼他的机会。

朱公把范哲叫过来说："二哲，你不是一直想回楚国去吗？这次倒是个机会。你大哥范成回楚国十几年了，据说已结婚生子，住在郢都，你顺道也去看看他。"

听到父亲要他去宛邑买牛，范哲非常高兴，二话没说，骑马负剑就准备出门。朱公见他到了而立之年还如此毛躁，很不放心，便让忠诚本分的齐鲁跟他同去。

次日，范哲带了十镒（相当二百两）黄金，和齐鲁一起骑着马直奔楚国而去。两人走了半个多月，终于到了宛邑城西。范哲在牛市看到黄牛果然如父亲所说，身壮有力，毛色又好，便选了五头公牛、三十头母牛，付了钱。接着又顾了三个帮工，高高兴兴地将牛赶出集市。

范哲想，正事已办妥，可以让齐鲁他们照看牛群，自己则去郢都看望范成。他正在低头盘算，不料被一伙人拦住了去路。为首的看上去像个纨绔公子，打扮轻浮俗气。他对范哲说："你们是买卖人吧，这个集市归我管，凡进出货物的商贾，都得缴纳赋税。"

范哲从来没听过有这种说法，便与对方争执起来。这时，有个好心的当地人悄悄告诉范哲，此人是宛邑县尹的小公子，专到市集上敲商人竹杠。齐鲁为人一向机灵，连忙将剩下的黄金送了十两过去。范哲也赔着笑脸说初来乍到，不懂规矩，以后多纳些。但他心里却在想，这十两黄金得买几头牛呢，白给你了。

但县尹的公子竟嫌少，一把将黄金打落在地，百般污辱他们，还说他们私自贩牛出境，触犯了楚国法律。他吆喝随身跟班，扭住范哲、齐鲁要送往官府责罚。范哲、齐鲁使劲挣脱，纨绔公子的手下便一拥而上，拳脚相加。看热闹的宛人都在一旁鼓噪起哄。范哲实在忍不下去了，转身拔出剑来。

"怎么，你还想行凶不成？"纨绔公子轻蔑地笑着说。

那伙人又围了上来，一边打一边夺他的剑，数人纠缠在一起。

齐鲁用自己的身子护住范哲，试图把他们分开。

范哲见脱不了身，便大叫一声，挥剑直逼纨绔公子："快叫他们住手，不然我就不客气了。"这时，一个公子的跟班上来抓住范哲的剑柄，两人你争我夺起来。范哲尽管很想出剑，但紧要关头还是想起了父亲的话，如果无法预料结果，绝对不要出剑。他手一松，那个跟班用力大，没想到对方会突然松手，顷刻间的惯性使剑直刺纨绔公子的胸口。随着"啊"的一声，纨绔公子倒了下去。众人都惊呆了，一时不知所措。

齐鲁劝范哲快走，但范哲不听，说好汉做事好汉当，让齐鲁照看那四十头牛，自己到官府投案去了。

县尹见自己的儿子死了，哪还管谁对谁错，当即把范哲关进大牢。

这时，齐鲁已没有心思管牛了，救人要紧，他慌忙用剩下的几镒金子四处打点，试图救出范哲。但县尹不仅不见他，反而将范哲用酷刑审了一堂，以"齐国强盗聚众在宛邑造反致死人命"之罪名，派邑吏将范哲押送到楚都郢城。齐鲁人生地不熟，求助无门，只得赶紧回去报信。

这一天，婉玉让女仆在槐树下放了张竹躺椅，小巧的石桌上摆着茶具，细心的女仆又在躺椅上垫了一层厚厚的垫子，婉玉懒洋洋地躺在树下，总觉得眼皮跳个不停，不知会有什么事情发生，于是闭上眼睛，静静地感受阳光穿过树叶照在脸上的温暖。槐树开了花，香气袭人，风一吹，远远就能闻到淡淡的槐花香。

这时候，只听有人跑过来，"扑通"一声跪在地上，火急火燎地说："二哲公子出事了，杀人了……我没照看好二哲公子，我该死！"

婉玉大吃一惊，睁眼一看，来人正是齐鲁，忙问道："到底怎么回事啊？你慢慢说。"

齐鲁一边哭着，一边把事情的经过叙述了一遍。婉玉还没听完，便老泪纵横，哭倒在石桌旁。

朱公在房内也听见了齐鲁的话。他默默地走出来，先扶起婉玉，再扶起齐鲁，内心十分自责，觉得自己不该派范哲去宛城——那个令人怀念又让人伤心的地方。他眺望陶山，顿觉山垮了；凝望陶湖，顿感地陷了，直望得两眼有了酸涩的泪水时，才慢慢转过身来对婉玉和齐鲁说："你们都去吧，好好休息一下。"

齐鲁不愿离去，叫道："朱公，救救二哲公子吧！他还年轻……拿我的命去救！"

朱公见他们都不动，就自己先回了房。他想到三个儿子，最对不住的就是二哲，生下来快三岁才见第一面！少年时代，三次迁徙他乡，没有一天安稳的日子，这些年他又忙于养畜经商，对二哲教育太少，以至于遇事忘了分寸，今天闹出人命。养不教，父之过，悔之晚矣。但事到如今，又能如何呢？人命啊，谁不用偿还？朱公仰天长叹，泪流不止。他缓缓坐下来，手操古琴，轻弹浅唱。

婉玉病倒了，她躺在床上，心中一直惦念着儿子。但朱公似乎没有出手救出范哲的打算。她知道丈夫的脾性，愿干之事，一定要干成；不愿干之事，谁也说不动。但她不甘心，强撑着起了床，将范智、范祈、齐鲁等人叫上一起去见朱公。

婉玉说："我没见哪件事难倒过你，难道二哲一个人的命比越国一国人的命都难救吗？"

朱公无可奈何地说："杀人偿命，天经地义，怎么救？"

范智愤愤不平地说："要不是您想引进宛邑的黄牛，二弟怎么会出事？"

婉玉又说："你挣这么多钱是干什么用的，难道不能拿钱去赎吗？"

"爹，就是倾家荡产也得把二哥救出来啊！"范祈劝道。

范智的妻子也说："公爹对素不相识的人、对穷人，都这么大方，对自己的亲生儿子怎么就如此无情呢？"

朱公想了很久，无奈地说："杀人抵命，这是铁定的法理。我宁可帮助穷汉，也不去行贿养贪！然而俗话说：'千金富翁之子，不死于刑场之上。'我还是得救他一救。"

于是，准备了黄灿灿的金子一千镒，放进百余个陶罐里，又将坛口封死，装到两部牛车上，用牛车拉着，让小儿子范祈去救他二哥。

就在范祈将要出发时，大儿子范智也要求同去。他作为长子，早已准备好去楚国救范哲了。现在听说父亲让小弟去楚国，分明是看准他没有出息，成不了大事，于是大闹情绪，又气又急地来见父亲。

范智说："二弟人命关天的事，怎么能让三弟去呢，他还什么事都没经过，根本没见过大世面。"

朱公也不解释，仍坚持让范祈去。

范智哭着对朱公说："您一直让我这个长子管理家事，现在家里出了这么大的事，您却不让我去，而让未经世事的三弟去，这是说我不成器、不孝顺、不中用啊。那我在这个家里还活什么呢？我干脆死了算了！"说着竟真的要去自尽。

婉玉赶紧拦住他，焦急地对朱公说："你是不是老糊涂了？这么大的事怎么能让小三去呢，他除了吃喝玩乐还知道什么？再说范智怎么就不成了？他能把生意做得那么大，怎么就不能办好这件事？你怎么这么偏心，难道非让二哲死了才行？"由于事关儿子的性命，一向说话轻声细语的她也不管不顾了。

朱公见家里闹成一团，只得同意让范智去办这件事。范智临走前，朱公又特意写了一封信，并对范智说："我在楚国有一个好朋友庄先生，你到了楚国郢都，把这封信和两万两金子都给了他，只要他收了，你就什么都不要管了，他愿意怎么做就怎么做，他会有办法的。另外，你千万不要去见范成，你能按我说的去做吗？"

范智点头答应下来。不过他想，父亲老了，糊涂了，自己得多担一些责任，于是又多带了一些钱，然后带上齐鲁出发了。

范智到了楚国一打听，庄生虽贫穷却以廉直闻名于国内，自楚惠王以下百姓都像对待老师一样尊敬他。范智有些惊讶，原来父亲还与这样的名人有交情，于是就循着大家所说的地方去找庄先生，没想到一路越走越荒凉。再一打听，却又都说没走错地方，有人还特意说，找那家最穷的人家就行了。范智疑惑了，最后找到一户人家门前有很高的野草，应当很长时间没人来过了，房子也很破。范智更疑惑了，可一问，这就是庄先生的家。

范智进到屋里，见到一个衣冠不整的老人，不由得心中发凉，想打退堂鼓了。但他想起父亲再三嘱咐的话，决定按父亲说的做，于是把金子和信都交给庄先生。

庄先生看了信，说："可以，你赶紧回去吧，不要在这里逗留，等你弟弟出来了，也不要问是什么原因。"

范智半信半疑地出来了，他实在看不出这老头能有什么办法把自己犯了死罪的弟弟救出来。他想了想，觉得自己带钱带对了，父亲托的这个老头未必靠得住，还得另想办法，多一人出力，就多一点希望。范智于是去见范成，并通过熟人找到了楚都的官员熊伯，送上了钱。

熊伯收下钱，爽快地说："行，我一定帮你想办法，救出你弟弟。"

而庄先生收了范智的金子，看了朱公的信简后，也正准备给办这件事。

庄先生的妻子说："你这从来不收钱的人怎么也收起钱来了？"

庄先生说："我和朱公是故交了，他求我办事，我怎么推得了？"

妻子说："推不了给办不就行了，为什么还要收钱？"

庄先生说："我要是不先把钱收下，朱公的儿子会觉得我不诚心给他办，等事情办成了再把钱还给他就行了。事成了，钱又退给他，他还能不愿意？你把金子收好了，这可是朱公的钱。"

过了两天，庄先生去见楚惠王，禀告说："我观察到天上有灾煞星停留在命宫位置，表明楚国会有灾害。"

楚惠王有些着急，问："那有什么办法能消除这个灾害吗？"

庄先生谨慎地说："广布德政即可消灾。"

楚惠王松了一口气，说："我明白了，先生请回去休息，我这就准备施行。"

很快，楚惠王便下令把储备钱币的库府都封了，准备大赦天下。

范智见帮忙的人几天都没有动静，便到熊伯那里打听消息。熊伯说："你可真是赶巧了，楚惠王准备大赦了。"

范智十分惊讶，说：“你怎么知道呢?”

熊伯说：“每次大赦之前，都要封储备钱币的库府，昨天就又让封了。”

范智一下子轻松了不少，赶紧让齐鲁把这个好消息通知家人。

齐鲁回去后，见到朱公和夫人，滚鞍下马，叩头便报：“朱公！夫人！有好消息，楚惠王要大赦，二哲公子马上就可以回来了！”

“真的?”婉玉喜出望外。

“真的！郢都的人都说楚惠王要大赦天下。一位宫中贵人专门透露消息给大公子，说楚惠王已派人查验金钱仓库，查完金库就要大赦。大公子让我先回来报信，我把一匹马都跑死了，又买了一匹……”齐鲁十分兴奋地说。

婉玉激动地说：“这下好了，这下好了！”

“范哲的罪是赎不了的，楚惠王不会特赦他。”朱公淡淡地说。

“为什么?”婉玉不明白。

“因为他是朱公的儿子。”朱公说，“楚惠王担心百姓说他是收了朱公的大礼才赦免范哲。哪个君王不想要好名声呢！婉玉，大智没跟着回来，二哲已经死定了，你要有心理准备才是。这些天，我一有空也在想，吴越争战时，我下令杀过不少刁钻强悍的人。范哲之事，也是上天惩罚我……一些吴将曾骂我要断子绝孙，如今孙未绝，看来子要断一个了……”

婉玉听他这样解释，觉得他是无理自责，反倒平静了些：“事已至此，就看他自己的造化了，我只求上天保佑他。”

再说范智那天谢了熊伯后，便出来了。他转念又想，全国大赦，弟弟肯定也在大赦之列，这其实是不用花钱就能得到的好处，那送给庄先生的金子算是白送了，那可是两万两金子呀，得拼命干十年八年才能攒起来。范智越想越觉得冤，不觉就朝着庄先生家走去。到了庄先生家门口，范智狠了狠心，走进屋里。

庄先生看见范智后，十分惊讶，说：“你怎么还没走?”

范智说："怕弟弟的事不能落实，很担心，所以没有走，现在听说弟弟要被大赦，知道没事了，所以来向您告辞。"

庄先生一下明白了，他这不是来告辞，是来要金子了，于是说："那你自己去屋里把金子拿回去吧。"

范智本以为要回这么多的金子必定要费一番口舌，没想到庄先生这么容易就答应了，于是连忙进到屋子里，把金子取走了。

范智出来后觉得这事似乎不是太好，但又想，庄先生这么痛快就把金子退了，想必也是知道自己没出力办什么事，不好收下这笔钱。想到这里，他也就心安了，完全没料到祸由此起。

庄先生作为信义之人，因范智的行为感到羞辱，甚至认为这是精明的朱公所出的主意。他越想越气，朱公这不是骗自己吗？先给了钱，让你办事，你给办成了，他又把钱要回去了。朱公是个有能耐的人，人们传之为神，怎么能这样做事呢？这太欺负人了，不行，不能让他把什么便宜都占了，得杀杀这个人的威风。

于是，庄先生又去见楚惠王，说："我前两天说的星象之事，是想让您广施德政。可今天我出去，听见路上的人都说，是那个有钱的朱公的儿子在楚国杀了人，他仗着家里钱多，拿钱买通了您的左右，所以您不是为了体恤楚国百姓而进行大赦的，是因为朱公的儿子才赦免的。"

楚惠王闻言大怒，说："我就是再无德，也不至于为了朱公的儿子一个人而假施德政呀！"

楚惠王于是下令，先杀了朱公的儿子，过后一天再进行大赦。

朱公那天做了个梦，梦见一群大雁从头顶飞过，其中一只发出凄厉的哀鸣之声。

第二天，朱公哀痛地对婉玉说："我看到二哲了，正在向家里走来，他穿着一身白色的盔甲，还唱着歌……脚踏千里水，手扬满天沙，惊起湖中雁，折断园里花……"

婉玉吃惊地说："你……真是老眼昏花了！"

"不，我看到二哲了！我看到二哲了！他没有埋怨我，他安详地走了，像一阵清风，轻轻地散了！”

果然，送金子的牛车成了丧车！不几日，失魂落魄的范智带着范哲的尸体回来了。当他将范哲的遗体带回家中时，一门老少无不悲痛异常，连邻居们因为平日得了范家不少恩惠，也深为叹息。朱公却很镇定，苦笑着对婉玉说：“我知道范智一定会杀了他弟弟的。他不是不爱他弟弟，他是有不舍的东西。范智从小和我一起耕作、经商，什么苦都吃过，知道钱来得艰难，所以他怎么也舍不得那么一大笔钱。小祈小时候家里就已经富足了，整天骑着好马去打兔子，哪里知道钱来得不容易，所以他拿钱不当回事，就是再多的钱也舍得花出去。这次我之所以要让小祈去，就是因为这个缘故；也预料到大智办事会因为舍不得钱，把弟弟给害了。”

婉玉哭着说：“你既然料事如神，为什么早不说，现在说有什么用?”

朱公无奈地说：“我早就说让小祈去，可你们不是都不听吗？我有什么办法。再说，我能料到大的道理，可办事的细节却无法预料。我已经嘱咐过，让大智把钱给庄先生就行了，不要在那里等，他也答应了，可他还是忍不住、舍不得，有什么办法？此乃性格使然，也是天意。顺天意，又何必太过悲伤呢！”

朱公抚摸着婉玉的头，长笑当哭。

4. 名垂后世

钱多了，不是一件好事，会误人；不会花钱更不是好事，会害命。自从范哲死后，朱公就不再经商了，将全部生意交给范智打理。同时，他又把小儿子范祈送到名师门下，让他一心研究学问。他自己每天或安静地写书、弹琴；或骑着一头黄牛，行走于山水之间，横笛而歌；或垂钓于陶湖，渔翁之意不在鱼。

公元前431年（周考五十年）夏，烈日炎炎，赤地千里。老天已经一连四个月没滴下一点雨，耕农地里的庄稼全部旱死，原本湿润的湖区土地也裂开了一道道口子，百年不见的旱灾使地里几乎颗粒无收。

朱公登上泰山，夜观天象，三日三夜不休不眠。下山之后，他每天头顶烈日，骑着黄牛，沿路向陶邑镇及周边百姓推销舢板和竹筏。认识朱公的人都认为他返老还童，摇摇头，苦笑一下：人们都在拜神求仙祭天帝降下甘露，朱公为何这般古怪？那些不认识朱公的人则以为他是疯子，江河断流，湖水都快干枯了，要舢板竹筏何用？别说买，就是白送也不要。

朱公辛苦半个月，几百只舢舨、竹筏，只卖出四五只。无奈，他只得吩咐雇工把所有舢舨、竹筏放到外城的几个主要路口，向过往行人说明，谁愿意要，谁就可以拿走，不用花钱。即便如此，拿走舢板、竹筏的人仍然不多。这时人们更需要的是粮食，是足够供庄稼生长的水。

人们向神明祈求雨水，雨水终于来了。

这一年入秋，一连下了十多天暴雨，黄河洪水猛涨，离陶邑不远处的黄河堤坝决口，黄河水浩浩荡荡，像一匹不曾驯服的野马，奔腾着、咆哮着，挟土卷沙，淹没了南岸的瘠地、沙滩，转眼间就冲进了溃口附近的十余个村子，陶邑低平地带也在所难免。刹那间，房屋倒塌，大树连根拔起，许多人还在晨睡中没有睁开眼，就被洪水卷得无影无踪。只有陶邑镇内城处于高坡之地，像个孤岛孑立在一片黄色的汪洋之中。

人们赖以生存的家园瞬间就被洪水吞噬，大地变成汪洋泽国，人成为鱼鳖；淹死的牲畜和男女老少的尸体漂浮在水面上，令人触目惊心，惨不忍睹。活着的人只能捞些肚皮翻白的鱼虾和水中漂浮的野果，勉强咽下些生食来填充饥肠辘辘的肚皮。从洪水中逃生的平民百姓，衣不蔽体，食不果腹，满目凄凉。

同年冬天，大水退去后，有个富豪从楚国请来数百个民夫，帮助陶地的百姓修建房屋，重建家园；派人从越国吴兴等地运来几万斗粮食，救助饥寒交迫的难民；又从齐国胶河一带运来良种马、驴和牛羊……

年底，有个老人装扮成传说中的神仙，给灾民们送去粮食、钱币。他一身红袍，戴着官帽，挨家挨户给受灾的百姓发符贴，告诉人们，只要拿着符贴就可以到朱公家的各个店铺兑换钱币或粮食。

这诡异的手法、奇妙的符贴究竟是怎么回事？难道老人就是传说中的得道之仙——财神？人们都说朱公家这么有钱，肯定有神仙帮助；还有人干脆说，朱公就是那个财神。

洪水过后第三年新春的一天，朱公坐在屋外一张铺有兽皮的竹椅上，远处又传来了人们的阵阵欢笑声，夕阳西下，天边晚霞似火，波光粼粼的陶湖射出一抹灵光，返投到朱公苍老而淡然的脸上。他透过那骨朵含苞、光秃秃的桃枝，眺望峰峦尽染的陶山，低吟几句。当霞光渐渐淡去，朱公已含笑而终。

朱公死后，族人遵其遗嘱，将他悄悄地葬在陶山主峰西麓（今山东肥城市湖屯镇幽栖寺村）。

此后连续五年新春，还有人扮成财神，挨家挨户给陶地周边的人送去符贴。有人说正月初二财神到，也有人说是正月初五财神会来。于是，人们在正月初二或初五清晨都做好迎接财神的准备。后来，当人们得知最先给乡民送符贴的财神就是闻名天下的富商陶地朱公，就是越国的上大夫、大将军范蠡时，纷纷采用各种方式纪念他，建庙立祠，并按各自对范蠡的印象和记忆，为他塑身造像，立于庙宇，以便百世祭拜。

不久，陶地开始流传一首民谣：

红兰寺，朱漆门，堂上坐着大财神。
大财神，出凡尘，三聚三散越王臣。
越王臣，富贵身，手里捧着聚宝盆。
聚宝盆，天下闻，财源滚滚满乾坤。

再后来，人们又发现陶朱公就葬在陶山西麓，便自发地在其坟地建墓立碑。

陶山山势险峻，方棱四削，峰顶平缓，负阴抱阳，遍身披翠，伟岸挺拔，山中奇石遍布，天然石洞星罗棋布。如今，陶朱公墓就位于陶山主峰西麓，墓高约四米，围墙高一米，直径约八米，坐北朝南，四面有矮墙和多株松柏相护。

范蠡墓碑上有秦丞相李斯书篆的碑文：

忠以事君，智以保身，千载而下，孰可比伦?

范蠡祠有一副石刻楹联：

避君隐陶称朱公流芳百世，聚财万贯济黎民功盖千秋。

古往今来，向这位先贤拜求“致富术”者络绎不绝，缅怀他的业绩和品德，汲取他的思想和智慧，范蠡“商圣”的光辉形象也昭示激励着一代代后人。

陶朱公善于聚财，乐于散财，又肯帮助别人发财，聚财散财，随心所欲，财富对他来说几乎是招之即来，挥之即去，简直达到了出神入化的境界。人们对这位驾驭财富得心应手的“财富英雄”顶礼膜拜，愈传而名愈显。在民间，陶朱公完成了从凡人到圣人、由圣人变神仙的演变过程。秦汉以后，陶朱公一直被商家奉为祖师爷，被称为商圣、财神。

范蠡的著述及思想

范蠡著作

范蠡的主要著作有三部，即《绝世富经》《通玄疑释》和《养鱼经》。

《养鱼经》是他早期所写的一部养鱼技术专著。北魏贾思勰的《齐民要术》所录的《陶朱公养鱼经》，记述了田常聘范蠡为相时，范蠡向他讲授养鲤鱼的事："田常聘朱公，问之曰：闻公在湖为渔父，在齐为鸱夷子皮，在西戎为赤精子，在越为范蠡，有之乎？曰有之。曰公任足千万，家累亿金，何术乎？朱公曰：夫治生之法有五，水畜第一。水畜所谓鱼池也。"流传至今的《范蠡养鱼经》（已不是他的原著）全文不足五百字，篇幅虽短，却记述着养殖鲤鱼的一整套经验。书中记叙的养殖对象、鱼池构造、亲鱼（即种鱼）放养规格和季节、雌雄比例、密养轮捕等重要生产环节，都具有相当高的技术水平。

《通玄疑释》是对计然《通玄真经》要义的解释，是一部精深的古典哲学著作。

范蠡的哲学思想，根植于中国古代道家思想和《周易》的圆道思想，其哲学思想之一就是"极而复反"的规律。朱公认为，天、地、人三者之间是不断变化的。万物生于土地，大地无所不包、无所不容，它总摄万物，是一个整体。禽兽、庄稼等始终无法离开大地，而万物不论美恶，大地都一视同仁，使之生长。同样，人类也依赖大地得以养生。

但是，万物生长又各有定时，不到一定的时机，就不可能勉强生长；而人的变化也一样，不到最后的转折点，也不可能勉强成功。因此，应该顺乎自然以处当世，等到机会到来的时候，就可以把不利于自己的局面扭转过来。范蠡善观大局，他把自己的“积贮之理”放在自然环境、社会，乃至整个经济系统的圆道循环中来看待。这样，通过研究事物内部的循环运动与外部自然环境中各要素的相互影响，就能有效地预见和利用事物发展的规律。

所谓“计然之策”，就是计然从哲学、经济学、政治学的角度提出的治国方略，主要是指农业丰歉循环论、储备论、平粜论（或平粜论）、“息货”论（商品流通理论）、价格论、货币周转论、国家调节论、自然贫富论及“积著之理”等。其中的“积著之理”，是古代最早出现的商业经营管理原则。总之，“计然之策”用一句话概括就是“以商富国论”，这可以从以下三个方面进行理解：

一是富国强兵的治国方略。军事最关键的在于战备，做好后勤战略准备工作，时刻准备好待用之物。如果能知晓国库物资的多少，相互对照各种物资的供需状况，就可以做到胸有成竹、了如指掌。一个国家若想富国强兵、称雄于天下，只有首先打好经济基础，国家物质富足了，才有条件训练军队，壮大兵力。而人民的富足，是军队立于不败之地的根本。

二是货物增值的经商良策。知道货物的生产季节与社会需求的关系，才算得上知道货物。季节与需求的关系能够明确，那么，天下货物的供需行情就能够看清楚。年岁在“金”时农业就会丰收，在“水”时就会歉收，在“木”时就会发生饥荒，在“火”时就会干旱。干旱时就要先预备船只，水涝时就得先准备好车辆，这才是掌握货物价格涨跌的关键。

三是富国强兵与货物增值相辅相成。前者是战略层面，是方向、目的；后者是战术层面，是行动、手段。二者既有区别，又相互联系，不可分割。

《越绝书·计倪内经》载：“太阴三岁处金则穰，三岁处水则毁，三岁处木则康，三岁处火则旱。”太阴即木星，在天空的相对位置每十二年为一周期。运行至酉宫（方位）称岁在金，是“穰”，即大丰年；又六年运行至卯宫为岁在木，是“康”，即小丰年；运行至子宫是为岁在水，为“毁”，即大荒年，隔六年至午宫是岁在火，又是旱年。也就是说农业生产，是六年丰收，六年干旱，十二年有一次大饥荒。计然认为，这就是史传的“平籴论”，即主张由国家来平粜粮食，使粮价维持在三十至八十钱之间，以便做到“农末俱利”，随着物价的弹性而起伏，关卡的税收和市场的供给都不缺乏，这是治理国家必须遵守的基本法则。

在这里，计然从治理国家的角度去阐述市场运行的规律，而且又从商业运作的角度谈论了应当如何去具体操作。他的观点无疑是十分有见地并具有实践意义的。

《绝世富经》是范蠡商业思想和实践经验的归纳总结。

在民间商界，朱公被公认为为“商祖”，受到经商者的崇拜。历史上经商成名者颇多，比范蠡更早的经商者也有不少，但是“商祖”却只有一个，那就是陶朱公，即朱公。“陶朱公”的名字成为财富的象征，其商业理论和经营技巧，被称为“陶朱术”。

后人根据陶朱公的经商思想加工整理而成的《陶朱公生意经》，至今仍被广泛流传，被各地商人奉为经商宝典。《陶朱公生意经》被称为《陶朱公商经》，亦称为《陶朱公商训》《陶朱公经商十八则》等，其内容纲要如下：

一、生意要勤快，切勿懒惰，懒惰则百事废。

二、接纳要谦和，切勿暴躁，暴躁则交易少。

三、价格要订明，切勿含糊，含糊则争执多。

四、账目要稽查，切勿懈怠，懈怠则资本滞。

五、货物要整理，切勿散漫，散漫则查点难。

六、出纳要谨慎，切勿大意，大意则错漏多。

七、期限要约定，切勿延迟，延迟则信用失。

八、临事要尽责，切勿放任，放任则受害大。

九、用度要节俭，切勿奢侈，奢侈则钱财竭。

十、买卖要随时，切勿拖延，拖延则机会失。

十一、赊欠要识人，切勿滥出，滥出则血本亏。

十二、优劣要分清，切勿混淆，混淆则耗用大。

十三、用人要方正，切勿歪斜，歪斜则托付难。

十四、货物要面验，切勿滥入，滥入则质价低。

十五、钱账要清楚，切勿糊涂，糊涂则弊窦生。

十六、主心要镇定，切勿妄作，妄作则误事多。

十七、工作要细心，切勿粗糙，粗糙则出劣品。

十八、说话要规矩，切勿浮躁，浮躁则失事多。

据《史记》记载，当时到陶邑做生意的还有一位大商人，复姓端木，名赐，字子贡，乃孔子的得意门生，但热衷于经商。子贡在曹、鲁之间经商，成为孔子弟子中最富有的人，“家累千金”。后来，陶朱公居陶经商成功，其经商手段及拥有的财富远远超过子贡，子贡自愧不如，就另到别国谋生去了。中国旧时商店的门面通常雕刻“陶朱事业，端木生涯”的楹联，就是将他们两人认做经商鼻祖。

朱公商训

一、能识人。知人善恶，账目不负。

二、能接纳。礼文相待，交往者众。

三、能安业。厌故喜新，商贾大病。

四、能整顿。货物整齐，夺人心目。

五、能敏捷。犹豫不决，终归无成。

六、能讨账。勤谨不怠，取行自多。

七、能用人。因才是用，任事有赖。

八、能辩论。生财有道，阐发愚蒙。

九、能办货。置货不苛，蚀本便经。

十、能知机。售贮随时，可称名哲。

十一、能倡率。躬行必律，亲感自生。

十二、能远数。多寡宽紧，酌中而行。

经商箴言

无敢居贵。

贵上极则反贱，贱下极则反贵。

一贵一贱，极而复反。蹶而趋之，唯恐弗及。

得时无怠，时不再来，天予不取，反为之灾。

贵出如粪土，贱取如珠玉。趋时若猛兽挚鸟之发。

时贱而买，虽贵已贱；时贵而卖，虽贱已贵。

论其有余不足，则知贵贱，物之理也。

夏则资皮，冬则资絺；旱则资舟，水则资车。

务尽地力，乐观时变，人弃我取，人取我与。

完物以待乏也，败之勿留。

善治生者，能择人而任时，与时逐而不责于人。

贫富之道，莫之夺予，而巧者有余，拙者不足。

货无常主，能者辐辏，不肖者瓦解。

君子富，好行其德，因之而不与之争。

财币欲其行如流水。

候时转物，逐什一之利。

六岁穰，六岁旱，十二岁一大饥。

病斗修备，时用知物，则万货之情可得而观已。

农末俱利，关市不乏，平治之道也。

其智不足与权变，勇不足以决断，仁不能以取予，强不能有所守，虽欲学吾术，终不告之矣。

基本思想

商业思想

（一）“知斗则修备，时用则知物。”范蠡经济思想的主导内容是经济治国。这不仅对战乱频仍的春秋战国时期来说是先进的、有远见的，对整个社会历史发展也有着参考价值，具有深远的意义。经济是基础，只有发展生产、繁荣经济，人民富足了，安居乐业了，国力强盛了，才能与列国抗衡，立于不败之地。范蠡深知这个道理，他在越王勾践战败处境艰难之际，向其献出了经济治国之策。他说："知斗则修备，时用则知物，二者形则万货之情可得而观已。"意思是说：知道要打仗，所以要从各方面做好战争的准备；知道货物何时需用，才算懂得货物的价值。也只有把"时"和"用"这二者的关系搞清了，那么各种货物的供需情况和行情才能看得清楚。从中可以看出，范蠡向勾践进言的大前提是"知斗则修备"，是为了富国，为了国家强盛，为了战胜敌国。所以，他主张发展经济，开展货物贸易，加强对商品经济的指导和管理，目的是"关市不乏，治国之道也"。

（二）"旱则资舟，水则资车。"范蠡经济思想的突出特点，就是强调要懂得经济的发展规律，并要预谋在先。他针对当时以农业经济为本的实际情况，十分重视农业生产的自然条件，注意观察天时气象，并用五行之说总结出农业生产丰歉的一般规律，即"岁在金时，能够丰收；岁在水时，就有水灾之害，可能歉收；岁在木时，就风调雨顺；岁在火时，则要出现旱灾"，"每六年一丰收，六年一旱灾，十二年要有一次大的饥荒"。根据这一规律，他辩证地指出："旱则资舟，水则资车，物之理也。"意思是说：在旱灾时，要准备舟船待涝；在水灾时，要准备车辆待旱，这是事物发展规律的要求。范蠡在两千多年前就具有这样高明的辩证思想，实在令人叹服。他的经济思想中，充满着"万事预则立"和"有备无患"的观念。他的主张用之治国则国强，用之生产则生产发展，用之经商则发财致富。

（三）市场预测，与时逐利。商场如战场，瞬息万变，所以时机非常重要。范蠡认为，"从时者，犹救火、追亡人也，蹶而趋之，唯恐弗及"（《国语·越语下》）。"得时无怠，时不再来，天予不取，反为之灾。"时机稍纵即逝，范蠡在商业活动的各个环节都能捕捉有利时机，由此获取了丰厚的商业利润。进货是商人经商活动的起点，在进货时，范蠡主张"贱取如珠玉"。贱下极则反贵，当某种商品价格跌到一定程度的时候，作为一个理智的商人，要及时购买，不要期望价格不停地跌下去，以致错过低价进货的机会。

范蠡还极力主张发展商品经济，使“财币欲其行如流水”，意为像流水一样周转流通。他认为这是生财富国之道。因此，他对经商贸易亦有很高的见识和谋略思想。他对货物交换过程中如何赚钱盈利、积累财富研究得十分透彻。他主张货物通过交换增值，商人在交换过程中赚取应得的利润。他积财赚钱的门道非常实在，但又富有深刻的经商哲理与学问。他说：“积著之理，务完物，无币息。以物相贸易，腐败而食之货勿留，无敢居贵。”他说的是积累财富的道理，一要重视货物的质量，二要防止造成资金积压。在进行货物买卖时，对于易腐烂变质的物品，要及时售出，不要为求高价而冒险囤积居奇。

（四）“平粜齐物，关市不乏。”范蠡既十分重视宏观调控，又注重调查了解实际情况，提出具体的策略方针。他在深入调研一国经济状况的基础上，强调指出要平衡物价，照顾生产（农）和流通（商）两方面的关系。范蠡认为：“夫粜，二十病农，九十病末，末病则财不出，农病则草不辟矣。上不过八十，下不过三十，则农末俱利。平粜齐物，关市不乏，治国之道也。”（《史记·货殖列传》）谷价如果低至二十就会损害农民，谷价如果高至九十就会损害工商业。他认为只有这样，才能“平粜齐物，关市不乏”。其意思是“粮食价格平稳了，可以带动其他货物的平等交换，市场交易的关税才能兴旺不乏”。在当时重农思想占统治地位的情况下，范蠡能看到并十分重视排列为“末”的商人的利益和作用，实在难能可贵。

（五）“择地生财，知地取胜。”对于经商治产者来说，选择地理环境十分重要。任何一项产业都要受环境的制约，经商也不例外。范蠡选择“陶”作为经商之地，是经过慎重考虑的。首先，他“以为此天下之中，交易有无之路通，为生可以致富矣”（《史记·越王勾践世家》）；“以为陶天下之中，诸侯四通，货物所交易也”（《史记·货殖列传》）。便利的交通利于陶与各诸侯国的商旅往来，加上商品信息丰富，故能推动商品的转运买卖。其次，陶地的东边为齐国，多布、帛、鱼、盐；北边为赵，富鱼、盐、枣、栗；南边有邹、鲁，颇有桑、麻之业，上述各国在春秋末战国初都是比较富强的国家，它们丰富多样的物产可以提供充足的货源。最后，陶地土地肥沃，物产丰富，气候适宜，既为经商奠定了良好的物质基础，又可为商人提供良好的生活环境。

范蠡为猗顿指的就是这样一条致富之路。

（六）富好行其德。两千多年来，人们一直奉范蠡为商业鼻祖，除了上述宝贵的经济思想之外，很重要的原因是范蠡能“富好行其德”。商人是逐利阶层，唯利是图是他们的天性，所以历史上向来有“无商不奸”的说法。范蠡却不然，他舍弃越国的高官厚禄，在五湖、齐、陶艰苦创业，孜孜不倦地从事农业、畜牧业、水产养殖业、商业，都取得了巨大的成功，其目的不在于赚钱而在于实现自我价值，即向世人表明他不但能帮助越王勾践打败吴国，而且能亲自从事经济活动，经商致富。正是基于这种考虑，他不为金钱所累，所以三致千金，又三次尽散其财。更可贵的是，范蠡从不搞垄断，而是慷慨指导别人养鱼、制陶、耕种、制盐，指导鲁国穷士猗顿赴西河畜牛羊于猗氏之南，十年之间遂成巨富。司马迁深为范蠡这种超然物外的境界所折服，称其为“富好行其德”。

哲学思想

（一）关于“天道”与“地道”。殷和西周时的传统天命观认为，与人类社会现象一样，自然现象也体现了神的意志，可以预示人事吉凶。春秋时期，当人们对自然现象的原因有了比较深刻的正确认识，有了更丰富的科学知识时，也逐渐地把自然与人或神的意志区分开来，认识到自然界变化发展的客观规律性，提出了一些从自然界本身说明自然现象的观点，如：“盈而荡，天之道也”（《左传·庄公四年》）；“美恶周必复”（《左传·昭公十一年》），“盈必毁，天之道也”（《左传·昭公十一年》）。这些虽然都是一些零散的、不成体系的看法，却是从对自然界客观现象的观察中得出关于自然变化的客观规律的认识。

范蠡总结和发展了春秋时期自然观方面的唯物论观点，对自然界的客观规律有了比较完整、深刻的认识。他指出自然界的运行变化有其自身的客观规律，“天道”“地道”就表现了这种规律。

关于“天道”，他说：“天道盈而不溢，盛而不骄，劳而不矜其功。”（《国语·越语》）

“天道皇皇，日月以为常。明者以为法，微者则是行。阳至而阴，阴至而阳；日困而还，月盈而匡。”（《国语·越语》）

范蠡对“天道”的这种看法表明，他是从“自然”的观点来理解自然现象的，日月的运行和变化与上天的意志无关，是无意志、无人格的，它们发展到一定阶段就向其反面转化。

关于“地道”，他说：“节事者与地。唯地能包万物以为一，其事不失。生万物，容畜禽兽，然后受其名而兼其利。美恶皆成，以养其生。时不至，不可强生；事不完，不可强成。”（《国语·越语》）

大地生养万物也有其客观规律，根本不体现神的意志。从对自然界变化的必然性的天命神学的解释到无神论的、唯物主义的解释，表明了人类思想发展的长足的进步。当人们对这种必然性不了解时，就把它当作“天意”的表现，当作天命，而当人们认识了这种必然性时，就知道它是自然界发展的客观规律。

（二）“人事必将与天地相参。”范蠡认为“天道”“地道”是自然界客观规律性的表现。人的行为必须遵循这种客观规律，才能把事情办好，这是“人道”的主要内容。他说：“自若以处，以度天下，待其来者而正之，因时之所宜而定之。同男女之功，除民之害，以避天殃。田野开辟，府仓实，民众殷。无旷其众，以为乱悌。时将有反，事将有间，必有以知天地之恒制，乃可以有天下之成利。事无间，时无反，则抚民保教以须之。”（《国语·越语》）认为平时一定要多加努力，从事生产，使国富民强，要懂得天地的常规，顺应自然，才能获得利益。

他认为在战争中更要服从客观规律，他说：“臣闻古之善用兵者，赢缩以为常，四时以为纪，无过天极，究数而止。……古之善用兵者，因天地之常，与之俱行。后则用阴，先则用阳；近则用柔，远则用刚；后则阴蔽，先天阳察。”（《国语·越语》）

总之，范蠡十分重视按照客观规律办事。客观形势对人的行动有时有利，有时不利，人了解天地自然的实际情况，依此而行事叫“人事”与“天地相参”“人事必将与天地相参，然后乃可以成功”（《国语·越语》）。

范蠡比较深刻地认识到尊重客观规律和发挥人的主观能动性的关系，既重视服从客观规律，又重视人为努力，强调在形势不成熟时不能急于行动，要做好准备工作，而当形势成熟时绝不能错过时机。他虽然没有进一步深入系统地探讨自然观的基本问题，但他的天人关系论对于战国时期唯物主义自然观有一定的影响。

军事思想

范蠡军事思想的主要内容是“善于虑患”，敢于面对严酷的现实；善于利用敌人的矛盾和弱点，注意战争因素的“赢缩转化”；因势利导，稳中行险，转危为安，转弱为强，转败为胜等。

（一）“善于虑患”。公元前494年（越王勾践三年），越王勾践不听范蠡劝阻，坚持出兵伐吴，结果大败，被吴国围困于会稽山。在生死存亡的紧急关头，勾践征询范蠡、文种等人的意见。范蠡、文种主张求和图存。为了达到求和的目的，越国忍辱负重，“卑辞尊礼”，献出越国美女，交出政治、经济权力以至越国君臣到吴国去做人质。这是转危为安的一着险棋。范蠡之所以敢于施此险计，是因为他对吴越双方的形势作了冷静的分析：一方面，吴越实力悬殊，越国处于劣势，再战必亡，求和图存则可转危为安，保全国家，保存实力，徐图后计；另一方面，吴国君臣之间存在可以利用的矛盾和弱点，吴王夫差与相国伍子胥政见不同，夫差急于争霸中原，伍子胥则主张先灭越国，以除心腹之患。太宰伯嚭贪婪，“可诱以利”。

勾践采纳了范蠡、文种对吴国君臣利害的陈述意见：如果议和，越国不仅愿意以金钱美女作为战争赔偿，而且作为吴的属国，“有带甲万人”听从吴王指挥，否则“越将焚宗庙，弃妻孥，沉金玉于江”，与吴国决一死战。于是在吴国君臣之间发生了一场争论。伍子胥认为，吴越是“仇敌相战之国”，“三江环之，民无所移，有吴则无越，有越则无吴”，“攻而胜之，吾能居其地，吾能乘其舟，此其利也，不可失也”；

如果与越国议和，“克而弗取，将又存之，是违天而长寇仇”“以是求霸，必不行矣”。因此，他坚决主张乘胜灭掉越国，然后北进争霸中原。但伯嚭接受了越国的贿赂，又想迎合夫差急于称霸中原的心理，并借机谋夺伍子胥的权柄，坚决主张接受越国求和的条件。他对夫差说：“我听说古代伐人之国，使之屈服就行了。现在越国已经屈服，而且愿意交出政治、经济权力，越王勾践服侍您的左右，这等于名存实亡，还能要求什么呢？”吴王夫差听信伯嚭的陈述，决定与越国约和。

于是越王勾践留文种守国，自己则带范蠡等三百余人到吴国做人质，过了三年奴仆生活，“忍辱负重，面无恨色”，终于取得了吴王的信任，被遣放回国。这一场谋略战，以越胜吴败而告终。

（二）“富邦强兵”。公元前490年（越王勾践七年），勾践和范蠡等人回到越国后，商讨“富邦强兵”之策。范蠡认为，“使百姓安其居，乐其业者，唯兵。兵之要，在于人。人之要，在于谷。故民众则主安，谷多则兵强。王而备此二者，然后可以图之也”（《越绝书》卷十三），而要做到这一点，必须顺应天道自然，做好长期艰苦奋斗的准备，“时不至，不可强生；事不究，不可强成”。勾践采纳了范蠡的意见，并让他总揽朝政，范蠡推荐文种共同执政。他对勾践说，在处理“四封之内，百姓之事”上，自己不如文种；在处理“四封之外，敌国之制，立断之事”上，文种不如自己。勾践又采纳范蠡的意见，决定由文种治政，范蠡治军。

于是，范蠡和文种共同辅佐勾践，以兴越作为奋斗目标，采取了一系列措施，“卧薪尝胆”，励精图治。在政治上，“内亲群臣，下义百姓”，尊贤厚士，广揽人才，使“君臣上下交得其志”。在经济上，奖励生产，“不乱民功，不逆天时”，使“田野开辟，府仓实，民众殷”；同时，奖励生育，“令壮者无娶老妇，老者无娶壮妻”，女子十七，男子二十，不嫁不娶者，要追究父母的罪行；视生育子女多少给予奖励，以繁殖人口。在军事上，扩充军队，制造武器，修筑城廓，加紧训练，打造了一支士气高昂（“赴矢石如渴得饮”）、纪律严明（“旅进旅退”）的军队。在外交上，结齐亲楚附晋，以争取盟国，孤立吴国，加深齐、楚、晋与吴的矛盾；同时不断向夫差进贡珍玩美女，以助长夫差的骄奢淫逸，消除他对越国的戒备，诱使其北进争霸中原。公元前489年，吴王夫差和大夫伍子胥听说越国“遣使结齐晋而亲于楚”，伍子胥认为“勾践不死，必为吴患”，遂策划起兵伐越。勾践本想出兵迎战，但范蠡以为，当时的实力对比仍然是吴强越弱，不可力敌，“天时地利人和”都不具备，建议遣使求和，“以广移吴王之心”“不以越为可畏”而与中原诸侯争霸。这样，“吴将自疲其民”，越国就乘其敝而取之。吴王夫差认为越国不堪一击，对吴国恭顺，自己又“将有大志于齐”，准备许和。

伍子胥识破了越国的图谋，劝夫差灭越而后北进。他说越国的企图是“使吴甲兵钝敝，人民离落，而日以憔悴然后安受吾烬”，不可让越国“玩君国于股掌之上，以得其志”。夫差认为，伍子胥对越国估计过高，坚持与越国约和。

公元前486年（越王勾践十一年），吴王夫差决定举倾国之师北伐齐鲁，开凿邗沟至江淮的运河，以开通北上粮道。越王勾践派文种带领一万人工、百船粮食助吴国开河，以坚定夫差北进的决心。伍子胥见形势紧迫，再次进谏，说“吴越势不两立”，越是吴的“心腹之患”，齐鲁与吴是“疥癣之疾”“今王不以越国是图，而图齐鲁，是忘内忧而医疥癣之疾也”。伯嚭反驳道：“越已服而伐之，方许其成又欲袭之，将以何示诸侯？君王之令所以不行于上国者，以齐鲁未服也，君王若伐齐而胜之，移其兵以临晋，晋必听命矣，是君王一举而服两国也。两国服，则君王之令行于上国矣，又何惧于越！”夫差遂决意出兵伐齐。

出兵之前，勾践又率领越国臣民送行，对吴国君臣皆有贿赂，吴人皆喜。看到这种情景，伍子胥忧心忡忡，再次建议暂缓北进。夫差不但不听，反而派他去齐国约战。公元前484年（越王勾践十三年），夫差率领倾国之兵北伐，在艾陵之战中大败齐军，又在黄池之会上取代晋国的霸主地位，气势汹汹，不可一世。然而得之于北，失之于南，他的北伐给越国造成了可乘之机。这一回合的谋略战，又以越胜吴败而告终。

（三）“天予不取，反之为灾。”公元前482年（越王勾践十五年），吴王夫差率领吴国精锐部队参加黄池之会，太子友和老弱兵卒守卫姑苏。吴军出发不久，越王勾践就急于出兵攻吴。范蠡建议暂缓出兵，因为吴王“兵始出境不远，闻越掩其空虚，兵还不难也”，时机尚未成熟。数月以后，吴军到达远离吴国的黄池。范蠡认为时机已到，建议抓住战机，对吴国发动突然袭击。于是，越军兵分两路，一路由海道进入淮河，切断吴军归路；一路由勾践亲率越军主力直取吴都姑苏，仅用十几天的时间就攻陷了姑苏，消灭守城吴军，俘获吴太子友和两员将领。等夫差闻讯返回吴国，局势已无可挽回，不得已而求和图存。

范蠡认为当时吴军主力仍完好无损，不能很快消灭，建议越王许和，班师回越。此后，吴越两国都利用暂时的和平，积极准备战略决战。公元前478年（越王勾践十九年），吴国遭受空前大旱，仓廪空虚，“市无赤米”，民怨沸腾。勾践决定趁机攻吴，任命范蠡为上将军，亲率五万越军攻入吴境，吴王夫差则亲率吴军六万迎战。越军分兵为三，乘夜发动进攻：先由左右两翼鸣鼓佯攻，诱使吴军分别抵御；然后乘吴军调整部署之机，中军主力隐蔽渡江，对吴中军发动突然袭击，吴军大败。越军乘胜追击，直逼姑苏。吴军依恃姑苏城防坚固，闭城固守。

范蠡建议采取围而不攻的战术，保存实力，消耗吴军，“因吴之民而治之，因吴之粮而食之”，坚持两年之久，越军日强，吴军日削，越国占领了吴国的所有土地，吴国只剩下万余亲兵固守孤城姑苏。

公元前476年（越王勾践二十一年），越王勾践又欲攻城，范蠡劝止道：“凡兵之胜，敌之失也。今不能再分敌之兵，犹可疑敌之心也。”他建议采取声东击西的做法，发兵攻楚，使吴军放松戒备，然后出其不意，对吴军发动总攻。面对越军的突然进攻，吴王夫差惊慌失措，乘夜突围，据守姑苏山，并派公孙雄到越军中求和。

在这个关键时刻，越王勾践却一反常态，优柔寡断，意欲与吴约和。范蠡对勾践说：“孰使我早朝而晏罢者？非吴乎？与我争三江五湖之利者非吴耶？夫十年谋之，一朝而弃之，其可乎？”“得时无怠，时不再来。天予不取，反之为灾。”劝勾践彻底灭掉吴国，不要许和。勾践又说“难对其使者”，让范蠡处理这件事。范蠡遂提鼓援炮发号施令，赶走吴王使者公孙雄，指挥三千越军攻上姑苏山，夫差在绝望中自杀身亡。至此，持续二十余年的吴越战争，最终以越胜吴败而宣告结束。